旅游书架

行程精确 资讯贴心 双语地图

线路百搭让你**7天**玩转加拿大

加拿大
一周游 第2版

《亲历者》编辑部 编著

中国铁道出版社
CHINA RAILWAY PUBLISHING HOUSE

图书在版编目（CIP）数据

加拿大一周游／《亲历者》编辑部编著 . -- 2版 . -- 北京：
中国铁道出版社，2016.5

（亲历者）

ISBN 978-7-113-21527-9

Ⅰ．①加… Ⅱ．①亲… Ⅲ．①旅游指南—加拿大 Ⅳ．①K971.19

中国版本图书馆CIP数据核字（2016）第048645号

书　　名：加拿大一周游（第2版）
作　　者：《亲历者》编辑部 编著

策划编辑：聂浩智
责任编辑：孟智纯
编辑助理：杨　旭
版式设计：戴立志
责任印制：赵星辰

出版发行：中国铁道出版社（北京市西城区右安门西街8号　邮码：100054）
印　　刷：北京顶佳世纪印刷有限公司
版　　次：2015年2月第1版　2016年5月第2版　2016年5月第1次印刷
开　　本：660mm×980mm　1/16　印张：15　字数：350千
书　　号：ISBN 978-7-113-21527-9
定　　价：48.00元

　　加拿大是世界各地的"移民者天堂"，这里最大的旅游特色是纯天然的景观和丰富多彩的户外活动。大多数游客回国前，还会购买枫糖、图腾工艺品、冰酒等作为礼物。

　　在加拿大，既可以背着包，用相机记录下各大著名景点，了解它们的历史文化；也可以驾驶爱车，到各大公园景区安营扎寨，享受自然与生活相融合的惬意之感；还可以全副武装，乘坐高山缆车，感受飞跃直下的刺激；更可以利用直升飞机、水上巴士、冲浪板等设备，丰富玩乐体验。

　　如果还是觉得不过瘾，就到飞流直下三千尺的尼亚加拉大瀑布度假，既可以欣赏瀑布动人心魄的壮观景象，又可以在水疗馆放松身心；还可以到加拿大最著名的游乐园，玩过山车、乘摩天轮、体验惊险刺激的蹦极，释放生命的激情；也可以沿着枫叶走廊自驾，沿途欣赏五彩斑斓的树叶，落叶缤纷，恍如童话之境。

　　在加拿大游玩期间，不仅可以品尝到地道的当地美食，还有机会品味世界各地的佳肴，有酸辣的泰式美食、浪漫的法式大餐、可口的意大利餐、精致的日本料理、素净的韩国料理，最重要的是，很多地道的中式大餐会勾起中国朋友浓郁的思乡情怀。

　　在加拿大出行很方便，如果想要实惠，就乘坐公交车、地铁；如果想要绿色环保，就租借自行车；如果想要方便，就租车自驾；如果想要奢华、舒适，就乘坐出租车甚至可包架直升飞机。

　　加拿大的国土面积非常大，如果只有一周时间，应该怎样游玩能更尽兴呢？本书以一周为周期，并以旅行者的视角，谋篇布局：开篇详细介绍旅行前的计划、准备、出发，以及返回的实用攻略；正文则分为安大略湖一周游、落基山脉一周游、北极地区一周游三部分，以旅行线路串联多伦多、尼亚加拉、渥太华、温哥华、班夫、维多利亚，以及蒙特利尔、耶洛奈夫、怀特霍斯等热门旅游目的地。由简入繁，层层剖析各条旅行线路的吃住行购等细节，并充分考虑到旅行中的吃住行等问题，制定了真正为游客着想的行程，从而使整本书具有非常高的实用价值。

目录 CONTENTS

导读：畅游加拿大，只需一周
008-049

计划　　　　　　　010-018
一周时间能去哪　　　　　　　010
一周需要多少钱　　　　　　　012
一周如何自助游　　　　　　　014
一周如何自驾游　　　　　　　015
一周如何跟团走　　　　　　　017

准备　　　　　　　019-025
3个月前需要做哪些准备　　　019
1个月前需要做哪些准备　　　022
7天前需要做哪些准备　　　　023

出发　　　　　　　026-032
确认行李清单　　　　　　　　026
安装实用APP　　　　　　　　028
收藏必用网站　　　　　　　　030
保存求助电话　　　　　　　　030
掌握入境技巧　　　　　　　　031

到达　　　　　　　033-047
在加拿大吃什么　　　　　　　033
在加拿大住哪里　　　　　　　036
在加拿大怎样出行　　　　　　039
在加拿大游哪里　　　　　　　040
在加拿大买什么　　　　　　　042
在加拿大怎样娱乐　　　　　　044
应急　　　　　　　　　　　　045

返回　　　　　　　048-049
行李邮寄　　　　　　　　　　048
前往机场　　　　　　　　　　049
离境手续　　　　　　　　　　049

Part1:安大略湖一周游
050-133

安大略湖周边印象　　　　　**052**
推荐行程　　　　　　　　　**054**
最佳季节　　　　　　　　　**056**
最佳季节所需衣物　　　　　　056
安大略湖路线：多伦多一尼亚加拉一渥
　　　　　　　　太华6天6夜游　**058**
到达多伦多　　　　　　　　**059**
通航城市　　　　　　　　　　059
如何到市区　　　　　　　　　061

多伦多3日行程　　　　061-079
🔥多伦多新旧市政厅　　　　　064
🔥唐人街　　　　　　　　　　066
🔥小意大利区　　　　　　　　066
🔥韩国城　　　　　　　　　　067
🔥安大略省皇家博物馆　　　　067

🔥 多伦多大学	068
🔥 冰球名人堂	070
🔥 古酿酒厂区	071
🔥 港前区	072
🔥 加拿大国家电视塔	073
🔥 罗杰斯中心	074
🔥 多伦多动物园	076
🔥 安大略科学中心	077
🔥 卡萨罗马古堡	078
如果多待一天	079
多伦多住行攻略	084
从多伦多至尼亚加拉	087
到达尼亚加拉	**089**
如何到景区	089

尼亚加拉1日行程	**091–099**
🔥 柯尼卡美能达塔	094
🔥 岩石瞭望台	095
🔥 斯奇隆塔	096
🔥 克利夫顿山	097
🔥 鸟类王国	097
🔥 彩虹桥	098
🔥 "雾中少女"号	098
如果多待一天	099
专题：尼亚加拉葡萄酒之旅	103
尼亚加拉住行攻略	106
从尼亚加拉至渥太华	108

到达渥太华	**111**
如何到市区	111

渥太华2日行程	**112–123**
🔥 加拿大国会大厦	114
🔥 加拿大国家艺术中心	114
🔥 加拿大国家美术馆	116
🔥 加拿大文明博物馆	116
🔥 加拿大战争博物馆	119
🔥 加拿大皇家造币厂	119
🔥 劳里埃故居	121
🔥 加拿大航空博物馆	121
🔥 里多公馆	122
如果多待一天	123
渥太华住行攻略	126

时间改变	**128**
时间延长	128

去魁北克城玩2天	**128–129**
🔥 芳堤娜城堡	128
🔥 星形城堡	129
🔥 小尚普兰街	129
时间缩短	130

去金斯顿玩1天	**130–131**
🔥 千岛湖	130
🔥 女王大学	131
专题：枫叶走廊自驾游	132

Part2:落基山脉一周游
134–191

落基山脉印象 136
推荐行程 138
最佳季节 139
最佳季节所需衣物 140
落基山脉路线：温哥华—班夫—维多利亚6天6夜游 141
到达温哥华 142
通航城市 142
如何到市区 143

温哥华2日行程 144–153
加拿大广场 145
温哥华美术馆 146
固兰湖岛 147
温哥华博物馆 148
伊丽莎白女王公园 150
斯坦利公园 151
温哥华水族馆 152
如果多待一天 153
温哥华住行攻略 156
从温哥华至班夫 158

到达班夫 161
如何到市区 161

班夫3日行程 162–174
平原印第安人勒克斯顿博物馆 164
怀特博物馆 164
洞穴与盆地国家历史古迹 165
班夫温泉城堡酒店 167
弓谷公园大道 168
露易丝湖 168
弓湖 169
冰原大道 173
阿萨巴斯卡冰川 174
如果多待一天 175
班夫住行攻略 177
从班夫至维多利亚 179

到达维多利亚 180
如何到市区 181

维多利亚1日行程 182–186
皇家哥伦比亚博物馆 183
布查德花园 185
如果多待一天 186
维多利亚住行攻略 189

时间改变 190
时间延长 190

去纳奈莫玩1天 190
纳奈莫堡垒 190
纳奈莫博物馆 190
时间缩短 190

如何到市区	214

耶洛奈夫2日行程 **214-223**

北方边境游客中心	215
耶洛奈夫立法院	217
威尔士亲王博物馆	218
午夜阳光艺术店	220
极光村	222
如果多待一天	223
耶洛奈夫住行攻略	225
从耶洛奈夫至怀特霍斯	226

到达怀特霍斯 **228**

如何到市区	228

怀特霍斯3日行程 **228-236**

黑梳山神剑缆车	231
黑梳山滑雪度假村	232
S.S.克朗代克国家历史遗址	234
塔基尼温泉	235
育空旅行	236
如果多待一天	236
怀特霍斯住行攻略	238

时间改变 **239**

时间延长	239

去道森市玩1天 **239**

道森市	239
时间缩短	239

Part3:北极地区一周游

192-239

北极地区印象	194
推荐行程	196
最佳季节	197
最佳季节所需衣物	198
北极地区路线：蒙特利尔—耶洛奈夫—怀特霍斯6天6夜游	199

到达蒙特利尔 **201**

通航城市	201
如何到市区	202

蒙特利尔1日行程 **203-208**

诺特鲁丹姆大教堂	204
蒙特利尔市政厅	205
蒙特利尔植物园	206
麦吉尔大学	207
如果多待一天	208
蒙特利尔住行攻略	210
从蒙特利尔至耶洛奈夫	212

到达耶洛奈夫 **214**

导读 畅游加拿大，只需一周

导读 畅游加拿大，只需一周

计划

一周时间能去哪

　　加拿大拥有众多旅游景点，若要把加拿大各个城市的著名景点都游遍，至少需要1个月的时间。因此，用1周时间游遍加拿大不太现实，但是，若合理地安排行程，用1周时间足以将加拿大的热门旅游城市及著名景点玩遍。加拿大的多伦多、温哥华和渥太华都是必游地，适合旅游的区域有落基山脉大型国家公园、安大略湖周边数城以及拥有梦幻极光的极地地区。

加拿大一周游路线概览			
目的区域	游玩城市	区域特色	行程安排
安大略湖	多伦多、尼亚加拉、渥太华、魁北克城、金斯顿	加拿大安大略湖周边的代表城市是多伦多、渥太华，这两个城市各有特色；枫叶走廊沿线美景更著名，游玩各大景点同时欣赏枫树林之壮观，颇有乐趣	在加拿大旅游最难忘的路线是多伦多—尼亚加拉—渥太华；如果偏爱宁静小城，可增加金斯顿；如果更喜欢枫叶走廊，可以租车自驾前往
落基山脉	温哥华、班夫、纳奈莫、维多利亚	加拿大的落基山脉，随处可见风景迷人的国家公园，这些公园里的景观自然天成，野生动物自由活动，非常吸引游客	在落基山脉最著名的路线是温哥华—班夫—维多利亚：让人流连忘返的都市，养生游乐的公园，颇具法式风情的浪漫小城，三个地点，三种风情
北极地区	蒙特利尔、耶洛奈夫、怀特霍斯、道森市、埃德蒙顿	加拿大的北极地区幅员辽阔、人烟稀少，却拥有丰富的矿藏、受人喜爱的宝石、如梦如幻的极光，这些都吸引着游客前来体验	耶洛奈夫俗称"黄刀镇"，是加拿大最容易观赏到极光的地区之一，怀特霍斯被称作"白马市"，自然风貌让人印象深刻，蒙特利尔—耶洛奈夫—怀特霍斯是一条很棒的游览路线

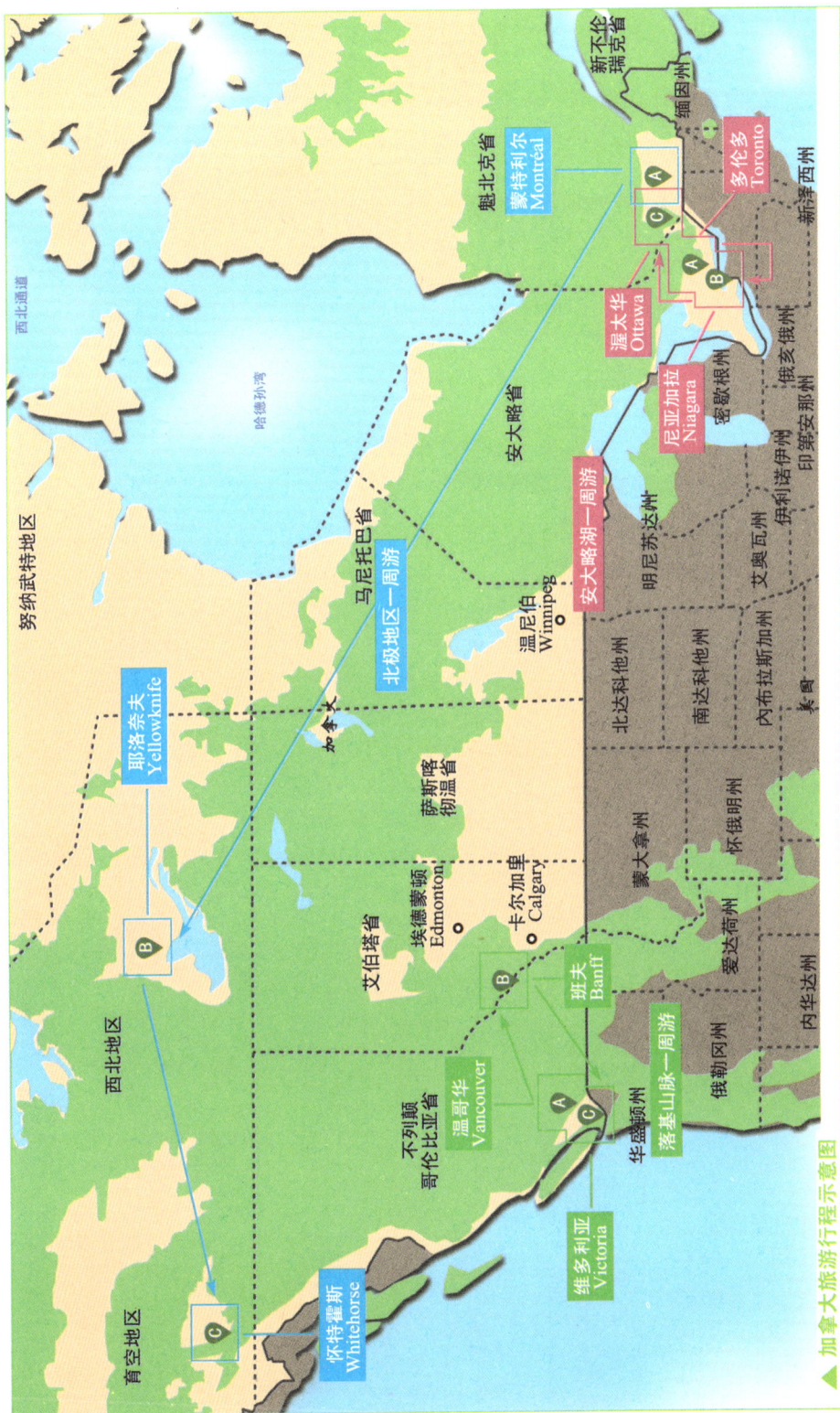

▲ 加拿大旅游行程示意图

一周需要多少钱

　　前往加拿大旅行的消费比较高，交通费用就占据了整个旅程花销的60%以上，同时在加拿大旅行期间的住宿费用和餐饮费用也都不低。因此，在前往加拿大之前就应做好预算，只有准备好足够的旅行经费，才能保证旅行顺利。在加拿大旅行的费用需根据个人的具体情况而定，节俭一点的话通常1.8万～2万元人民币就可以用1周的时间游遍加拿大的经典城市了。

　　下面表格列出了从准备行程到结束旅行的费用预算，根据这个表格可以估算加拿大1周游的旅行费用。

加拿大旅行费用预算（单位：人民币）			
项目	**类型**	**费用**	**备注**
护照	首次签发	200元	在申办护照办公室拍照，收收20～40元
	换/补发	220元	包括到期、失效换发，损毁、被盗、遗失补发等
签证	旅游签证	560元/人	需要提供生物识别信息（指纹等）的人需多交约500元，关于加拿大签证详情，可参考加拿大驻中国大使馆的官方网站www.canadainternational.gc.ca/china-chine/visas/fees-frais
行李	需添置物品	根据个人实情	主要是行李箱、防晒霜、插头转换器等平时不常用此时需添置的物品
机票	往返联程	5000～10000元	提前2个月就开始关注往返联程票价，夏季票价通常较高，四月和十一月机票价格非常优惠
住宿	主要城市	约800元/天	在各主要城市住宿，如果入住环境比较好的酒店，每晚基本是这个价，还需要提前一到两个月预订；如果住青年旅舍等，每晚大约200元/床位；住在耶洛奈夫等北极地区的酒店，价格更高
饮食	超市简餐	约20元/份	超市里面的方便食品非常多，沙拉每袋约11元，面包或者汉堡等每个约10元，咖啡每杯约12元
	家常餐厅	午餐或晚餐约120元/餐；早餐约40元	家常餐厅提供的食物分量很足，按照我们的饮食习惯可能会吃得比较撑；营养搭配很均衡，包括各种蛋白质类食品和蔬果，以及没有太多添加剂的调味品
市内交通	出租车	约170元/单程	出租车起步价约18～28元（前3千米），之后每增加1千米，费用增加约10元，勿忘备总车费10%的小费
	地铁、公交车	约10元/单程	除单程费用很便宜外，还有1日票、3日票、7日票等更加优惠的组合，供使用者在限定时间内随意乘坐
	租车	约220元/天	在加拿大租车出行很方便，尤其是在往返程时间距离较大、驾驶技术很好、同行人多时最实用

项目	类型	费用	备注
购物	枫糖	30元/250毫升	加拿大的枫糖很珍贵，因此一小瓶只能食用数次的枫糖可能就要几十块钱，不过纪念意义非常高
	冰酒	300～600元/375毫升	根据葡萄品种和和酿制成品的质量不同，冰酒的价格也有很大差异
	原住民工艺品	30～150元/个	原住民艺术品也分各种类型，非常小、制作较为粗糙的通常便宜，制作精美的甚至用几百元都买不到
	品牌服装	短袖衫约300元/件	加拿大服装的质量很好，无论是衣裤还是鞋袜，都很耐穿，价格相对高些，不过有很多时尚的元素，加拿大也是很多国际明星最喜爱的购物地之一
娱乐	酒吧	约100元	入场券约30元，一杯酒约60元
	SPA	500～1000元/次	加拿大的SPA更倾向于享受在自然环境中的身心放松，优美的自然环境让人更舒适
	看极光	约600元/晚	北极地区的游玩项目相对来说价格比较高，加上气候寒冷，很多人望而却步，但是真的去体验一番，会终身难忘，狗拉雪橇约550元/次
景点票价	博物馆等	30元/个	加拿大博物馆基本价格差不多，也有每馆需要约90元的；一般博物馆日的17:00后有免费参观活动
	公园类	60元/天	国家公园的收费通常高一些

　　从上面的表格可以看出，在加拿大旅行，若要享受到较好的吃、住、行、娱、购等多方面的体验，需要多备些经费，最好准备18000～20000元人民币的旅游经费，这样就可以在加拿大游玩一周。此外，如果经费有限，通常交通类、景区票价类的经费难以节省，住宿费和餐饮费可以适当减少，比如住家庭旅馆、购买食材自己烹饪等，都能节省不少旅行经费。

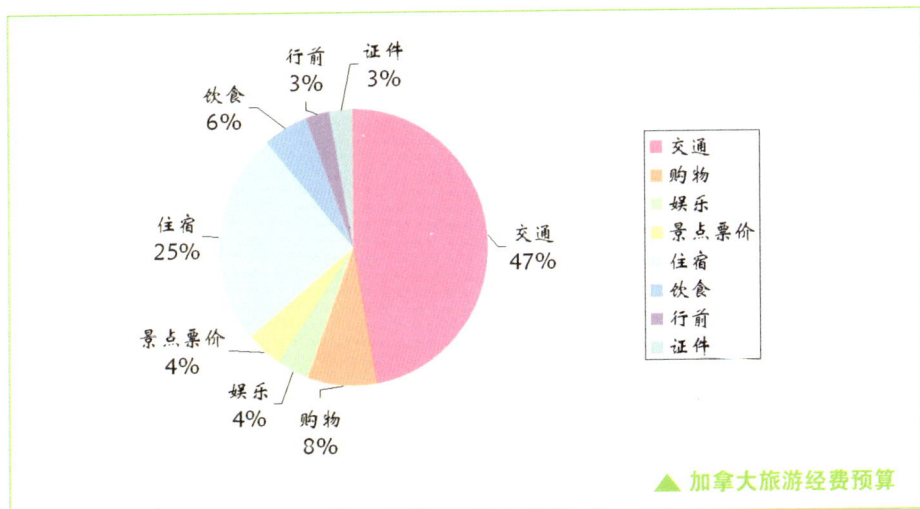

行前 3%
证件 3%
饮食 6%
住宿 25%
景点票价 4%
娱乐 4%
购物 8%
交通 47%

交通
购物
娱乐
景点票价
住宿
饮食
行前
证件

▲ 加拿大旅游经费预算

一周如何自助游

在加拿大自助游可以选择全自助游和半自助游，这两种方式各有利弊。半自助游的不足之处是，往返时间一旦定下来就不能更改，跟团旅游时则难以避免游览不感兴趣的景点；选择全自助游，凡事都要亲力亲为，会遇到很多困难，但是游玩起来比较自由。应根据个人情况来选择相应的旅行方式。

若选择全自助游的方式在加拿大游玩，可以融入到加拿大人民的生活之中，深入体验加拿大的民俗风情。通过全自助游的方式在加拿大游玩并不简单，首先需要制定详细可行的旅行计划，其次需要解决交通、语言等问题。因而，想要在加拿大进行全自助游旅行做好行前攻略，规划好多伦多、渥太华、温哥华等主要旅游城市的游玩线路至关重要。

若选择半自助游的方式，则能减轻一些负担。你可以找国内的旅行社代订往返机票与住宿地，后期在加拿大的行程需自己安排；还可以自己预订机票和住宿地，到达加拿大后跟随旅行团活动。

自助游如何选择舒心住宿

如果出行时间恰巧赶上加拿大当地大型体育赛事或当地旅游旺季，一定要注意提前预订住宿地。一般情况下，如果在加拿大旅行的区域不是地广人稀的北极地区，建议提前1个月预订住宿地。如果是加拿大的旅游淡季，则可以提前1～2周预订住宿地。需要注意的是，签证未办下来之前不要预订住宿地，否则万一被拒签想要退订会很麻烦。

在加拿大旅行期间，选择合适的住宿地很重要。加拿大多数住宿地的设施都比较齐全，服务热情周到。加拿大的高档酒店价格较昂贵，如希尔顿酒店每晚的住宿费约为120加元。此外，入住高档酒店还需支付少量小费，不过入住家庭旅馆、青年旅舍、学校宿舍等则不需要支付小费。

常见住宿类型的特点			
酒店类型	经济型酒店	青年旅舍/家庭旅馆	学校宿舍
电梯	配备电梯，免提重物	可能无电梯；楼层不高	高层有电梯
床型	单独的大床或双床房	有单/双人房，多人床位	一般是2人间以上
卫生间	独立卫生间，可淋浴	床位共用大卫生间，单人间可能有独立卫生间	有公共卫生间和可供淋浴的小卫生间
家电	一般提供电视、电话	电视在客厅或交流室	一个套间里有1台电视
网络	通常提供免费宽带	一般大厅提供无线网；有电脑的房间很少	可能有宽带，但是需要付费
清洁服务	定期整理房间的服务	大多需要自行整理	一般都是自行整理
早餐	大多提供早餐	早餐可自制，需收拾餐具	房费可能含餐，也可能提供便宜的自助早餐
空调	提供空调	大多数没空调	根据情况配备空调
热水	饮用热水自己烧（有咖啡壶或者茶壶）	在厨房可自行烧热水	通常可以烧热水
价格	价格一般三者中最高	房间床位越多越便宜	价格一般不算最低，但很实惠
认识朋友	酒店前台可交流	公共区域可交流	公共区域可交流
厨房	不能自制午晚餐	有厨具，可节约餐饮费	大多需要在餐厅就餐
活动	一般没有旅游相关活动	定期举办各种活动	一般不组织活动

自助游如何更省钱

前往加拿大旅行，在交通、娱乐、购物等方面都需要不小的开支。合理利用旅行经费，可以在自助游中节约一些开支。下面的表格中列出了一些省钱的小窍门，根据这些小窍门可以帮助你合理地调整加拿大旅行的开支。

自助游省钱小窍门	
省钱方法	**细节**
制定旅行计划	明确游玩的时间、地点，以重点目的地为中心沿途游玩次要景点，防止路线重复，增加交通费支出
巧用时间差	选择淡季出行，早办签证，签证下来后，留足2~3个月关注往返机票及酒店提供的房费的变化，一有较大的优惠就下手预订；预订景区套票也是节约经费的好办法
选择交通工具	远程交通优先选择飞机，减少时间成本；城市间往返，可选火车或者长途巴士在夜间赶路、白天观光
带小额度的信用卡	带现金既麻烦又容易丢失，带几十万额度的信用卡容易过度消费，所以一定要带小额度的信用卡，既方便，又能攒积分，还能控制购物欲望
以步代车	景点之间距离不远、行程不紧凑的情况下，可以用步行代替乘车，既能及时发现路途中的美，又能减少走马观花的失落感，还节省交通费
在景区外食宿	景区内的食宿一般都较贵，如果要在景区玩一天，不如中午携带方便食品填肚子，出了景区再找食宿（加拿大超市有很多物美价廉的便利食品，比如1.5加元的面包，2加元的沙拉、火腿等）
筛选景点	首次游玩选经典的景点，不感兴趣的话就不安排；再次游玩选喜欢的景点；每天的行程不要安排得过于紧密，否则容易增加不适感而购物发泄
慎买景区商品	景区的物价都很高，当你冲动购买后，逛街时往往会发现比这便宜一半左右的相同物品
结伴自驾出游	若是在加拿大较为偏远又有极具特色的地区观光，同行人数又比较多，可以选择自驾、包车等方式，不仅舒适，而且费用平摊后反而便宜

一周如何自驾游

在加拿大一些大城市，可以选择公交车或出租车出行。但是在加拿大乘坐出租车费用较高，还需要支付总费用10%的小费；而在一些小城市乘坐公交车则不太方便。因此，在加拿大游玩，可以选择自驾游的方式。另外，加拿大周边的一些小城市拥有难得一见的美景，自驾游玩不但方便，而且还能进一步观赏美景。

在加拿大自驾游，可以从多伦多出发，穿越安大略、马尼托巴、萨斯喀彻温、艾伯特、不列颠哥伦比亚5个省，然后抵达温哥华。在安大略省自驾，沿途可以欣赏山脉、森林、湖泊、枫叶以及岩石等景观。

怎样办理自驾证件

中国驾照国际公证处

因为中国目前没有加入《联合国道路交通公约》，因而不能办理国际驾照。但是中国公民携带中国驾照、驾照的中英翻译件、公证件便可在租车公司办理汽车租赁手续，并在加拿

大合法驾驶。驾照翻译件需要通过有资质的翻译公司办理，同时一些租车公司的网站也提供相关的驾照翻译服务，可以联系网站客服询问相关信息。

在加拿大自驾租车时需要使用驾照翻译公证件，该证件在各地公证处均可办理，可以在居住城市的公证处办理驾驶证的公证件。本书提供北京、上海和广州三地的公证处联系方式供参考。读者若在其他城市，可以在相应的城市网站上寻找。

中国驾照公证处资讯			
名称	网址	电话	地址
北京	www.bnpo.gov.cn	010-85197666	北京市东城区东水井胡同5号北京INN大厦1层、3/5层
上海	www.sh-notary.gov.cn	021-62154848	上海市闵阳路660号
广州	www.gd-notary.com	020-83635833	广州市中山四路246号信德商务大厦9、10层

自驾游租什么车

在加拿大租车，什么款型的车会让行程更舒适呢？这是很多游客首先要考虑的问题，可以根据喜好和实际路况来选择。如果在加拿大周边的小城市游玩，可以租借小型车，座位柔软且空间宽敞即可；如果要到班夫国家公园及以北的冰原大道，就要选择底盘较高的大型越野车；如果想要在外露营，一般租借小型房车更合适；如果要在北极地区游玩，最好不要租车，那里使用的交通工具通常为雪地摩托和狗拉雪橇，在北极地区不要独自行动，白雪茫茫的环境很容易让人迷路。

以上各种类型的车都能在大型租车公司租到。

可靠的租车公司及网站			
名称	地址	网址	简介
租租车	加拿大各大城市的机场均有提车点	www.zuzuche.com	这家租车比价网站运营时间已久，全球连锁，中文网，其租车费用包括基本保险（碰撞险/盗窃险/第三者责任险），当地税费，额外优惠服务（中文语音GPS、补充保险、异地还车费等均享特价优惠）
安飞士（Avis）	各大城市的机场均有提车点，多伦多约有17处	www.avis.cn	官网有中文界面，使用导航仪需要租借，不过其导航语音为英文；建议租车前购买GPS（如Tomtom等），该公司提供的车大多数较新，通常是满油还车

加拿大自驾注意事项

在加拿大租车，若对于目的地略有了解，并且有给力的导航仪，就可以在清晰的路标指引下顺利到达目的地。在国外开车最担心的不是技术差，而是看不懂交通标志而误犯法规。加拿大的交警通常都按章办事，管理非常严格，可能一不小心就要交高额罚款外加税费，比如在高速公路上开得太慢、没有在规定地点停车等，这些罚单会高达数百加元，所以提前了解加拿大租车的注意事项有助于顺利出行。

加拿大自驾注意事项	
事项	信息
行驶方向	靠右行驶（左舵车），使用国际交通标志
租车价格	建议提前在各大公司的官网进行比价；按需选车，幸运的话，有可能会以同样价格租到超出预期的豪车（例如：关注的是紧凑型车，提车时却拿到牧马人）
签订合同	签订正规的租车合同，合同上标明取车的车牌号、剩余油量、哪些地方有刮痕（可以拍照留作证据）、喇叭和雨刷等是否好用、计价方式等各细节；并且在签订之前要求公司工作人员陪同看车
购买保险	上述2家租车公司的租车服务包含了保险费用；如果还是觉得不放心，可以再购买他们提供的额外险

事项	信息
携带证件	在加拿大提车需要准备的证件是四种：驾驶者护照、驾驶者国内驾照、驾驶者驾照翻译件和国内权威公证件（公证处有翻译服务，公证时需要驾驶者的户口簿和居住证等，公证费约100元人民币，大约5天能出文件）
关于加油	在加拿大租车加油使用的是他们的87号油（相当于国内的97号油），还车前一定要加满油（尤其是有"满油还车"的要求时），油价时刻在变，通常1.2～1.4加元/升，常见加油站有Esso、Shell、Chevron、PetroCanada、Husky、Mohawk等
交警罚单	交警不会无缘无故开罚单，通常主要是因为驾驶不规范、不符合其要求而行动，所以一定要注意路边的各种交通指示牌，按照其指示开车
交通标识	交通标识国际通用，尤其注意停车位置（停在正规停车位里即可，不要随意乱停）
驾驶安全	上车后的几个步骤：观察周围有无不明人员、开窗透气、启动车辆、关门上锁、系好安全带，按照流程起步；如果使用GPS语音导航，建议配蓝牙耳机，不易被罚
拿上名片	向租车工作人员索要其公司的名片，有助于找不到路时咨询使用
GPS导航仪	通常情况下购买加拿大当地的正规地图就能到正确目的地；习惯使用GPS的话，一定要租借或者购买中文导航的专业导航仪（收到Tom Tom导航仪提前熟悉很重要）
副驾作用	副驾最好懂开车，能指路；专业的GPS有语音播报，但在稍微吵点的路段听不清楚，有副驾帮着指路最可靠，还能轮流开车，减少疲劳；在加拿大租车增加副驾人数一般不需额外交钱，不过要登记其驾照的信息，所以打算驾车的副驾也同样要准备证件

Tips

加拿大的高速公路很少安装摄像头，但是交警一般会驾驶着"隐形警车"巡查，这种车子看上去和普通车辆没有什么区别，交警会将这种车子停靠在容易超车的路段，把测速仪器放在车内，若遇到超速的情况，交警会立刻放上警灯拦截该车辆。

加拿大租车价格

在加拿大租车，提前了解大致价格对旅行很有帮助，了解价格后才更容易做出正确的决策。下面列出的加拿大租车价格表可以作为参考。

加拿大租车价格表	
车型	价格
普通小轿车	30～50加元/天
大中型轿车	50～80加元/天
敞篷车	60～80加元/天
SUV	90～120加元/天

Tips

在加拿大驾车，如果遇上刮碰、车辆被盗、撞伤人等事故，请牢记：（1）不要惊慌，不要私了；（2）直接拨打保险公司和租车公司的电话，请他们来处理；（3）如果有人受伤，可拨打电话进行救护，等待警察和医务人员到场处理。

一周如何跟团走

跟团游不像自驾游那般轻松自在，但是通过跟团游可以在最短的时间内领略到加拿大的经典景观，如欣赏绝美的枫叶、探索冰川奇景、邂逅加拿大西北地区的极光等。加拿大当地导游团提供24小时中文导游服务，是跟团游的不错之选。旅游团设计的游览线路通常都比较合理，可以省去很多麻烦，如果自己没时间做旅行计划，或无出境旅行经验，不妨选择跟团游。

熟悉各大旅行社情况

在报团前，可以先到各大航空公司官方网站上查询从中国到加拿大的机票费用及住宿费用，取平均值，然后再到旅行社报团，这样心中有数，不会因为旅行社推销人员的推荐而选择不符合心理预期的旅行团。

中国国内非常有影响力的旅行社有中国旅行社（简称"中旅"）、中国国际旅行社（简称"国旅"）、中国康辉旅行社、中青旅、锦江旅行社、春秋旅行社、广之旅国际旅行社、中信旅行社等。

旅行社相关信息			
旅行社	地址	电话	网址
中国旅行社总社(上海)有限公司安福路门市	上海市徐汇区安福路322号4幢101室4B-1	4008-600716	www.shanghai.ctsho.com
北京中国国际旅行社有限公司	北京市海淀区中关村南大街2号数码大厦A座717室	4008-111123	www.qulxw.com
中国康辉总社门市	北京市朝阳区农展馆南路5号京朝大厦一层	010-65877701-08	www.cct.cn/bj
中青旅广州国际旅行社有限公司	广州市越秀区农林下路76号青年大厦901	020-61132012 020-61132013	www.aoyou.com/guangzhou

跟团游注意事项

无论是选择中国国内的旅游团还是加拿大当地的旅游团，都应该有团队精神。在跟团游的过程中，不要随意走动，应跟随团队游览各个景点。一些旅游团有特殊规定，一定不要违反其相关规定，如不要在旅游车上乱扔垃圾、不要在加拿大的某些教堂拍照等。另外，旅游团的导游一般会对加拿大的著名景点做详细讲解，在导游介绍景点的过程中，应该耐心倾听，不要脱离团队随意走动。

跟团游网站推荐

对于每一个游客而言，即便购买书籍了解了较多资讯，也需要知道一些常用的旅游网站，空闲的时候看看网站上对于目的地的优惠活动、整理一些相关信息等。网站信息的及时更新性更强，现在很多的网站还提供客服人员与游客的互动以及其他游客的体验评价，能让游客快速地掌握资讯。

常用旅游网站	
网站名	网址
携程	www.ctrip.com
途牛	www.tuniu.com
神舟	www.btgbj.com
去哪儿网	www.qunar.com
中青旅遨游网	www.aoyou.com

3个月前需要做哪些准备

办理护照

护照是游客在国外证明自己身份合法的证件，想要出国旅行，第一个需要办理的证件就是护照。办理护照需要一定的程序，所以建议游客在旅行前3个月就开始着手办理护照。

护照办理步骤

① 领取申请表

办理护照有两种申请方式，所以有两种领取申请表的方式：

1.现场办理，携带本人身份证、户口簿到居住地或户口所在地的县级和县级以上的派出所、公安分局出入境管理部门或者参团旅行社领取申请表

2.从当地公安局官方网站上下载并打印

② 提交申请表

提交本人身份证及户口簿等相应证件

填写完整的申请表原件

彩色照片一张（需在出入境管理处或者是他们指定的照相馆照相）

提交护照工本费200元和20~40元照相费

Tips：

北京、上海等地开始使用《中国公民出入境证件申请表》办理护照，并且需要采集指纹；其他省市陆续执行。

网址：www.bjgaj.gov.cn/web/detail_getZwgkInfo_44427.html

③ 领取护照

审批、制作和签发护照需10~15个工作日

领取护照时，携带本人身份证或者户口簿领取护照回执

回执上需标明取证日期，在3个月内领取证件，否则公安局出入境管理处将予以销毁

▲ 加拿大签证图解

签证签发日期 | 签证失效日期
签发地
入境次数
签证类型
姓名
护照号码
姓名
出生日期
性别

办理签证

办理好护照后即可办理加拿大签证了，可以在CIC 网站（www.cic.gc.ca/english/index.asp）上了解签证的相关规定，并且下载相应的申请表格与清单。申请加拿大签证，需要准备一些材料，如签证申请表、护照、照片、工作证明以及资产证明等，之后即可前往签证中心递交材料。

签证申请步骤

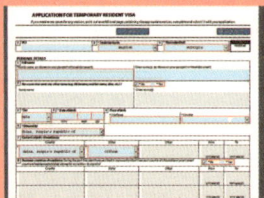

用英文填写的"临时居民访问签证申请表"（IMM 5257）

用英文填写的"家庭信息表"（IMM5645）

① 了解办签证信息

登录加拿大签证中心官方网站，可以浏览有关签证申请的信息、所需材料及办理的步骤：www.vfsglobal.ca/canada/china/。

② 准备申请材料

申请加拿大签证所需要的材料很复杂，理清思路逐个准备即可，首先需要准备好个人护照，其次是2张申请表、彩色照片、身份证复印件、个人财力证明、公司担保函等，详情见后文。

③ 递交申请材料

如果不是用网上申请超级签证的办法申请，一般递交材料的方式有两种，即本人到签证中心递交和邮寄递交。预约面签时间后，本人到签证中心递交材料时需要携带本人护照、照片、完整填写并签名的申请表及信息表格，清单上所列出的资料及相应的费用（签证费171.2元及服务费23.9元人民币）；邮寄递交需要将上述材料等密封在邮袋内，安全寄出，如果需要快递返回签证结果，需要额外支付44.3元人民币。

加拿大旅游签证申请材料

加拿大旅游签证申请材料清单	
类型	**详情**
护照	有效因私护照（有效期半年以上）及复印件一张，护照末页有本人签名
照片	2寸免冠彩色照片4张，用拼音在背面写明出生日期及姓名
身份证复印件	若干
公司执照	营业执照或营业执照副本的复印件，加盖公章
单位简介	成立时间、性质、规模、产品、效益等，加盖公章
公司担保函	用英文打印，也可提供带公司抬头、加盖公章的空白信纸，由代理打印
申请表	"临时居民访问签证申请表"和"家庭信息表"（若用中文填写需要翻译）
财力证明	存款单或者存折原件（5万以上，越多越好）；夫妻共同存款需要结婚证原件；房产证/户口簿复印件
行程计划	用英文纸质文件说明旅行目的、安排等
电子预订单	机票、酒店的电子预订单（电子预订单专用的即可）

加拿大签证中心

加拿大签证中心			
名称	**地址**	**电话**	**邮箱**
北京加拿大签证中心	北京市东城区东直门南大街11号中汇广场A座12层	010-57636878	infopek.cacn@vfshelpline.com
上海加拿大签证中心	上海市黄浦区四川中路213号久事商务大厦2层	021-51859715	infosha.cacn@vfshelpline.com
广州加拿大签证中心	广州市天河区体育西路189号城建大厦3楼351室	020-38898475	infocan.cacn@vfshelpline.com
重庆加拿大签证中心	重庆市渝中区民生路235号海航保利国际中心33楼33-D	023-63721388	infockg.cacn@vfshelpline.com

1个月前需要做哪些准备

购买机票

国内现在有数家综合性代理网站（比如携程网、去哪儿网和艺龙网等），提供预订酒店和机票的服务，价格和天巡网等比价网上的最低价差不多，有中文服务，售后服务也都很可靠，已然成为很多游客出行预订机票和酒店的首选。

代理网站很重要，选择航空公司也很重要。一般代理网站提供的是各家航空公司的机票总览，选择国内的航空公司（中国国际航空、中国东方航空等）处理事故更有保障，且税费较低；加拿大航空、美加航空等航空公司的服务质量及飞机餐饮更胜一筹。

北京、上海、广州、香港等城市每周都有航班飞往加拿大各大城市（多伦多、渥太华、温哥华、魁北克城等）。北京直飞多伦多的参考机票价为往返（含税）6000~10000元，从多伦多至加拿大其他城市，每天都有数趟航班往来。

常用廉价航空订票网站

航空公司名称	网址	简介
Cheapflights	www.cheapflights.co.uk/flag.html	美洲及欧洲廉价航空机票比价
全球低价航空公司	www.attitudetravel.com/lowcostairlines	找到想去的区域、国家，即可找到所有飞进该国的低价航空公司，再点选进去，即可得知各家的航线和特惠
捷星（Jetstar）	www.jetstar.com/au/index.html	全球知名廉价航空公司
天巡网	www.tianxun.cn	这是最著名的廉价航空网，提供比价功能，有中文界面，非常完美

携程手机客户端定票步骤

① 下载客户端

可以通过宽带网络从官网下载，也可以扫描二维码下载

② 查机票信息

输入出发时间和返回时间，及出发机场和到达机场，就能看到往返的机票信息；通常往返联程的机票比2次单程的票价格便宜，所以可以同时预订往返票

③ 填写订单

填写订单，主要是选航空险并仔细填写个人信息；手机客户端最大的好处就是极其简洁

④ 付款

支持付款的银行卡种类很多，这里要格外提醒，不要绑定银行卡，不要让手机记住银行卡密码，虽然这样很方便，但万一手机丢失或者系统漏洞遭攻击，银行卡里的钱就有被盗的危险

预订酒店

加拿大是热门旅游国家，有来自世界各地的旅游者。因此，若前往加拿大旅行，建议提前预订酒店，特别是在加拿大旅游旺季的时候。以下推荐几个网站，游客可根据实际情况自己预订。一般情况下，酒店价格越高条件越好。酒店不定期有特价优惠房，提前1～2个月可以预订特价优惠房。

常用预订酒店网站		
网站名称	网址	介绍
全球订房网	www.hrs.cn	非常好用的订房网，有不需要预付即可预订房间的功能，有中文界面
缤客网	www.booking.com	全球性的酒店预订网站，预订酒店便宜，同时酒店价格一般要加收服务费
携程网	www.ctrip.com	预订酒店、机票、餐厅、购买境外景点门票的一站式网站，现在很多年轻人都喜欢使用这个网

7天前需要做哪些准备

办理旅游保险

在境外旅行遇到一些紧急情况时，大多数游客都会措手不及。如果买一份保险，花少量的钱，确保人身、财产安全，则能安心很多。

一般选择《境外旅游意外险》可以根据出行的地域来决定保额，加拿大医疗保额通常为10万加元，投保金额几十至几百元不等；《海外旅行人身伤害保险》属于人身伤害保险，用于死亡、后遗症、医疗费用；另外还有作为特别合同的《疾病保险》（医疗费用、死亡）、《赔偿责任保险》（旅行中损坏物品、对别人造成伤害时支付）、《行李保险》（旅行途中行李被盗、损坏时支付）等。这些保险都很实用，游客可以根据旅行时间长短和各个项目的保险金额不同采用多样化的组合形式。

此外，由于在旅游过程中，信用卡的使用频率较高，如果额度比较大的话，建议单独加入保险，只要向旅游代理公司咨询，他们会提供合理的加入保险的方法。

保险公司推荐	
网站名	网址
平安人寿保险	www.life.pingan.com
中国人寿保险	www.e-chinalife.com
太平洋保险	www.ecpic.com.cn
泰康人寿保险	www.taikang.com

保险导购网站

现在网络上有不少保险导购网站，通过这些保险导购网站，游客可以根据自己的需求来选择合适的境外旅游保险。平安保险、人寿保险、太平洋保险、泰康人寿保险等都是值得信赖的保险公司。不过，无论选择何家保险公司，一定要选择适合自己境外旅行的险种。

补充空缺物品

出国前一周就要开始准备行李，这样能有较长的时间补充空缺的行李，尤其需要网购时，一定要留足快递递送的时间，以免到了出行的时间还没收到物品。准备行李前，不妨列个清单，可以将行李分类；当然，选择不同旅游方式的旅友，需要准备的行李也不尽相同，详细的行李清单在本书"出发"的部分有图示，可供参考。

加拿大旅行行李类型	
类型	说明
证件类	打印或者复印好，用防水文件夹收起；并在邮箱里存一份备用
衣物类	在加拿大旅行要根据实情准备衣物，可以留些空间，装购买的T-shirt等
器材类	喜欢摄影、玩电子游戏的旅友，别忘记携带装备及充电器、备用电池等；电源转换器、插线板等也必不可少
日常生活用品	平时保养、护理离不开的物品，如护肤霜、防晒霜、面膜等
药物类	身体不太好，常用药物的旅友，要准备足量的药物，并且开具医嘱的英文件
其他物品	尤其要准备防水包，或把所有重要物品用塑料袋密封

牢记海关禁带物品

海关禁止携带的物品需要提前知道，避免在海关检查时被扣留下来或罚款，给自己带来很多麻烦。另外各航空公司登机时免费托运及携带登机的手提行李也都有不同的大小规格限制。

例如中国国际航空公司对于乘坐国际航班的乘客随身携带的行李有如下要求：每位经济舱游客只能携带一件5千克以内的行李登机，这件随身携带的行李长、宽、高分别不超过55厘米、40厘米、20厘米。超过上述重量、件数、体积限制的物品，游客应该办理托运。

加拿大海关规定，任何游客过海关前必须填写海关申报卡的A、B面。超过1万加元的现金、旅行支票、银行汇票或者股票等有价证券必须申报。19岁以上的游客每人可以带1.5升葡萄酒（或1.14升白酒）、200支香烟（或50支雪茄）入境。加拿大海关禁止游客携带表格内物品入境，如果查到，轻者会被没收，重者则罚款甚至列入入境黑名单。

加拿大海关禁带物品 名称		
武器	烟花鞭炮	毒品
肉类	珍稀动植物制品	文物
蔬菜、水果	鸡蛋	奶制品

Tips

1.到尼亚加拉瀑布游玩时，不要随身携带贵重而非游玩必须物品，可以存放在酒店前台的保险箱内；如果没有办法则一定要随身携带防水包，并将贵重物品装进防水包里。

2.随身携带护照等物品，不要放在托运行李中及旅行车内，不能交给他人保管。

3.在非常寒冷的地区游玩，是数码控的游客一定要多备些电池，因为在低温下电器耗电很快。

开通国际漫游

如果不打算到加拿大当地买电话卡的游客，在出发前的1周时间就可以将自己的手机开通国际漫游业务。举例而言，中国移动手机全球通套餐的漫游费用为7.99元/分钟，短信为0.99元/条，上网10元/兆，看起来还是非常昂贵的。但是加拿大各大商场、酒店、餐馆、大学、机场等都有WIFI覆盖，酒店大部分也会有网络端口，所以没有紧急事情的话可以利用网络与家人朋友联系。

如果在加拿大游玩时间很长，或迫切需要电话联络家人，可以在当地购买电话卡。加拿大有两种移动电话系统：GSM和CDMA，它们可以在800、850、1900千兆赫兹的频率下运作。如果手机符合频率，通常可以从Rogers、Fido或者Sprint Canada花20加元买一个SIM卡。

加拿大有几个主流运营商：Bell、Rogers、Telus、Fido和Simpro。在加拿大境内使用这些运营商提供的电话卡的资费情况如下：

加拿大当地电话卡详情						
类型	月费	加拿大境内免费主叫	境内主叫	境内接听	加拿大向中国主叫	加拿大向中国发短信
Bell Sim	20加元/月	100分钟	0.2加元/分	0.2加元/分	0.4加元/分	0.25加元/条
Calling Card	只能用来打电话	—	—	—	0.005加元/分（夜间）	—
Prepaid卡	GSM或3G手机都可用	—	—	—	0.5加元/分	—
Asian One	长途电话卡之一	—	—	—	5加元/300分	—

出发

确认行李清单

在旅行的过程中，我们常常会发现遗漏了必要物品在家，从而造成旅途的不便。为了防止这样的事情发生，你不妨在出发前，准备一份行李清单，并逐个核实，以确保所需物品已经放入行李箱或是放在手提包内。

Tips

1.将重要的证件等放在手提包内，一来可以方便检查，二来以免行李箱丢失造成不必要的麻烦。

2.将自己的行李箱做上特殊的标记，这样在机场领取行李时，能更好地找到自己的行李，也以免被他人拿错。

自助游、跟团游需准备的行李

选择了自助游、跟团游的方式，接下来考虑的就是自助游、跟团游要准备的行李，哪些是必不可少的物品，哪些是可以不带的物品，这关乎你的旅行质量。下面的行李示意图可以给你帮助。

自助游需准备的行李示意图

大登山包

相机

笔记本电脑

移动电源

电源转换器

手机

钱包

旅游保险

证件夹

移动硬盘

多元充电线

家门钥匙

保温水杯

手电筒

急救药包

长袖衣裤1套　短袖3件　短裤/裙3件　平底鞋1双　羽绒服1件

保暖内衣2套　薄毛衣2套　长裤2条　电器备用电池若干　保暖鞋1双

手套、帽子、围巾各2套　风衣1件　运动鞋　厚外套　毛巾

万向轮行李箱
夏季

自驾游需准备的行李

　　如果选择自驾游的方式，你需要准备的行李很多都与驾驶相关；怎样准备行李才能既轻便又实用，是个值得深思的问题。除了自助游相关的必备物品之外，你还要带些应急物品，比如指南针、擦车布、"车三宝"、中文版当地最新地图等，也不要忘记准备驾驶证英文翻译件，可以在租车公司租用导航仪；到了加拿大，多换点加元零钱，以备停车、过收费站使用。

在枫叶走廊自驾需要准备哪些物品

　　在枫叶走廊自驾，除了常规必备自驾物品外，也需要准备少量应景的物品，阅读下面的表格，思路就会非常清晰，你可以根据自己的实际情况，选择是否携带或者租借可变动物品。本书涉及自驾的部分，指的是租车自驾，如果在加拿大有私家车供自驾，需要准备的文本类物品包括加拿大行驶证、养路费及购置税、车辆使用税、保险费单等，这些都要妥善保管。

自驾游行李列表				
大分类	**明细**	**存放地点**	**明细**	**存放地点**
文本类	护照	随身携带	租车合同	随身携带
	驾驶证及公证件	随身携带	身份证	妥善保管
	路线地图	随身携带	信用卡	妥善保管
	保险费单	随身携带	笔记本及笔	可选带
日用品类	应季衣物	行李箱	遮阳帽	可选带
	保温水壶	随身携带	软底鞋	司机脚边
	照相器材	随身携带	充电式露营灯	行李箱
	压缩食品/饮用水	后备箱	汽化灯	行李箱
	手套	可选带	餐具	可选带
	雨具	可选带	盥洗包	行李箱

续表

大分类	明细	存放地点	明细	存放地点
药品类	绷带	应急药箱	创可贴	应急药箱
	消毒药水	应急药箱	消炎药	应急药箱
	防暑药品	应急药箱	防晕车药	应急药箱
	驱蚊虫药水	应急药箱	食物中毒催吐药	应急药箱
	止血带	应急药箱	止泻药	应急药箱
车辆必备类	整套随车工具	后备箱	备用轮胎	后备箱
	备用火花塞	后备箱	备用电线	后备箱
	绝缘胶布	后备箱	铁丝	后备箱
	牵引绳	后备箱	备用油桶	后备箱
	水桶	后备箱	工兵铲	后备箱
	便携式打气筒	后备箱	胎压表	后备箱
	车载电压逆转器	车内	车载DVD	可选带
枫叶走廊自驾专用类	照相器材（电量充足、备用电池）	车内	过关零钱（多备小金额钱币）	随身携带
	多功能手表	车内	指南针	车内
	通信器（对讲机；手机及备用电池）	车内	组合刀具（若要野营必带）	可选带
	山地车（赏枫景时兴致高可骑行）	后备箱，选带	望远镜	车内
	应急装置（应急灯、指南针、警示牌等；随身带汽车救援卡）			随身携带
	野营装备（防潮垫、保温水瓶、折叠桌椅、烧烤炉、大遮阳伞、睡袋、车载冷热箱等）			可选带

安装实用APP

APP软件推荐

手机、平板电脑如今已成为现代人常见的阅读工具。因此在准备去加拿大前，不妨下载一些有关加拿大旅行的APP软件，这样在旅行途中有问题可以随时拿出手机或平板电脑查询。

iMoney

iMoney是非常实用的计算汇率的工具，解决了一种货币同时兑换为多种货币的计算问题，尤其在加拿大这样既能使用加元又能使用美元的地方，有了这个工具把关，能让游客计算得更清楚些，非常方便逛商场购物时使用。该应用有32种常用货币换算，操作简单到妇孺皆能学会。

软件占用空间：3.7MB
支持机型：iPhone手机、iPad、iPod Touch

Wi-Fi Finder

非常适合习惯于使用网络联络亲朋好友、记录行程的游客，在加拿大这样很多公共场所被免费Wi-Fi覆盖的城市，不使用这个软件实在可惜，装上Wi-Fi Finder就可以在全球144个国家和地区找到超过65万个Wi-Fi热点，并且免费连接使用。

软件占用空间：1.21MB
支持机型：iPhone手机、iPad、iPod Touch；安卓手机

Google Translate

谷歌翻译（Google Translate）可以翻译60多种语言的字词和短语。对于大多数语言，可以直接读出短语，然后便可听到相应的语音翻译。只需游客把要去的国家的翻译结果加上星标，这样即使在离线状态下也能查询历史翻译结果。在加拿大，谷歌的服务非常稳定快速。

软件占用空间：3.4MB

支持机型：iPhone手机、iPad、iPod Touch；安卓手机

Lonely Planet

Lonely Planet可供下载使用的地图及攻略指南，把你想去城市的内容购买并下载到手机上，即使没有网络也能让你对所去的城市了如指掌。使用GPS功能搭配离线地图，让游客哪怕是在最混乱的城市也不会迷路。

软件占用空间：76.2MB

支持机型：iPhone手机、iPad、iPod Touch；安卓手机

Yelp

"Yelp"是北美洲地区人们对于"美味极了"的称赞语，同时它也是美食点评界的鼻祖，2004年在旧金山起步，2012年3月登陆纽交所；Yelp除记录了美国的各大美食餐厅外，还记录了加拿大，英法德等欧洲国家及澳大利亚等许多国家的美食地。靠Yelp的推荐一路吃喝下来，基本不愁没吃到最地道的美食。

软件占用空间：8.34MB

支持机型：iPhone手机、iPad、iPod Touch；安卓手机

Read for Me

出国旅行时，识别路牌、菜单、打折信息等，总是不小的难题。在不懂异国语言时，可能连打字都无从下手，更别提翻译了。而Read for Me是一款流行于欧美的创新型手机应用，可拍摄照片并且直接翻译，非常适用于不懂外语的中年游客。该应用能识别30种文字，并能翻译成36种语言，还提供18种语言的发音功能。

软件占用空间：16.10MB

支持机型：iPhone手机、iPad、iPod Touch

收藏必用网站

　　在前往加拿大之前，应对加拿大有所了解，怎样买前往这个国家的机票；怎样办护照、签证；这个国家有哪些著名的景点；前往加拿大的航班有哪些以及这个国家的住宿情况是怎样的等问题，而了解相关资讯最快捷的方式便是登录其相关网站，下面就提供一些有帮助的网站。

在加拿大游玩必知的几个网站	
名称	网址
加拿大旅游局	cn-meetings.canada.travel
渥太华旅游局	ottawatourism.cn
多伦多旅游局	www.seetorontonow.com
加拿大安大略省旅游局	www.ontariotravel.cn
加拿大铁路网	www.cn.ca

保存求助电话

　　去加拿大旅游，很可能会遇到各种各样的突发事件，这时就需要拨打相关电话来求助。所以，在准备去加拿大前，不妨了解一些应急电话。可以将所有的应急电话备份到手机上，这样遇到紧急情况时就可以直接拨打电话求助。

中国驻加拿大使领馆信息		
名称	电话	地址
驻加拿大大使馆	0613-7893434	515 St. Patrick Street Ottawa Ontario
驻多伦多总领事馆	0416-9647260	240 St. George Street Toronto Ontario
驻温哥华总领事馆	0778-7365188	3380 Granville Street Vancouver British Columbia
驻卡尔加里总领事馆	0403-2643322	Suite 100,1011 6th Avenue,S.W Calgary Alberta
驻蒙特利尔总领事馆	0514-4196748	2011 University Street, Suite 1550, Montreal, Quebec

其他常用电话

　　在加拿大旅游，除了知道各使领馆的电话外，也难免遇到游玩、观光的疑难问题，如果遇到了问题知道寻找什么部门寻求解决方案，也会让自己的旅行多一些保障，少一些麻烦。右侧表格所提供的求助电话涵盖了在旅途中帮助解决问题的相关机构。

求助电话	
名称	电话
警察、火警、急救	911
当地银联服务热线	18774706287
中文查号台	7388888
查号台	411
温哥华市政府信息专线	873-7011
公共车线路查询	521-0400
住房租赁办公室	660-3456
租客权利联盟	255-0546
电话故障修理热线	611
灭罪专线	800-2228477

掌握入境技巧

入境步骤

① 填写入境卡

前往加拿大的飞行途中，空乘工作人员会发给每位乘客2张表格，一张是移民局的出入境登记表，一张是海关申报表。建议在飞机上完成表格的填写，以免下机后耽误入境时间。海关申报表比较简单，如无特殊的携带品，填完表格基本栏目后，在方框内打勾即可。

Instructions

名，姓
出生日期　国籍

加拿大入境卡可以一家人申报写在同一张表格上最多可4人

家庭住址　城市/城镇

邮编

来的目的　来自哪里

飞机火车/轮船班次

物品申报

留加总时长　免税相关

离加日期　出境所携物品，不需填写

签名　日期

声明所填内容属实且完整

▲ 加拿大入境卡

② 前往移民局柜台

旅客下机后，走过登机桥、廊桥、候机走廊（如是转机旅客，在此上楼办理手续），第一步是来到移民局柜台，递上护照和填写好的出入境登记表，接受检查。

③ 盖入境章

移民官在检查完护照签证后，会在护照上盖入境章，上面注明允许你在加拿大的停留时间。非常重要的一点是：出境表会被钉在护照内页上，此表不能遗失，否则在出境时会有麻烦。

④领取托运行李

过了移民局后，下自动扶梯，如有托运行李，则根据电子屏幕的指引，去相应的行李运送带旁，等待提取行李，在加拿大的机场入境，提取行李后离开机场，一般没有专门的行李检查人员。

Tips

应小心看管自己的行李。尤其是下机后，应尽可能快地通过移民局的检查（但千万不要插队抢位），到达提取行李处。以免行李被错拿或遗失。如无托运行李，可径直去海关。

⑤出海关

在海关，如无申报，请走绿色通道；如有申报物品或不确定是否应予申报的物品，请走红色通道。递上护照和海关申报表接受检查，一般海关处工作人员采取抽查的方式检查行李，如被抽中，应予配合。出海关后才算正式到达加拿大，即可开始自己的加拿大之旅。

Tips

在加拿大旅行，有一些习惯需要提前知晓，比如不能询问当地人的隐私（包括女性的年龄、当地居民的收入等）；需要男士保持女士优先的绅士风度；加拿大境内的自来水可以直接饮用，所以宾馆里没有烧水装置，如果游客需要，可以向酒店前台咨询；不能够在公共场合吸烟；夜间活动最好结伴而行；随身携带旅行期间的处方药和相关的医嘱证明及翻译件；不能在公园里饮酒；注意在一些必要场合支付小费。

\multicolumn{3}{c}{在加拿大支付小费的惯例}		
名称	费用金额	费用内容
餐厅	餐费的10%～15%	快餐、自助餐或帐单里写明已经包括，则不需要另付小费
行李搬运	2加元/件	行李很多的话一般给10～20加元
的士	车费的15%～20%	—
美容理发	总费用的10%～20%	根据服务满意程度决定
外卖	餐费的10%	至少要付2加元给外卖员
代客停车	2～5加元	—
酒店穿梭车	5～10加元	—
跟团旅行	5～10加元	分别付给导游和司机

到达

在加拿大吃什么

　　加拿大的每个地区都有特色美食。加拿大的原住民印第安人的主要食物是煮牛肉和面包；不列颠哥伦比亚省的海鲜（如帝王蟹和鲑鱼）格外鲜美；不列颠哥伦比亚省欧垦娜根河谷、安大略省的尼亚加拉地区及魁北克省的东方镇（Eastern Townships）一带盛产苹果、桃、樱桃和果酒；在草原地区可以品味上好的牛肉；魁北克省有传统加拿大法式菜肴，包括各种肉菜主食，肉馅饼、汤、蔬菜炖肉和分量丰厚的枫糖浆；大西洋地区有海鲜和加拿大法定可食用野生动物肉等美食。

加拿大特色菜肴图鉴

加拿大象拔蚌刺身

　　加拿大象拔蚌刺身的食材是象拔蚌，原产于美国和加拿大北太平洋沿海。象拔蚌刺身既可熟食，也可生吃，是当地比较有名的一种美食。一般的餐厅以烹制风味独特的"象拔蚌刺身"吸引顾客，尽管价格较高，但依然吸引不少消费者前来品尝。

肉汁奶酪薯条

　　肉汁奶酪薯条（Poutine）是魁北克人自己发明的一种美食，口味淳厚、朴实。酥脆的薯条，配上新鲜的软奶酪，再把滚烫的肉汁浇在上面，热肉汁能将奶酪融化，是不容错过的美食。

三文鱼

　　在加拿大当地，三文鱼（salmon）多指鲑鱼。加拿大的特产鲑鱼可在土产店的鱼品柜买到，三文鱼有各式的熏制方法，如果自己食用的话买200～300克就够了，如果打算送人的话可以买包装好的鲑鱼切片。

咖啡碎块果冻

　　咖啡碎块果冻是将咖啡果冻切成碎块，放入玻璃杯中，再在果冻上装饰上薄荷叶，这样的咖啡碎块果冻既好看又好喝。

枫糖

　　加拿大盛产枫叶，每到深秋枫树叶红如晚霞，因此加拿大被人们称之为"枫叶之国"。枫树不仅有观赏价值，其树液还是制作枫糖的原料；加拿大生产的枫糖含有丰富的矿物质、有机酸，是不可多得的美味营养食品。

中国游客最喜欢的餐厅

威士顿中国餐馆

　　威士顿中国餐馆（Westown Chinese Restaurant）在多伦多一共有两家分店，登打士街的那家距离海帕克公园非常近，舍伯恩街的那家距离安大略省皇家博物馆非常近，舍伯恩街的分店环境更好一些。在参观景点之余可以去这两家餐馆享受饕餮盛宴。餐馆中烹饪的中国菜、亚洲美食味道都很受欢迎，还提供外送服务。

地址：登打士街分店2710 Dundas Street West；舍伯恩街分店464 Sherbourne St.

交通：从安大略皇家博物馆出发，可以乘坐地铁2号线，在Sherbourne Station Eastbound Platform站下车，沿着舍伯恩街向南步行大约500米即到；或者乘坐公交车75路等，在Sherbourne St at Wellesley St East站下车，向南走大约50米即到

网址：www.westownchinesetoronto.com

营业时间：15:00~23:00

电话：登打士街分店0416-7666366，舍伯恩街分店0647-3452225

湖滨码头60号牛排餐馆

湖滨码头60号牛排餐馆（Harbour Sixty steakhouse）位于湖滨码头区，坐落在原多伦多湖滨委员办公楼里面，整个办公楼宏伟大气，餐馆内部的装修很奢华。人均消费是30～50加元，主打浪漫的晚餐，如果你是在包厢里面享用午餐或者晚餐的话，会被其豪华所折服。餐馆的座椅是金丝锦缎覆盖的软沙发，适合慢慢品尝各类牛排、上等三文鱼、新鲜的佛罗里达石蟹和烤加勒比龙虾尾。餐厅开始营业时会赠送客人一些葡萄酒，结束营业时赠送英国风味的巧克力奶酥。

地址：60 Harbour Street
交通：乘坐地铁1号线至UNION STATION站下车，沿着Bay Street向南步行约200米即可
网址：www.harboursixty.com
营业时间：午餐周一至周五11:30开始营业，晚餐每晚17:00开始营业，圣诞节和平安夜休息
电话：0416-7772111

北京餐厅和酒馆

北京餐厅和酒馆（Peking Restaurant & Tavern）主要经营的是粤菜和川菜，40多年的经营时间里一直致力于用最好的食材，烹饪出最地道的中国美味。

地址：5550 Stanley Avenue
交通：乘坐公交车1路至Stanley Ave. at North St.站下车，向北步行约50米即可
网址：www.pekingrest.com
营业时间：一般周二休息，平时每天营业到16:00，圣诞节等节假日休息
电话：0905-3586447

上海花园餐厅

上海花园餐厅（Shanghai Garden Restaurant）是尼亚加拉地区提供中国美食最专业的餐厅之一，可以在餐厅内品尝美食，也可以外带，主要菜肴是上海菜、广东菜和四川菜，这些种类的菜肴口味跨度比较大，所以适合中国游客享用，满足吃家乡菜的需求。

地址：4939 Victoria Ave Niagara Falls
交通：乘坐2、5路公交车，在Victoria Ave. at Simcoe St.站下车，向北步行约20米即到
网址：www.shanghaigardenrestaurant.ca
营业时间：每天12:00～23:00
电话：0905-3542889

在加拿大住哪里

加拿大有各种价位的住宿地，可满足不同游客的多种需要。豪华酒店一般都在大城市，而汽车旅馆通常聚集在城镇郊区。家庭旅馆（Bed-and-breakfast inns）多在城镇住宅区和较偏僻的风景区。许多住宿地，特别是滑雪胜地的旅馆酒店提供全包服务和周末特价（夏天旺季的5月下旬至8月和冬季节日期间除外）。大多数度假住宿地设有户外娱乐设施（如高尔夫球场、网球场、游泳池和健身中心，还可以帮游客安排徒步旅行、山地自行车和骑马等活动）。

加拿大住宿图鉴

酒店

加拿大不同季节、不同地点的酒店价格差距很大。当地假期和旺季房价很高。旺季时，豪华酒店标准间300～500加元/天，中等酒店100～200加元/天。预订时，应该问清酒店是否含早餐和税费、旅游费等。酒店一般提供电视、电话、吸烟/非吸烟客房、前台叫醒服务、餐厅和泳池。有的酒店提供套房、客房和厨房。若推迟到达一定要通知酒店，除非用信用卡做过预授权，否则超过18:00客房一般不被保留。

汽车旅馆

汽车旅馆多位于主要公路沿线或城市周边。Comfort Inn、Quality Inn、Choice Hotels、Travelodge、Days Inn等汽车旅馆提供价格适中的房间，而且诚信可靠，是旅途中值得信赖的住宿地。客房的价格取决于旅馆位置，通常为60～115加元/晚。

家庭旅馆和乡村旅馆

大多数家庭旅馆和乡村旅馆为私人拥有，有些位于城市居住区或小镇的历史建筑里，有些是乡村小屋或农舍。家庭旅馆的房费绝大多数都包含早餐，从简单的面包、鲜榨果汁到精心制作的当地特色早餐，不一而足。有的还提供下午茶，晚上提供烈酒和夜宵。有公用浴室，通常没有单独的房间电话。客人可使用客厅和花园。乡村旅馆较大，通常客房超过15间，并提供完备的餐饮设施。

Tips

　　许多机构提供家庭旅馆和乡村旅馆预订服务，多为地区性的，但国际旅馆业主专业协会（Professional Association of Innkeepers International,电话0856-3101102或0800-4687244，网址www.paii.org）、北美家庭旅馆目录（North American Bed&Breakfast Directory, 网址www.bbdirectory.com）可提供全国性服务。独立旅馆业主协会（Independent Innkeepers'Association，电话0269-7890393或0800-3445244，网址www.selectregistry.com）出版加拿大家庭旅馆和乡村旅馆注册资料的年鉴，游客可使用关键字"bed and breakfast"在互联网搜索，也可以询问旅行社。

青年旅舍

　　青年旅舍的住宿环境简单、朴实，价格便宜，提供宿舍式住宿（包含毯子和枕头），能满足学生型游客的需求。许多青年旅舍还有家庭和夫妻房，可提前预订。客房设施包括设备齐全的自助服务厨房、就餐区、休息室和洗衣设施。会员价20～30加元/天（非会员贵些）。青年旅舍经常为客人组织专项活动，丰富游客的游余生活。中国游客可联系国际青年旅舍加拿大协会（地址为205Catherine St., Suite 400, Ottawa；电话为0613-2377884或0800-6635777；网址为www.hihostels.ca）。

加拿大农牧场

　　农场和牧场提供的住房充满乡村气息，特别适合亲子游。在农垦农场或养殖牧场，游客不

仅是付费的客人，还可以参与日常杂活，参与程度取决于农牧场主的喜好，他们可能会让客人收集鸡蛋、喂动物、挤牛奶、乘马车，还可能让客人乘雪橇或到草原远足，另外还可在农场池塘划船、钓鱼、采摘浆果等。农牧场住宿提供早餐，通常还有其他食物，可能与主人一同就餐。双人房间40加元起。建议问清最短住宿时间，以及押金和退款方法。

高校宿舍

　　暑假期间（5～8月），多数高校宿舍向游客开放。房间提供床上用品、公用浴室，没有房间电话。平均每人20～45加元/天。接受预订。预订时需了解校园停车情况和餐饮服务。更多信息可与学校或当地旅游局联系。

露营

　　加拿大有众多优良的露营地，由私人经营或由联邦、省政府管理。政府场地设在国家和省级公园内，收费很低。这些营地设施良好，吸引了大量游客。大多数公园露营地5月中旬到加拿大劳动节期间（每年9月）开放，先到先得。可以在公园游客中心了解收费和最长居留时间。有些公园提供预约服务，有些提供冬季野营。

　　露营点一般包括帐篷、防潮垫、野餐桌、炉子以及邻近水源的停车位。多数营地有厕所、厨房等建筑。有些营地只允许搭帐篷，有的允许停靠房车。多数营地都没有露营车水电连接服务，但有污水处理站。乡村露营地大多位于荒山僻野中徒步线路的附近，只能步行到达。

中国游客最喜欢的住宿地

背包客国际旅舍

　　背包客国际旅舍（Backpackers International Hostel-Niagara Falls）是一家独立的旅舍，位于一栋19世纪建的巨大居民建筑里。楼上的客房，很像欧洲小酒店里的客房，非常讨人喜欢。房费已含税，早上提供餐食，一般是咖啡和一块英式松饼。住客可以用厨房的各种厨具，还可以租自行车。

> 地址：4219 Huron Street，Niagara Falls（Zimmerman Ave与Huron St交汇处）
> 交通：乘坐火车在Niagara Falls Amtrak站下车，向南步行约200米即到
> 网址：www.backpackers.ca
> 参考价格：床位约30加元/个；大床约50加元/个

华美达温哥华市区酒店

　　华美达温哥华市区酒店（Ramada Limited Downtown Vancouver）距离煤气镇（Gastown）仅有7分钟步行路程，每日提供自助早餐和免费无线网络。每间客房的标准配置包含有线电视、沏茶/咖啡设施。酒店内还有带传真和复印设施的商务中心，可以使用洗衣设施，酒店提供干洗服务和24小时的前台服务。

> 地址：435 West Pender Street
> 交通：乘坐10、22路等公交车，在EB w Pender St FS Seymour站下车，向东步行约50米即到
> 网址：www.ramadadowntownvancouver.com
> 参考价格：标准客房约300加元（折合人民币1700元左右）
> 电话：0604-4881088

班夫驯鹿温泉酒店

　　班夫驯鹿温泉酒店（Banff Caribou Lodge and SPA）位于班夫的户外仙境，提供豪华的SPA水疗服务和舒适的客房，酒店里的热水池、蒸汽浴室和健身设施都能供入住的客人享受养生乐趣。还可以使用班夫的交通免费通行证从这里前往各个景点，酒店的服务人员很热情。

> 地址：521 Banff Avenue
> 交通：乘坐1路公交车，在Antelope Lane站下车，向西北步行过马路即到
> 网址：www.bestofbanff.com
> 参考价格：180加元/晚（折合人民币约1000元）
> 电话：0403-7625887

在加拿大怎样出行

乘坐飞机

加拿大国内最大的航空公司是加拿大航空公司（Air Canada），其次是环西部航空（Athabaska Airways Ltd.），如今还有很多廉价航空公司运行热门目的地的航线，如West Jet航空公司等。有时，打折的机票价格甚至与长途汽车或者车船联运的票价相当，性价比很高，相当划算。近些年来，比较火爆的线路是多伦多至尼亚加拉大瀑布、卡尔加里至班夫国家公园、温哥华至怀特霍斯等路线。

加拿大国内航空公司信息		
航空公司	电话	网址
加大拿航空公司	0888-2472262	www.aircanada.com/zh/home.html
环西部航空	0800-6679356	www.transwestair.com
West Jet	0888-9378538	www.westjet.com

乘坐火车

与机票相比，加拿大火车票比起机票而言更昂贵，而速度却远不及飞机甚至长途汽车那么快，因此这不是当地人出行的最佳方式。然而，对于喜欢欣赏沿途风景的游客来说，乘坐观景火车无疑是终身难忘的体验，因为速度不快，所以更能让人体会那种慢下来的心境。

加拿大市内交通图鉴

架空列车

架空列车（Sky Train）是全自动的轻轨服务，在温哥华等主要城市均有，连接市中心与多个市郊城镇，包括本那比、新威斯敏斯特、索里及高贵林。

海上巴士

海上巴士（Sea Bus）一般在海岛城市有，比如温哥华、爱德华王子岛等，可供游客沿着海岸观赏市中心的美景，也可在各码头之间徜徉，乘坐海上巴士可以购物、用餐或到剧院欣赏戏剧。

公交车

公交车（Bus）是加拿大各城市主要的公共交通工具，大多为无人售票车，票价为2.25加元，5~19岁儿童、青少年以及65岁以上老人为1.5加元，4岁以下儿童免费。

出租车

加拿大的各大热门旅游目的地基本都有出租车提供短途交通服务，但是各城市的收费都不一样。值得注意的是，上车前一定要求司机打表计费，以维护自己的利益。总体来说，海岛和海滨城市的出租车收费价格比内陆城市高，经济更发达或者路况更复杂的城市出租车费用高。

在加拿大游哪里

巍峨的高山、雄浑的高原、富饶的谷地，众多的湖泊以及纵横交错的河流与星罗棋布的岛屿一起构成了加拿大神奇、独特而别具魅力的自然风光。在加拿大游玩期间，不仅能够了解其国家发展历史，还能感受其作为移民大国的特殊风情，而且会感慨于城市间优美的自然环境。

加拿大海岛风光图鉴

温哥华岛

温哥华岛位于太平洋沿岸，它变幻多端，气候和植被每隔1千米就有所不同。该岛屿与加拿大的大不列颠哥伦比亚省平行，拥有大片的海滩、高山、湖泊、溪流以及河谷。它不仅有优雅的自然景观和独特丰富的居民生活特色，而且还有各具风情的岩石、树木、海洋、教堂和农舍。

爱德华王子岛

爱德华王子岛的北岸多沙滩，形成了众多天然海滨浴场。著名景点有拖鞋兰车道、爱德华王子岛国家公园、安妮的绿色小屋等，令人流连忘返。爱德华王子岛的农业、渔业和旅游业等老牌行业在加拿大名列前茅，近些年还不断拓展了航天业和生物科学等新兴行业。

加拿大博物馆图鉴

温哥华博物馆

温哥华博物馆是加拿大最大的市立博物馆，馆内陈列了温哥华早期的艺术作品及原住民的历史。门口的钢制螃蟹非常引人注意，而博物馆建筑本身也为游客津津乐道。

加拿大航空博物馆

加拿大航空博物馆藏有大量的民用及军用机型，代表了从一战之前的先驱时期到现在的加拿大航空历史，馆内还设有关于航空科学的交互式展览、电影、示范、精品店和导游。

蒙特利尔美术馆

蒙特利尔美术馆是加拿大最具影响的美术博物馆之一，馆内收藏了世界各地不同时代不同风格的绘画、雕塑和装饰品以及远古器具等艺术品，并在加拿大国内外举行各种大型展览，吸引了众多艺术爱好者。

不列颠哥伦比亚博物馆

不列颠哥伦比亚博物馆位于维多利亚美丽的内港，通过独特的展品和画廊，游客可以亲自体验不列颠哥伦比亚省和它的第一民族的历史。真实和引人入胜的展品，如冰河时期、旧城和海岸实景模型等，都让游客印象深刻。

温哥华水族馆

温哥华水族馆馆内蓄养的海洋生物超过7000种。从北极海的海洋生物到亚玛逊森林的鸟类、鳄鱼、植物都可以在此观赏得到。还有杀人鲸（Killer Whale）和白鲸（Beluga）在仿真海洋生态环境里自在地游着，让人们驻足良久，满足人们对这些海洋里的庞然大物的幻想。

巴塔鞋类博物馆

巴塔鞋类博物馆是一个非常有个性的鞋类博物馆，这里有来自世界各地的12000多双鞋。随着人类的发展一路走来，每一双看似普通的鞋子记载着人们生活的喜怒哀乐与社会时代的不断变迁。

在加拿大买什么

在加拿大旅游的时候，可以买一些好的纪念品或者特产，带给朋友和亲人。在加拿大旅游买什么是个问题。其实这个问题没有那么难，如果想要买一些美食与家人分享，可以购入枫糖、冰酒、鲑鱼等；如果想要买一些小礼物送给朋友，可以购入当地生产的Body Shop产品或MAC等电子产品，同时需要缴纳一定的税费。

加拿大特产图鉴

枫糖

加拿大的枫糖非常香甜，还有独特的风味，是非常健康的营养品，当地人经常搭配着面包、煎饼或咖啡一起享用。当地还有一道名菜"枫糖煎三文鱼"，就是在煎制好的三文鱼上面淋上枫糖浆。

冰酒

加拿大冰酒是世界著名的酒品之一，由于酿造工序复杂、出酒率不高，所以更加珍贵。而其对于人体的抗衰老功效更是深受人们的喜爱。游客基本都会买出境最大限量的冰酒回国。

加拿大西洋参

在原住民的森林里，加拿大西洋参产量很多，这里清澈的水质和良好的空气质量，赋予了西洋参的优异的品质。加上其补气滋阴的功效，更是成为游客回国必买的物品，无论是自己用来保健，还是馈赠亲朋好友，都非常合适。

野生鲑鱼肉

加拿大的野生鲑鱼饱满多汁，美味异常。不过购买新鲜的鱼肉是很难出境和入境中国的，因此必须购买正规商店提供的带有包装的熏制鱼肉等，虽然是经过加工的食材，不过依然难减其诱人的味道。

枫叶茶

枫叶茶是最近兴起的新品，它受到很多人的喜欢。这种茶产量非常少，且是加拿大本土生产的，离开加拿大很难再买到正宗枫叶茶，因此建议买一些回家享用。

土著艺术品

加拿大的土著艺术品可以让每一个回国游客念念不忘，此类艺术品有手工缝制的皮鞋、独具特色的陶器以及绘制有图腾的民族时装等。买上几件艺术品回家，摆在展示柜上，可以回忆起在加拿大游玩的美好时光。

加拿大实用购物用语

在加拿大购物，特别是逛加拿大当地的特色商场，必然需要与店主砍砍价，但苦于语言沟通存在障碍，很多时候不能如愿得到想买的物品。如果懂得一些常用的购物语言，就能立马用上。

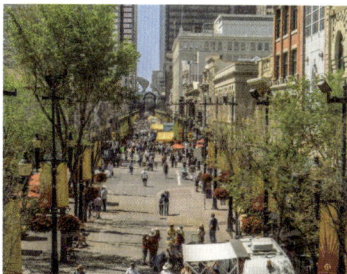

在加拿大购物的常用语言	
中文	英文
便宜点	Cheaper
多少钱	How much
2条/个/件	Two,Please
请给我退税单	Please give me a tax refund
费用是否包含税费和服务费	Does it include tax and service charge

在加拿大怎样娱乐

加拿大人民的生活是丰富多彩的，他们有多种娱乐项目，除了传统的饮酒消遣之外，还增加了大量户外活动，增强体质的同时还可以陶冶情操。在加拿大旅行期间，若不体验一些自己平时没有机会体验的娱乐项目，实在会抱憾终生。

冰上钓鱼

钓鱼是很多人的爱好之一，不过在冰上钓鱼需要一定的技巧和毅力。加拿大所处的地理位置决定了其有较大的冰川冰原，因此刨冰钓鱼也不是什么稀奇事，相反这是当地原住民赖以生存的技能。当你在刺骨寒风中钓上一条鱼的时候，那种喜悦不言而喻。

推荐地

耶洛奈夫是在冰上钓鱼最好的地方，这里有壮观的冰原大道，一望无垠的冰原，乐于助人的当地居民，只要你想要在冰上钓鱼，他们会想办法给予你帮助。

泡温泉

加拿大有许多国家公园，公园内部藏着数眼天然温泉，是当地人喜爱的养生之地。无论你是在班夫这样的大型国际公园，还是在城市里的温泉酒店，都可以用大半天的时间与温热的泉水亲密接触，涤荡肌肤、拔走体内的寒气。

推荐地

班夫国家公园是泡温泉的首选地，如果不想那么麻烦，也可以在酒店或者城市周边的小型温泉馆体验。不过加拿大温泉不只是温泉这么简单，这里的温泉还能供游客在冰天雪地中欣赏极光，在温泉池壁上寻找迷你蜗牛，可谓玩趣十足。

滑雪

拥有大量雪山的加拿大，是很多滑雪运动爱好者的天堂。即便你至今未曾试过滑雪，也不要错过在加拿大的雪山上体验一冲而下的乐趣。滑雪初期可以没有太多的技能，只要懂得保持平衡、躲避障碍物，就能享受到乐趣。实在不济，也可以在雪山上玩雪，总之，别错过与雪近距离接触的好机会。

推荐地

加拿大最好的滑雪地就是惠斯勒滑雪度假村，这里有北美最大的滑雪场，拥有蓝线、黑线、红线等互不干扰的多条滑雪线路，初学者和资深滑雪者均可以找到适合自己的线路，所有游客都能体验到滑雪的乐趣。

多角度观瀑布

很多人也许一辈子就只看一次瀑布，这唯一的一次最好是看尼亚加拉大瀑布。如果时间充足的话，一定要从空中看瀑布、从平台上看瀑布、从游船上看瀑布、从瀑布背后看瀑布、从直升飞机上看瀑布，总之想尽一切角度来欣赏瀑布的美景，感受其无处不在的磅礴气势，从此在梦中都会常常想起它。

应急

出境旅游最怕的就是遇到突发事件，在人不生地不熟的情况下，由于语言不通，可能会束手无策。在外旅游，吃、住、行、游都该保持警惕心，不要粗心大意，出门检查东西，在外看好行李，不单独出行，遇到问题可以向可靠的行政部门求助，无论遇到什么事，都应处事不惊，冷静对待，寻找最佳解决方法。

东西丢失

贵重物品丢失怎么办	
名称	解决办法
证件遗失	证件遗失后，首先应该向中国驻加拿大使领馆求助，拨打电话询问接下来需要做什么。通常使领馆会用中文提示你需要做的事情，帮助你尽快补办证件，将损失减到最小
行李遗失	首先，你可以在行李上做一些独有的记号，这样会为你找回行李提高成功几率。如果实在找不到，就要对行李进行遗失登记。在登记遗失行李表时，要详细地写清楚行李箱中的物品和价格，如果3天没有找到行李，则可以向航空公司要求理赔
信用卡遗失	遗失了信用卡就要立即打电话至发卡银行的24小时服务中心，办理挂失与停用。同时，你也可以与当地信用卡公司的办事处或合作银行取得联系

身体不适

　　在旅行途中，难免会有水土不服而生病的情况，因此要事先掌握一些急救的措施和手段以避免不好的情况发生。为应对身体不适，在旅途中最好备些药品，如黄连素、感冒药、消炎药、止痛药以及创可贴、风油精等，可根据自身情况带足备用药。

　　如果没有准备药物，到了加拿大身体不适，建议找酒店的工作人员帮忙，另外出行前也要阅读书中关于药品的内容，熟悉当地常用药物。

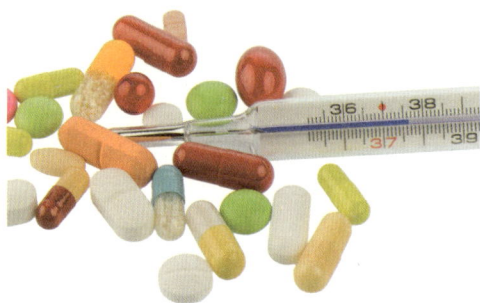

加拿大主要旅游城市的医院			
城市	医院	地址	电话
渥太华	The Ottawa Hospital	501 Smyth Rd., Ottawa	0613-7985555
多伦多	Mount Sinai Hospital	600 University AVe, Toronto	0416-5964200
	Toronto East General Hospital	825 Coxwell Avenue,Toronto	0416-4618272

加拿大旅游常备药物

　　在加拿大的医院看病经常需要排队，所以建议游客在出发前就带足适合自己及家人使用的药物，如板蓝根、维C银翘片、喉片等治疗感冒咳嗽的药，还有治疗急性肠胃炎的药、止血贴等，非常方便。

可带至加拿大境内的非处方药品名称					
药名	实物	药效	药名	实物	药效
复合型维生素片		补充身体必须营养	三金片		消炎
痰咳净		消炎、清火	湿毒清		消炎
健民咽喉片		消肿、清咽喉	复方盐酸伪麻黄碱缓释胶囊		缓解感冒症状
霍香正气胶囊/水		治感冒、防中暑	止泻药		缓解肠胃不适导致腹泻
青霉素片		抗生素	氧氟沙星胶囊		治疗感染性疾病
黄连素		清热解毒	头痛片		缓解疼痛
云南白药		治疗跌打肿痛	创可贴、药用棉签、药用胶布、碘酒		外伤应急止血、消毒
红花油		消肿活血化瘀、舒缓跌打肿痛带来的不适	盐酸西替利嗪		抗过敏药，对于荨麻疹、常年鼻炎等有助
盐酸麻黄素滴鼻液		缓解鼻腔不适	—	—	—

047

返回

加拿大最常见的邮寄方式有三种：

1.Priority，最贵，也最快，往国内寄东西大约3天可到，寄文件时会得到一个Canada Post的快递袋，装多少都可以，只要能装下，价格是固定的，加税约70加元；寄包裹时需要称重，2.5千克左右的包裹大约250加元。这种邮寄方式适合应急邮寄贵重物品。

2.Xpresspost，以前叫Expediate的名字，邮件或者包裹最快4天可到中国，但是慢的时候没有下限，可以达到十几天，如果是紧急事情就不要用这个方式，但是此法很适合不紧急的重要物品邮寄，2.5千克左右的包裹大约150加元。

3.Surface，相当于国内的平邮，利用海运到中国，非常的慢，能达到50~60天，甚至可能寄丢。这种邮寄价格比较便宜，是Xpresspost的一半。

建议需要邮寄行李回国的游客慎重考虑，若寄出贵重物品需花几加元购买保险，若寄丢了可以获得赔偿。

加拿大邮局

加拿大邮局（Bangkok General Post Office）虽然是政府机构，但是也可由私人店主申请代理邮政服务。在加拿大各种大城市都不太容易找到独门独户的邮局。因此要邮寄物品就找代理。这些代理包括药店（Shoppers Drug Mart）、街角便利店等，只要店牌上有红蓝色的标志，就说明这里有邮局。这些邮局既可以寄信、寄包裹，还可以买邮票、汇款等。

Tips

当你邮寄了物品之后，可以登录加拿大邮局的官方网站www.canadapost.ca去追踪自己的邮件，如果是在加拿大补办证件等需要收取邮寄的挂号信，尤其要注意给自己留足收邮件的时间，并且使用银行卡或者现金支票支付邮资（不收现金）。

前往机场

在离境前的72小时内，有些航空公司会要求乘客再次确认预约的机票。即使离境前72小时内已经确认了航班信息和机票信息，建议在去机场之前再确认一下，可以向航空公司服务处询问到达机场办理登机手续的最佳时间，以便留出充足的时间到达机场。如果不知道怎么去机场，可以打电话向航空公司服务处询问，建议乘坐机场巴士或公共汽车到机场。在去机场之前要确保带齐了护照、签证等证件。

离境手续

和入境手续相比，离境手续要简单得多。不过，建议你提前2~3个小时前往机场，这样时间上比较充裕，不会手忙脚乱。到达机场后，先找到你所搭乘航班的服务台，在那里换登机牌。换登机牌时，护照上的出境卡会由机场人员撕去。领到登机牌和座位号后，工作人员会告知你从几号门登机。通常，登机在飞机起飞前30分钟开始，起飞前15分钟关闭机舱门。另外，一定要记得事先填好出境卡。

离境流程图

到达机场 → 换登机牌 → 托运行李、出境手续 → 退税、安全检查 → 登机

到达机场	换登机牌	托运行李、出境手续	退税、安全检查	登机
最好在起飞时间前2小时到达机场，杜绝意外	拿着机票、护照到指定柜台(一般候机厅进门就可见航班信息大屏幕上有对应航班的柜台编号)交给工作人员	大件行李要托运，通常有免费托运行李要求；如果超重、超大需要额外付费；记得买份意外保险	需要提供三样物品：身份证、机票、登机牌。随身的手提包里不能有道具、危险品等，甚至连水、肉类等也不能携带	在指定的登机口登机，如果喜欢坐在窗边，可以在换登机牌时就提出；乘坐时间较长，可以将自己平时休闲用的物品放在手提包

Part 1

安大略湖
一周游

Part 1 安大略湖一周游

安大略湖周边印象

★★★ 繁华与美景相融

　　安大略湖周边有让人沉醉的枫叶走廊、飞流直下的尼亚加拉大瀑布、传统朴素的民居，还有现代化繁华都市，可谓是繁华与美景有机结合的宝地。如果你要到加拿大旅行，安大略湖周边的这几大城市和著名的风景区是很棒的选择。

艺术之乡

多伦多有浓郁的艺术气息，可以让你于不经意间迷醉在艺术的殿堂里。这里久负盛名的安大略省皇家博物馆，墨宝颇多的安大略省美术馆，加拿大人引以为豪的冰球殿堂等，都能让人在欣赏艺术的同时，为多伦多将文化和艺术完美结合而感叹。

晶莹美丽

"安大略"在第一居民语言（易洛魁语等）里的含义是"亮晶晶的水"，让人了解含义后就心生爱慕之意。安大略湖迷人的风光，让大量游客流连忘返。晶莹剔透的水，苍翠美丽的树，澄澈碧蓝的天，千奇百怪的动植物，热情开朗的居民，都为旅程增光添彩。

玩趣多多

安大略湖及其周边有很多好玩的景点，吸引人们前来欣赏。你可以在高大的电视塔上远眺安大略湖的风姿，可以到唐人街感受当地华裔的真实生活，可以借助直升飞机为安大略湖航拍，也可以在特色的博物馆丰富自己的阅历……总之，安大略湖藏着很多惊喜。

触手可及的美湖

形容安大略湖与多伦多之间关系最贴切的词是"触手可及"，因为只要你在多伦多城市的南部，就能随时看到清亮的湖水，在坐拥繁华的同时，享有安大略湖优质的水源和沉静的美景。可以用"你来或不来，我就在你身边，生死相依"来形容湖与城市、居民之间的亲密。

推荐行程

B 尼亚加拉 约130千米 **A** 多伦多 约450千米 **C** 渥太华

阿尔冈金省立公园
Algonquin Provincial Park

渥太华
Ottawa

亨茨维尔
Huntsville

史密斯福尔斯
Smiths Falls

布雷斯布里奇
Bracebridge

AC约450千米，
乘坐飞机约1小时，
乘坐火车或者长途
巴士等至少约2.5小时

布罗克维尔
Brockville

奥里利亚
Orillia

巴里
Barrie

彼得伯勒
Peterborough

贝尔维尔
Belleville

阿里斯顿
Alliston

卡沃萨湖市
Kawartha Lakes

特伦顿
Trenton

金斯敦
Kingston

沃特敦
Watertown

北约克
Northyork

多伦多
Toronto

奥沙瓦
Oshawa

安大略湖
Lake Ontario

爱德华王子县
Prince Edward

密西沙加
Mississauga

AB约130千米，
乘坐长途汽车、
火车或自驾约2小时

奥斯威戈
Oswego

伯灵顿
Burlington

哈密尔顿
Hamilto

尼亚加拉
Niagara

罗切斯特
Rochester

美国

锡拉丘兹
Syracuse

罗马
Rome

Haldimand

布法罗
Buffalo

杰尼瓦
Geneva

纽约州

曲提卡
Utica

交通方式对比					
路线	交通方式	优点	缺点	运行时间	单程费用
多伦多—尼亚加拉	机场巴士	班次很多，时间灵活	需要到多伦多机场乘坐	约2小时	约60加元/人
	VIA火车"枫叶号"火车	省事，有随机折扣	每天只有3班	约2小时	35加元/人
	租车自驾	可带帐篷露营，适合人多小团队	容易迷路	约2小时	约50加元/车/天
多伦多—渥太华	飞机	快捷、班次很多	花销较高	约1小时	100~200加元/人
	VIA火车"回廊号"（Corridor）	便捷，可享半价折扣	价格有波动	3.5~5小时	90加元/人
	弗瓦亚长途车（Voyageur Colonial Bus）	便捷，价格较低	容易晚点，高峰期即使预订了车票也可能没座位	约2.5小时	约40加元
	租车自驾	自由方便	易违反交通规则	约2小时	约30加元/天
	"查克斯号"游轮（Chuckles）	观琼斯瀑布，听船长讲故事，有点心	晕船慎乘船	2~3.5小时	30~80加元

Tips

    "查克斯号"游轮（Chuckles）很有特色，沿途欣赏美景时，还有机会和老船长共品英式红茶，听他讲故事，可以体验一下查克斯号游轮。

最佳季节

在加拿大旅游，不同的路线有不同的最佳旅游时间。就安大略湖附近而言，最佳的旅游季节是冰雪消融、草长莺飞的春末夏初，以及硕果累累、姹紫嫣红的夏末秋初，这两段时间景色优美，比较适合游玩，所以以每年5月至10月为安大略湖的旅游旺季，吃、住、行、购等的花销都会相应增加。除了春末至秋初这些时间以外，即使你是在冬季来到安大略湖，也能欣赏到冰雪覆盖的独特美景。

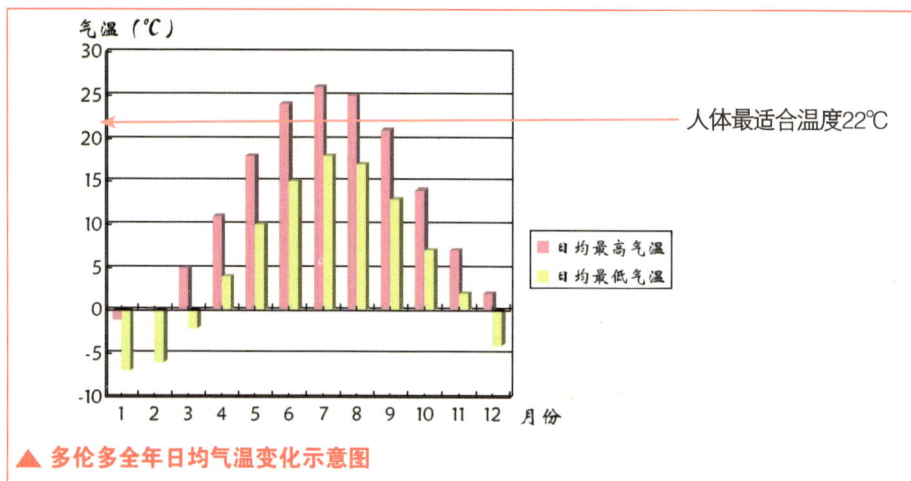

▲ 多伦多全年日均气温变化示意图

最佳季节所需衣物

安大略湖全年温度都较低，5月至10月最适合旅游，这个时候穿着轻便的衣物，不会觉得太冷或者太热。其他月份基本都需要准备厚外套、防风裤，甚至保暖内衣、帽子和手套等。由于安大略湖湖水的影响，平均每月降水天数较多，达十多天，但降水量不大，担心淋着雨的游客可准备轻便的雨披。安大略湖全年气候较干燥，需多喝水，避免上火引起身体不适。

安大略湖最佳季节所需衣物						
衣物种类	5月	6月	7月	8月	9月	10月
风衣	√	√	√	√	√	√
厚外套	√	—	—	—	—	√
单层套装	√	√	√	√	√	√
牛仔衫裤	√	√	√	√	√	√
T恤裙装	√	√	√	√	√	√
泳装墨镜	√	√	√	√	√	√

多伦多新市政厅

安大略湖路线： 多伦多—尼亚加拉—渥太华6天6夜游

6天6夜的安大略湖路线			
城市	日期		每日安排
多伦多	Day 1	上午	多伦多新旧市政厅（进入内部参观）→唐人街
		下午	小意大利区→韩国城→安大略省皇家博物馆→多伦多大学
	Day 2	上午	冰球名人堂→古酿酒厂区
		下午	港前区→加拿大国家电视塔→罗杰斯中心
	Day 3	上午	多伦多动物园
		下午	安大略科学中心→卡萨罗马古堡
尼亚加拉	Day 4	上午	柯尼卡美能达塔→岩石瞭望台
		下午	斯奇隆塔→克利夫顿山→鸟类王国→彩虹桥→"雾中少女"号
渥太华	Day 5	上午	加拿大国会大厦→加拿大国家艺术中心
		下午	加拿大国家美术馆→加拿大文明博物馆
	Day 6	上午	加拿大战争博物馆→加拿大皇家造币厂
		下午	劳里埃故居→加拿大航空博物馆→里多公馆

到达多伦多

多伦多是全球最多元化的都市之一，往返于中国及加拿大之间的航班有很大一部分会停靠在多伦多。国内每周都有多趟航班到达多伦多，从国内到多伦多有直达航班，非常便利，所以如果你选择在安大略湖周边玩一周，把多伦多作为起点最合适。

通航城市

多伦多是从中国前往加拿大最主要的城市之一。全国各个大型机场几乎每天都有航班从中国飞往多伦多。其中，中国国际航空、中国东方航空、中国南方航空、国泰航空等都是常用的国内航空公司；美加航空公司、加拿大航空公司等是常用的国际航空公司；美国的西南航空公司、欧洲的瑞安航空公司、澳大利亚的维珍航空公司、新加坡的捷星亚洲航空公司、老虎航空公司等都是国际知名的廉价航空公司。

从中国飞往多伦多的航班

从中国飞往多伦多的航班通常需要从北京、上海、广州等城市的机场中转，下面的表格涵盖了几大航空公司提供的航班信息，供安排行程参考。下表提供的时间与加拿大夏令时时间不冲突。

中国飞往多伦多的航班				
航空公司	航空公司电话	出发城市	单程所需时间	出航信息
中国国际航空 www.airchina.com	中国客服电话 0086-95583 北美客服电话 001-800-8828122	北京	直达约12小时，中转可能隔天	18:05有直达航班，其他出航时间有8:05、15:25等
		上海	直达约14小时，中转可能隔天	浦东机场有17:10出航的直达航班，也有其他时间的航班；虹桥机场无直达航班
		广州	约18~39小时	从北京中转，约2小时/趟，每天约8趟
		深圳	约17~39小时	购票后从北京或者上海中转，班次很多
中国东方航空 www.ceair.com	北京010-95530 上海021-95530 广州020-81350071 深圳0755-88376376	北京	约14~32小时	都从上海中转，周三、周五、周日各有一趟由浦东机场出发的航班，票价变化较大，需至少提前3个月关注票价并购买

续表

航空公司	航空公司电话	出发城市	单程所需时间	出航信息
中国东方航空 www.ceair.com	北京010-95530 上海021-95530 广州020-81350071 深圳0755-88376376	上海	直达约14小时	都从上海中转，周三、周五、周日各有一趟由浦东出发的航班，票价变化大，需至少提前3个月关注票价并购买
		广州	约17~36小时	
		深圳	约17~40小时	
中国南方航空 www.csair.com	从国内拨打 4006695539-1-2 从海外拨打+86 4008695539-1-4	北京	约24~26.5小时	提供的航班都不直达；从北京、上海出发，需到广州转机的航班很多；从广州出发，一般每天14:00出发，在温哥华转机
		上海	约36~44小时	
		广州	约19~23小时	
		深圳	目前没有航班	

Tips

　　怎样计算单程所需时间？涉及到请假具体天数的问题需要仔细考虑，在旅途中节约了交通时间，就能多出至少1天的游玩时间。

　　下面是中国国际航空公司提供的航班信息：

　　这里以北京至多伦多需中转的航班为例，介绍如何快速计算航班单程所需时间。

　　1.航班号CA5901的航班，出发时间是6月18日6:50，由北京国际机场（PEK）飞到上海虹桥机场（SHA）约2小时，这很容易计算。

　　2.中转等待时间是6月18日9:05到当天17:10，共约8小时，这也很容易计算。

　　3.航班号CA7457的航班，由上海浦东机场（PVG）出发时间是6月18日17:10，到多伦多皮尔森机场（YYZ）的时间是多伦多时间6月18日19:00，此时是北京时间6月19日7:00，共约14小时。

　　4.以上三步的时间相加，共约24小时，这就是北京到多伦多单程所需时间。

　　第三步的计算方法是"北京当地时间数=多伦多当地时间数+夏令时时差数－24"，两个时间都是24小时制，并且不包括日期的变化。多伦多夏令时比北京晚12小时，非夏令时比北京晚13小时。

　　加拿大于3月第一个周日至11月第一个周日之间，使用夏令时时间，时间拨快一小时。

如何到市区

多伦多有将近10个机场在运营中，其中3个提供定期航班，而绝大部分往返于中国与加拿大多伦多之间的载客航班都在多伦多皮尔森国际机场（YYZ）起降，该机场也是全加拿大最繁忙的机场以及加拿大全国航空交通的主要枢纽；另外两个机场是多伦多市中心机场（YTZ）和哈密尔顿机场（YHM），这两个机场目前鲜有航班往返中国。

多伦多皮尔森国际机场至市区的交通			
交通方式	时间	费用	交通情况
TTC 192路公交	全程20～25分钟	单程票价3加元	每日运行时间是上午5:30至次日2:00，连接皮尔森机场的两个航站楼和地铁Bloor-Danforth线的Kipling站
GO巴士	全程35～45分钟	单程票价约9加元	运行时间是周一至周六6:00至次日1:00，连接皮尔森机场的1号航站楼和地铁Downsview-Finch线的Yorkdale站和York Miill站，到达Kipling、Yorkdale或York Mill后都可转乘地铁和公交巴士到达多伦多其他目的地
机场快巴	0.5～1小时	票价单程约28加元，往返42加元	从机场直达市中心，在市区各大饭店都会停靠，每30分钟开出一班，11岁以下儿童免费乘坐
出租车	据路况而定	到市中心根据距离50～70加元	出租车停靠站就在两个航站楼大厅外

多伦多3日行程

多伦多的景点很多，因此可安排3天的行程，选择最重要的几个景点，合理安排游玩。下面是详细的行程计划，可供参考。

Day 1 　多伦多新旧市政厅→唐人街→小意大利区→韩国城→安大略省皇家博物馆→多伦多大学

多伦多的主要景点有唐人街、安大略省皇家博物馆、多伦多大学等，最有特色的旅游地是各国移民聚居的街区，最美的风景当属尼亚加拉大瀑布，而各公园、博物馆、商场、名人纪念馆等也都值得游玩。

第1天在市中心玩一圈，参观市政厅、特色移民街区、博物馆、大学等著名景点。

麦迪逊大道酒吧
Madison Avenue Pub

圣乔治站

士巴丹拿站
Spadina Station
-Eastbound Platform

HURON SUSSEX

DE约1.8千米，
步行约30分钟，
乘车约4分钟

巴瑟斯特站
Bathurst Station
-Westbound Platform

韩国城
Koreatown

克里斯蒂站

CD约0.7千米，
步行约12分钟，
乘车约1分钟

小意大利区
Little Italy

BC约2.2千米，
步行约36分钟，
乘车约6分钟

PALMERSTON
-LITTLEITALY

秘密迪士
Sneaky Dee's

肯辛顿市场
Kensington Market

哈密尔顿公园
Hamilton Park

多伦多西部医院
Toronto Western Hospital

LITTLE ITALY

唐人街
China Town

亚历山德拉公园
Alexandra Park

三一贝尔伍兹
Trinity Bellwoods Park

▲ 多伦多第1天行程路线示意图

湾站

安大略省皇家博物馆
Royal Ontaric Museum

E

The Bata
Shoe Museum

博物馆站
Museum Station
-Northbound
Platform

St.Nicholas St

Yonge St

Isabella St

Gloucester St

Dundonald St

St Joseph St

韦尔斯利站
Wellesley Station
-Southbound
Platform

Devonshire Pl

St.George St

St Basil Ln

EF约1.3千米,
步行约22分钟,
乘车约3分钟

皇后公园
Queen's Park

Wellesley St W

Maitland Terrace

St.Luke Ln

Alexander St

St.George St

多伦多大学
University
of Toronto

Queens Park Crescent E

Queens Park Crescent W

Bay St

Courtyard
Toronto
Downtown

Grenville St

大学站
College Park

多伦多大学
University of
Toronto

F

College St

Liaplante Ave

Elizabeth St

FG约1.4千米,
步行约24分钟,
乘车约4分钟

书院街College St

Henry St

多伦多综合医院
Toronto General
Hospital

登打士站

Ross St

Beverley St

Glasgow St

Cecil St

McCaul St

Elm St

伊顿中心
Eaton Centre

G

Spadina Ave

Baldwin St

Huron St

D'Arcy St

Dundas St W

DOWNTOWN

奥街

多伦多伊顿中心
Toronto Eaton Centre

安大略
艺术画廊
Art Gallery
of Ontario

圣帕特里克站

Dundas St W

多伦多
TORONTO

Orange Ave

McCaul St

University Ave

AB约1.2千米,
步行约20分钟,
乘车约3分钟

Sullivan St

A

B

多伦多新旧市政厅
Old City Hall

Cameron St

Beverley St

奥斯克德站

OLD
TORONTO

Spadina Ave

Queen St W

Richmond St W

Simcoe St

加拿大丰业银行
多伦多剧院
Scotiabank
Theatre Toronto

Peter St

Adelaide St W

圣安德鲁站
St Andrew Station
-Sounthbound Platform

圣安德鲁站

多伦多证券
交易所

多伦多第1天行程		
时间	目的地	行程安排
9:00~12:00	新旧市政厅，在附近吃午饭	参观拍照，市政厅无需购票；在附近吃便餐；如果想到伊顿中心感受加拿大特色的购物场所，不必中午久逛，可留在晚上
12:00~13:30	唐人街	可以乘坐轻轨车到唐人街附近，沿着街道向北走，一边看唐人街人们的生活，一边品味小吃，非常悠闲
13:30~14:30	小意大利区	小意大利区最主要的特色就是云集了大量咖啡店，你可以在这里与新结交的朋友悠闲地品茶聊天；也可以借着无线网整理照片，撰写游记，度过一段宁静的时间
14:30~15:30	韩国城	韩国城里主要是韩国料理吸引人，可以品尝泡菜，感受韩文化
15:30~17:30	安大略省国家博物馆	中国展区最值得游玩，能看到很多有趣的展品；看加拿大本地的展品及其他国家展品也很长见识；记得携带City PASS
17:30~20:00	多伦多大学	在夕阳西下的时候到多伦多大学看学子下课后欢乐的笑容，感受青青校园的蓬勃朝气，仿佛自己也回到青春年少
20:00~21:30	伊顿中心	还有余力的话，坐上轻轨车或者地铁，到伊顿中心购物，这是来到多伦多必逛的购物中心，可以现场退税

多伦多新旧市政厅

多伦多旧市政厅（Old City Hall）位于广场东面，是19世纪末理查森罗马风格的典范。旧市政厅由爱德华·詹姆士·尼洛克斯（Edward James Lennox）设计，历时10年才建成。如今的旧市政厅已成为法院，其建筑十分吸引人。

多伦多新市政厅（Toronto City Hall），曾被设计者誉为"属于明天的建筑"。当你看到它的时候，很难想象这是大约50年前设计的作品，它极富现代化，是多伦多市的地标性建筑。多伦多新市政厅前是内森菲利普斯广场（Nathan Phillips Square），广场中有溜冰场、雕刻等。

旅游资讯

地址：新市政厅位于100 Queen Street West，旧市政厅位于60 Queen Street West
交通：乘坐轻轨车301、501号线，在Queen St West at York St站下车，向北步行几分钟
网址：www.toronto.ca
票价：市政厅免费对外开放
开放时间：旧市政厅8:30~18:00，新市政厅8:30~16:30；周末休息
电话：新市政厅0416-3922489，旧市政厅0416-3380338（法院电话，勿随意拨打）

6路经过此地

板栗公寓
Chestnut
Residence

拉里·塞夫顿公园
Larry Sefton Park

多伦多任仕达集团
Randstad Toronto
Downtown

圣三一广场
Trinity
Square

伊顿中心
Toronto
Eaton Centre

新市政厅

Mima's

任仕达集团
Randstad

圣三一造型
Trinity Hairstyling

Willams
Sonoma

多伦多市中心
City Halla Library

Albert St

Capezio

内森菲利普斯广场
Nathan Phillips Square

旧市政厅
Old City Hall

多伦多青年就业团
Toronto Youth
Job Corps

上加拿大法律协会
Law Society of
Upper Canada

皇后街，轻轨
501经过此地

广场上的溜冰场
Nathan Phillips
Squqre Ice Skating

多伦多之星
Toronto Star

Bay St.

▲ 多伦多新旧市政厅建筑群分布示意图

在伊顿中心的美食广场上，有各种美味点心可供选择，你可以去快餐店或者咖啡店填饱肚子；实在吃不惯，可以在早上出行前购买便携食品。出国游玩的午饭，以节约时间为主。如果不习惯快餐，就先用小块蛋糕垫肚子，到了唐人街再吃米饭和炒菜、包子、饺子等。唐人街上做米饭和炒菜比较合口的当属川菜饭店，川味轩是可供选择的美食地之一。

中午在哪儿
吃

川味轩

川味轩（Sichuan Garden Restaurant）有各种川味美食，炒菜、米饭等样样俱全，虽然口味经过了改良，但改不了那种熟悉而亲切的感觉。川菜以麻辣为主，但是为了照顾大多数人的口味，这家餐厅的食物辣味淡些。

地址：359 Spadina Avenue
交通：乘坐轻轨501号线，在Spadina Ave at Nassau
St.站下车，马路东边即是
电话：0416-5936265

唐人街

　　唐人街（Chinatown）的正中心正好是两大街道的交界处，容易寻找，分布着数不清的餐厅、超市、珠宝店等。在多伦多旅游不可错过体验唐人街风情的机会，既能找到回国的感觉，又能品味改良后的华人美食，可以感受华人生活习惯的变化。多伦多市中心附近的唐人街占地面积比较大，步行转一圈下来，很有可能腿脚酸麻，所以建议沿着主街道游玩，或者乘坐轻轨车游玩。

旅游资讯

地址：Spadina Ave.（斯帕蒂娜街）和Dundas St. W（登打士街）交界处为其中心

交通：乘坐轻轨电车501号线，在Queen St West at Spadina Ave下车，换乘向北的510号线，可以沿途观赏，随意下车；也可在伊顿中心直接乘坐轻轨505号线向西，到Dundas St West at Spadina Ave站下车，这是唐人街的中心，再根据情况选择游玩街道

旅友点赞

　　唐人街让人觉得仿若身在国内，到处都是中文，到处都是华人面孔，当然也有很多欧美游客出现在这片区域。这里有很多集市和超市，能看到国内超市常见的物品，也能听到流利的中文。

小意大利区

　　小意大利区（Little Italy）值得玩的地方非常多，具有浓郁的异国风情，你可以在意大利风格的咖啡馆点一杯浓郁的咖啡，静静看着窗外的行人；也可以到温馨的冰激淋店要一份酥脆蛋卷盛装的奶香冰淇淋，饶有兴致地观看街头表演。即使你什么也不做，只在街头闲适地逛一逛，也会觉得非常开心，你会发现行人的笑容是那么热烈而真诚，你的心也会活跃起来。

旅游资讯

地址：中心点位于College Street（大学街）和Bathurst Street（巴瑟斯特街）交汇处

交通：从唐人街出来，向西北方向步行，大约10分钟就能到；如果想要乘坐交通工具，轻轨车有506、511路等能到小意大利区

旅友点赞

　　6月中旬有小意大利区一年一度的Street Festival，街区热闹非凡，充满欢乐；四处洋溢着美食的香气，小朋友们是最欢乐的，他们可以尽情玩耍，这个时候游玩，最能感受意大利民俗。

韩国城

韩国城（Korean Town）占地约500米的范围内，布满了韩式餐厅、商店，也有不少中国料理店和日本料理店，价格都比较合适，是在多伦多街区行走间体验韩国移民文化最好的地方。来一趟多伦多体验多国风情，不同街道有不同国家的特色，这正是多伦多旅游的亮点之一。

旅游资讯

地址： 位于Bloor Street（布鲁尔大街）与Annex（阿纳克斯区）交界的西面

交通： 可乘坐地铁2号线，在Christie Station站下车，沿着Bloor St.向东步行；也可从小意大利区乘坐轻轨511路或者乘坐公交车310路然后步行可到

安大略省皇家博物馆

安大略省皇家博物馆（Royal Ontario Museum），简称ROM，是加拿大最大的世界文化和自然历史博物馆，也是每个到多伦多的游客必玩的景点。博物馆里面的主要展品包括大量中国古董及文物、法国的装饰派艺术品、玻璃工艺品、各国家的武器等，还有鸟类馆和水晶馆。馆内的翻译非常好，环境也适合静心欣赏展品。

旅游资讯

地址： 100 Queen's Park，位于布鲁尔西街（Bloor Street West）和大街路（Avenue Road）交汇处

交通： 乘坐地铁Yonge-University-Spadina线等，到圣乔治（St. George）站下车

网址： www.rom.on.ca

票价： 成年人约14加元，儿童约11.5加元

开放时间： 周一至周四10:00～17:30，周五10:00～20:30，周六至周日10:00～17:30，圣诞节暂停营业，持有CityPASS可走快速通道入口

电话： 0416-5868000

Tips

    City PASS是北美洲主要游玩城市联合推出的热门景点套票，可用来游玩票面指定的博物馆、重要景点等，支持城市有加拿大的多伦多及美国的纽约、费城、旧金山、西雅图等。

    可以在其官方网站上购买套票，网址是：zh.citypass.com/toronto。购买后90天内有效，第一次使用后连续9天内有效。这个套票最大的好处是，能节省40%以上的景点票价。在中国购买，你可以通过邮箱发送电子代金券后到当地换票。

多伦多大学

    多伦多大学（University of Toronto）是世界闻名的顶尖大学，吸引着加拿大及世界各地顶尖学子前往学习深造。周围有安大略省政府、议会大厦和女王公园。多伦多大学的学术及研究一直处于世界领先地位。多名大学教授荣获诺贝尔奖。在过去100年里，多伦多大学为人类社会做出了大量贡献，解决了多方面的难题。

旅游资讯

地址：15 King's College Circle
交通：从韩国城沿着布鲁尔大街向东步行大约十分钟可到
网址：www.utoronto.ca
电话：0416-9787516

旅友点赞

    走在多伦多大学校园里面，认真研读的学子随处可见。多伦多大学凭借严谨而认真的态度，以及敢于思考探索的精神，解决了大量学术难题，包括在医学上发明了胰岛素（治疗糖尿病）、电子起搏器等，在天文学领域发明飞行员衣、发现一些黑洞，在电子科技领域发明多点触控技术（苹果等公司使用在手机、平板电脑等方面）等。大学校园里景色宜人，若时间宽裕还可以到附近的女王公园转一转。

晚上在哪儿玩

    傍晚时分，回顾一整天的行程，虽然安排得很紧凑，却充实而欢乐。这个时候在多伦多大学附近寻找餐饮店，既解决晚饭，又能休息。如果能和朋友相约去酒吧娱乐，也是个不错的选择。若仍有余力，可以转回伊顿中心，进行购物，伊顿中心开放到21:30。

伊顿中心

伊顿中心（Eaton Centre）是北美最顶尖的购物中心之一，商场内聚集着世界顶尖级的时尚品牌，包括各种手表、箱包、服装、鞋子、家居用品、电子类产品等，让人目不暇接。另外，伊顿中心有两个美食广场，供顾客品尝美食和休闲。如今，伊顿中心是多伦多最主要的购物中心之一，也是最热门的旅游景点之一。

地址：220 Yonge Street
交通：距离市中心新旧市政厅非常近，步行即到；也可乘坐地铁1号线，在Queen Station下车
网址：www.torontoeatoncentre.com
开放时间：周一至周五10:00～21:30，周六9:30～21:30，周日10:00～19:00，耶稣受难日（复活节前的周五）10:00～18:00，复活节（春分后首次满月之后的第一个周日）12:00～17:00
电话：0416-5988560

Tips

伊顿中心现在可以现场退税，非常方便。消费满200加元（税前），且每张收据的消费至少满50加元（税前），就可以凭借收据到退税点退税。退税时需附收据原件、两份附有照片的身份证明、飞机票（或火车票、客运票等），收取20%（最低收10加元）的服务费。

Day 2 冰球名人堂→古酿酒厂区→港前区→加拿大国家电视塔→罗杰斯中心

欣赏过多伦多最有标志性的建筑，也游玩过多伦多最有特色的街区，还到过多伦多最顶尖的大学，第2天的行程是多伦多的古酿酒厂区、多伦多电视塔以及女王港口，此日的行程亮点是可从不同的角度看多伦多。

多伦多第2天行程		
时间	目的地	行程安排
9:30～11:00	冰球名人堂	它既是名人堂，也是博物馆；冰球是加拿大人最自豪的运动
11:00～14:00冬春	古酿酒厂区，附近吃饭	这里现在是艺术、文化和休闲娱乐的中心，类似于北京的798艺术广场，非常吸引游客，闲逛中体验多伦多的艺术
14:00～15:00	港前区	主要参观各码头，可租单车沿着湖滨骑行，这段约3千米的街道，风光旖旎，深受水畔爱好者青睐；还可乘坐游船
15:00～17:00	加拿大国家电视塔	电视塔非常高，在多伦多游玩期间，从很多景点都可以远望到它，真的站在电视塔脚下仰望时，还是感慨万分
17:00～19:00	罗杰斯中心	多伦多最著名的购物地之一，在多伦多游玩，不容错过

圣帕特里克站
伊顿中心
安大略画廊
圣奥斯克德站
加拿大国家电视塔 CN Tower
罗杰斯中心 Rogers Centre
圣安德鲁站
联合车站 Union Station
圆屋公园 Round house Park
港前区 Harbourfront
港湾广场公园 Harbour Square Park

AB约1.7千米，步行约20分钟，乘车约3分钟
CD约0.85千米，步行约14分钟，乘车约2分钟
DE约0.45千米，步行约8分钟
BC约2.5千米，步行约30分钟，乘车约5分钟
可供行走或骑车的路段约3千米

Queen St E
皇后街
皇后站
King St E
国王站
Front St
多伦多日报 Toronto Sun
圣劳伦斯市场 St Lawrence Market
冰球名人堂 Hockey Hall of Fame
威斯汀港口城堡酒店 The Westin Harbour Castle
古沃门特娱乐中心 The Government Entertainment Complex

古酿酒厂区
库克镇公园 Corktown Common
加德纳街
Gardiner Expy
声音学院 Sound Academy
Cherry St

安大略湖内港

▲ 多伦多第2天行程路线示意图

冰球名人堂

　　冰球名人堂（Hockey Hall of Fame）是为纪念冰上曲棍球的历史而建，承担着纪念博物馆的重任。展出各种关于球员、球队、国家冰上曲棍球联盟（NHL）的记录、大事记和NHL奖品（包括史丹利杯）的陈列品。名人堂内部分为几个部分，你可以试穿球衣、了解冰球发展历史并参观奖杯，还可以感受加拿大本地人参观这个馆时脸上洋溢的热情与喜悦。

旅游资讯

地址：30 Yonge Street

交通：乘坐公交车6路等，在Bay St at Front St West站下车可到；或乘坐轻轨172、509号线等，在Wellington St West at Bay St下车即可

开放时间：夏季周一至周六9:30～17:00，周日10:00～18:00；非夏季周一至周五10:00～17:00，周六9:30～18:00，周日10:30～17:00

电话：0416-3607765

旅友点赞

　　如果喜欢体育运动的话，可以在这里看一场难忘的球赛，你还能体验冰球名人堂里与冰球相关的游戏。名人堂里最大名鼎鼎、也最值钱的收藏是斯坦利杯，距今有100多年历史了，亮晶晶的奖杯上刻着历届加拿大NHL冠军队的球员的名字，向游客彰显着加拿大冰球运动发展的巅峰历史，你可以跟这个奖杯合影，这是被保安允许的。另外，名人堂本身与大型购物商场（Shopping Mall）相连，你也可以在商场里闲逛。

古酿酒厂区

　　古酿酒厂区（The Distillery Historic District）是加拿大国家遗产保护区，是北美保存最好的一处维多利亚时代的工业区。在19世纪中期，这里的酒厂不仅是大英帝国最大的酒厂，也是当时全世界最大的酿酒厂，当时主要生产烈性威士忌等。现在这里有大量艺术作坊、酒吧、餐厅等供游客体验。古酿酒厂区的建筑风格独特，十分别致，有很多人选择在这里拍婚纱照。

旅游资讯

地址：55 Mill Street

交通：乘坐504路有轨电车，在Parliament St. at King St. East站下车，向南走约250米（过1个街区），第二个街区入口就是Mill St.

网址：www.thedistillerydistrict.com

开放时间：5月至10月中旬周一至周三10:00～19:00，周四至周六10:00～20:00，周日11:00～17:00；10月下旬至次年4月底周一至周三11:00～18:00，周四至周五11:00～19:00，周六10:00～19:00，周日11:00～17:00

电话：0416-8661177

旅友点赞

　　古酿酒厂区最适合拍照了，听说这里是好莱坞大片《芝加哥》（Chicago）和《X 战警》（X - Men）等的取景地。画廊里的作坊最受人喜爱，手工艺者和画家们就在作坊里面现场工作，前面摆着成品供游客把玩，让人忍不住驻足许久，有兴趣的话可以买上一两个作为纪念。很多游客还喜欢看着那些骑着独特"两轮车"的当地人玩耍，或者索性自己去尝试。

中午在哪儿
吃

古酿酒厂区里面有很多美食，可以在这里找中意的餐饮店解决午餐，也可以等到了港前区再吃午饭。昨天步行走过的街区非常多，今天骑着单车游玩是很好的选择。古酿酒厂区有家非常受旅友喜爱的咖啡厅，叫Balzac's Coffee Roasters，装修独特，盛装咖啡的容器很大，如果碰到了，不妨试试。

巴尔扎克咖啡烘焙店

巴尔扎克咖啡烘焙店（Balzac's Coffee Roasters）独具特色，经营现磨咖啡、甜点，咖啡屋里十分安静，满屋子飘着香味，适合休息。咖啡馆里的布局非常有趣，你可以沿着楼梯到吧台墙后面的未知区一探究竟。

地址：1 Trinity Street
交通：就在古酿酒厂区里面，距离中心地点步行约5分钟
网址：www.balzacs.com
电话：0416-2071709

港前区

港前区昔日是个老旧码头区，几十年前被多伦多市民和艺术家们创新改造后，港前区成为了新的娱乐中心。这里最吸引人的就是沿岸景色优美的长廊，很多人在这里面带笑意地遛狗、散步、慢跑，让人对生活有更积极的理解。湛蓝的湖面上波光粼粼，停泊着数只仿古游船、三桅海盗船、私人游艇等，在湖面上荡舟片刻，或者直接到达对岸的多伦多岛都是很棒的体验。

旅游资讯

地址：Queen's Quay E和Queen's Quay W，全长超过3000米
交通：从古酿酒厂区出来，沿着Parliament Street，向西南方向步行，不到5分钟就能到Queen's Quay E，然后一直向西走，沿途看到码头可以乘船，到对岸的多伦多岛玩一圈回来，再去下个景点

旅友点赞

很多人都喜欢看水景，港前区是安大略湖与多伦多南部交界的湖滨区域，湖中倒映着美轮美奂的现代建筑，别致的画廊与远处的加拿大国家电视塔交相辉映。晒着和煦的阳光，喝着香氛的咖啡，坐在码头的遮阳伞下，看着人们遛狗、散步、休憩，真希望时间能走慢点。

加拿大国家电视塔

　　加拿大国家电视塔（The CN tower）又名为多伦多电视塔，简称CN塔，是一座非常高的自立式建筑物，由加拿大国家铁路局建造，建造的目的是展示加拿大当时的工业发展。塔内部有大约1700级金属阶梯，全塔高度相当于100多层楼的高度。站在透明的观景玻璃地板上往脚底看，腿都会忍不住哆嗦，但这也正是它最吸引人的地方之一，很多人都排着队去尝试。

旅游资讯

地址：301 Front Street West

交通：乘坐轻轨509路等，在Lake Shore Blvd West at Lower Simcoe St站下车，向西北方向行走约三四分钟即到

票价：成人票32加元，儿童票24加元

开放时间：9:00～22:00，圣诞节不开放

电话：0416-8686937

旅友点赞

　　塔里面的观察点有两个，一个是高340多米防弹超厚硬质玻璃地板，可以站在上面透过它看脚底下的风景；另一个是差不多高度的户外天空廊道（SkyTerrace），在廊道上能感受高空呼呼的风吹动秀发，觉得人都像叶子一样即将飞翔；塔里面还有世界之巅（Height of Excellence）影院、运动影院(motion theatre ride) 等其他项目。

　　CN塔对面的回旋公园（Roundhouse Park）也很受欢迎，主要是古董火车展览吸引人，铁轨上停放着不同颜色的各时期火车头，保养完好，色泽鲜亮，很多游客都会攀上车头挥臂拍照，照片上的时间仿佛穿越到了加拿大工业发展时期。公园广场上还铺有小轨道，并设有指示牌、岗亭、红绿灯等，喜欢新奇的人们乘坐着迷你火车从小轨道上呼啸而过。

罗杰斯中心

　　罗杰斯中心（Rogers Centre）最具特色的是自动开合屋顶，这是世界上最早把此技术用在拱顶体育场的典型设计。除此之外，在罗杰斯中心旅游时还可以看多伦多蓝鸟队（Toronto Blue Jays）及多伦多淘金人队等打比赛，了解加拿大棒球职业比赛的发展。另外，在罗杰斯附近可以住宿和就餐。

旅游资讯

地址：1 Blue Jays Way
交通：从CN塔出来，向西南方向步行几分钟即到；地下部分还有观光道与CN塔相通；如果是从别处来，乘坐轻轨车510路等，在Spadina Ave at Bremner Blvd站下车，向东步行一两分钟即到
网址：www.rogerscentre.com
票价：普通参观票，成年人约16加元，老年人（65岁以上）和未成年人（12～17岁）约12加元，儿童（5～11岁）10加元
开放时间：周一至周五10:00～19:00，周六至周日10:00～17:00
电话：0416-3411000（旅游部门），0416-3412771（确认时间表）

旅友点赞

　　罗杰斯中心的小朋友非常多，他们的父母很喜欢带着他们来看比赛；很多小孩饶有兴致地学习开关屋顶的机器构造，也勾起大人的好奇心。

晚上在哪儿
玩

　　在罗杰斯中心附近有酒吧、咖啡店等，如果晚上想要深入了解当地的民俗风情，可以到这里面小坐，一边喝着啤酒或者果汁，一边听他们热切地聊体育比赛，也会别有乐趣。

汽笛酿造

汽笛酿造（Steam Whistle Brewing）是位于回旋公园里面的一家酒吧，出售的比尔森啤酒由汽笛酿造厂酿制，这种啤酒曾在多伦多金塔奖中被票选为最佳啤酒，来到多伦多，千万别错过品尝的机会。

地址：255 Bremner Blvd
交通：www.steamwhistle.ca
电话：0416-3622337

▲ 比尔森啤酒

▲ 汽笛酿造酒吧内部

Day 3 多伦多动物园→安大略科学中心→卡萨罗马古堡

前两天都是在多伦多市中心附近游玩，今天该走得远一些了。如果之前已经购买了CityPASS，今天就是到PASS上列出的另外三个景点游玩的最好时间。晚上最好到尼亚加拉大瀑布附近住宿，今早出发去动物园前就退房，并把大件行李寄存在火车站或总公交车站等地方，这样能节省不少时间。

多伦多第3天行程		
时间	目的地	行程安排
8:00～9:30	多伦多动物园	早上得起早点，吃个简单的早餐就出发
9:30～12:30	观赏各种动物	喜欢动物的旅友有福了，园内有450多种动物，令人目不暇接；还能见到从祖国租借的两只大熊猫：大毛和二顺
12:30～13:00	动物园就餐	动物园里有几家餐厅和咖啡店，园子很大，最好在园子里吃饭
13:00～15:00	安大略科学中心	属于世界级文化景点，适合尊重科学的游客游览
15:00～17:00	卡萨罗马古堡	这座古堡是北美最为人称道的地标性历史建筑
17:00～19:00	住宿和消夜	在瀑布城区附近的夜市闲逛、品尝小吃，再住一晚上，神清气爽

德国钢厂
German Mills

史蒂尔斯
Steeles

多伦多动物园
Toronto Zoo

B

史蒂尔斯-伍兹湾景
Bayview Woods-Steeles

L'Amoreaux

爱静阁
Agincourt

希腊高地
Highland
Creek

东唐公园
East Don
Parkland

BC约26千米，
自驾约33分钟，
乘坐公交车约40分钟

Ontario 401 Express

士嘉堡
Scarborough

Macdonald Oartier Freeway

北约克
North York

Hwy of Heroes

西山
West Hill

沃泊恩
Woburn

约克钢厂
York Mills

赛特公园
Dorset Park

公交路线

公会林
Guildwood

当米尔斯
Don Mills

韦克斯福德
Wexford

马道
Bridle Path

卡萨罗马古堡
Casa Loma

新宁公园
Sunnybrook Park

C

安大略科学中心
The Ontario
Science Centre

AB约33千米，
自驾约40分钟，
乘坐公交车约55分钟

Clairlea

CD约8千米，
乘车约12分钟

橡树岭
Oakridge

布拉弗公园
Bluffer's Park

Don Valley Pkwy

东约克
East York

东丹福斯
East Danforth

桦木崖
Birch Cliff

D

Kingston Rd

沙滩
The Beach

A

多伦多市中心
Toronto Downtown

▲ 多伦多第3天行程路线示意图

多伦多动物园

　　多伦多动物园（Toronto Zoo）内有5000多只动物，种类约450种。动物园内非洲园（African Savannah）展区曾经是获奖作品，除此之外，其他好玩的展区也很多，很适合带着孩子的家庭进行一场饶有趣味的亲子游。动物园里的动物有很多是北美特有物种，也有很多来自世界各地的动物，可谓一站式动物园游，值得仔细观看。如果非常喜欢小动物，你还可以在饲养员建议下和小动物交流。

旅游资讯

地址： 2000 Meadowvale Rd.

交通： 乘坐地铁Bloor-Danforth线到Kennedy站下车（或者乘坐305、116路公交车，到North Service Rd at Eglinton Ave East站下车），再乘坐公交车86路东方向，坐到终点站即到；自驾的话，可以从市中心沿着Don Valley Pkwy.到Hwy. 401东边，出口在Meadowvale Rd.，沿途有标记

票价： 成年人20.5加元，儿童12.5加元，使用CityPASS，可便宜票价的40%

开放时间： 夏天9:00～19:00，春天和秋天9:00～18:00，冬天9:30～16:30

电话： 0416-3925929

旅友点赞

　　这里面有趣的展馆太多了，比如大猩猩雨林馆（Gorilla Rainforest），是目前北美最大的室内大猩猩展览馆；查莱氏探索乐园（Zellers Discovery Zone）非常适合小孩子玩耍；水上乐园（Splash Island）和观看动物表演的水榭剧场（Waterside Theatre）也有很多惊喜。最招人喜欢的还是从祖国租借来的两只大熊猫，它们吃着翠绿的竹子，憨态可掬地在地面或者树杈间活动，惹得外国小朋友们咯咯直笑。

中午在哪儿吃

　　多伦多动物园里面有几个餐厅，装修的都蛮有特色，人均花销也不算太高，如果有兴趣的话，可以尝试一下。有一家叫Africa restaurant的餐厅，处于动物园中心位置，容易寻找，口味独特。

安大略科学中心

　　安大略科学中心（The Ontario Science Centre），被称为"21世纪的博物馆"，整个中心由3个通道式建筑组成，第一个是接待楼，专为观众提供各种服务；第二个是塔楼，里面有地球探索、空间探索和太阳能展览等；第三个是山谷楼（靠近山谷得名），包括生命、能源、加拿大资源等10项内容；中心还有3个报告厅和剧场，用于放映科技影片和组织专题讲座。

旅游资讯

地址：770 Don Mills Rd.

交通：从动物园出发，乘坐86路向西方向的公交车，坐回North Service Rd at Eglinton Ave East站，再乘坐34路向西方向的公交车，到Eglinton Ave East at Don Mills Rd站下车，向南步行几分钟

网址：www.ontariosciencecentre.ca

票价：成年人约20加元，青少年11.5加元，持有CityPASS会有优惠

开放时间：周一至周五10:00～16:00，周六、周日10:00～17:00

电话：0416-6961000

旅友点赞

这个中心的大多数产品既可以眼观，还可以手摸，甚至还允许游客尽情地"玩"，你可以到阿波罗号登月舱里面感受宇航员遨游太空的乐趣，也可以到果树下，品尝树上结出的果实，还可以蹬自行车烧开水，总之，这里是一个充满新奇和乐趣的地方。

卡萨罗马古堡

卡萨罗马古堡（Casa Loma）堪称北美唯一的地标性古堡，这里是多伦多的主要历史景点，通过古堡可从能感受到爱德华时代的辉煌。游客们可以穿行于廊道之间，游览20世纪初期老式汽车及马厩，可以在古塔中欣赏壮观的城市景色，若是在5月至10月来古堡玩，还可以领略宏伟的花园美景。

旅游资讯

地址：1 Austin Terrace

交通：乘坐地铁在Dupont站下车，然后向北步行2个街口可到

网址：www.casaloma.org

票价：成年人约21.5加元，青少年约12.5加元，持有CityPASS可以优惠很多

开放时间：每天9:30～17:00开放，最后入场时间是16:00；圣诞节前夕13:00关闭，圣诞节当天关闭

电话：0416-9231171

旅友点赞

看到古堡里装饰精美华贵的套房后，很多旅友都大为赞叹；城堡负一层是拍摄好莱坞电影海报的地方，千万不要错过。CityPASS票及通常的门票都包含8种语言（包括汉语）的语音导览服务，持有CityPASS可以在礼品店里享受购物优惠。

晚上在哪儿玩

推荐玩的地方是瀑布城的Clifton Hill区，这里面有种类繁多的娱乐项目，比如180°动感电影院、电影蜡像馆、科学怪人之屋、水上乐园、欢乐屋、卡拉OK、赌场、53米的幸福摩天轮、吸血鬼城堡、马戏世界、探险巨蛋、游乐场等，来到Clifton Hill区，整个晚上都能沉浸在玩的欢乐中。

🏮 金莲花饭店

如果肚子饿了，就到瀑布城的中餐馆金莲花饭店（Golden Lotus）饱餐一顿，饭店营业到次日凌晨，有全北美最地道的中式美食（粤菜、川菜、北京菜、上海菜，以及中餐与西餐结合的美食）。

地址：6380 Fallsview Boulevard, Niagara Falls
人均消费：午餐约15加元每人，晚餐约20加元每人
营业时间：周一至周五11:00至次日2:00，周六至周日10:00至次日2:00
电话：0888-3255788

如果多待一天

3天的多伦多之旅很快就结束了，如果你意犹未尽，可以安排1天自由行，这样你能更深入地了解多伦多，并且深深地爱上这座城市。多伦多还有很多景点，可以用1天时间去其他景点转一转，在景区间，也许你还会发现很多美食；如果想要购买衣帽箱包，去奥特莱斯店是最好的选择；如果有心情体验多伦多的夜生活，就到酒吧或者热闹的街区，这些地方的夜晚整夜欢腾。

多待一天 的游玩

这一天的时间，你可以到著名的巴塔鞋类博物馆参观鞋展，也可以到景色唯美的士嘉堡布拉夫斯公园休闲度假，还可以到安大略美术馆和省议会大厦参观，了解加拿大公务员的工作与生活。

1 巴塔鞋类博物馆

巴塔鞋类博物馆（The Bata Shoe Museum）是由索尼亚·巴塔夫人历经数十年的时间收集建立而成，目前该馆收藏着1万多双鞋子，它们种类繁多、功能齐全，每双鞋的背后都有一段让人们津津乐道的故事。博物馆的外观像是一个巨大的鞋盒，吸引着大量游客前来参观。鞋子是人们的生活必需品，花些时间来了解一下鞋子的发展、衍生，能开拓视野，并收获很多的乐趣。

地址：327 Bloor St. W
交通：乘坐地铁在St.George站下，往南走到Bloor街，再往右走，步行约8分钟左右
网址：www.batashoemuseum.ca
票价：成年人每人14加元，老年人12加元，学生8加元
开放时间：周一至周六10:00～17:00，周三开放到20:00，周日12:00～17:00
电话：0416-9797799

2 安大略美术馆

安大略美术馆（Art Gallery of Ontario）是全世界最顶尖的美术馆之一，馆内收藏了将近2万件艺术品，英国雕塑家亨利·摩尔的作品大约有20件，而摆放在展馆正门口的巨大青铜雕塑是其中最为显眼的作品。除了摩尔的作品之外，这个展馆里面还有大量15世纪至今的著名艺术作品，整个展馆都洋溢着浓郁的艺术气息。

地址：317 Dundas Street West
交通：乘坐地铁在St. Partrick站下，沿着登打士街（Dundas Street）往西步行10分钟左右
网址：www.ago.net
票价：成年人20加元，老年人16加元，学生11加元
开放时间：周二至周五12:00～21:00，周六、周日10:00～17:30，周一休息
电话：0416-9796648

科尔伯恩别墅

科尔伯恩别墅（Colborne Lodge）位于海帕克公园（High Park）的南端，是一座法式风格的别墅，始建于19世纪初期，整个庭院朴实自然，外围没有过多的雕琢。这里是海帕克公园创始人约翰·霍华德（John Howard）及其爱妻的故居，现在已经成为博物馆。整个建筑最大的亮点是法式窗户的弯曲门廊，以及室内围绕着中央烟囱的设计格局，整体给人简洁而不简单、别具浪漫情怀的感觉。

地址：11 Colborne Lodge Dr.
交通：乘搭Bloor/Danforth地铁线至HighPark站，再向南步行穿越HighPark（步行约20分钟）
票价：成年人大约6.2加元，老年人和青少年大约2.8加元，儿童大约2.5加元
开放时间：1~3月、9月是周末开放；4~8月、10~12月，周二至周日开放
电话：0416-3926916

多待一天 的美食

多伦多可以算是加拿大的美食之城了，在这里可以吃到分量十足的比萨饼、精致优雅的法式正餐、中国口味的春卷、水饺、日本的铁板烧、寿司、韩国泡菜等，而美味地道的汉堡和蛋糕更是随处可见，如果多待一天，就让自己的味蕾再享受一番。

康城中国餐馆

康城中国餐馆（Hong Shing Chinese Restaurant）开业至今已有将近20年的时间，这里的大厨致力于烹饪中国美食，因而深受中国移民及中国游客的欢迎，当然，这家中餐馆也深受当地人热捧。你可以在这里找到传统的香辣油炸虾、辣椒鸡、蜂蜜大蒜排骨等美味菜肴，还可以品味各式各样的川菜、粤菜以及烧烤类食品。这家餐馆位于多伦多市中心，距离多伦多新旧市政厅很近，所以是中国游客寻觅家乡味的最佳餐馆之一。

地址：195 Dundas Street West
交通：乘坐地铁1号线，在St Patrick Station–Northbound Platform站下车，向东步行约100米
营业时间：11:00至次日4:00
电话：0416-9773338

2 密涅瓦的猫头鹰

密涅瓦的猫头鹰（The Owl of Minerva）是一家很有特色的餐厅，在韩国城里以口味正宗、价格公道著称，华人游客闲逛此街区时可以大快朵颐。强烈推荐这里的杂煮和烤肉，都值得尝试。这家餐厅周末的营业时间可以持续到21:00。

> 地址：700 Bloor Street West
> 交通：0416-5383030

多待一天的购物

多伦多的购物区分布在市区的各个角落，最受人们欢迎的购物区间是布洛尔西街（Bloor Street West）和约克维尔街（Yorkville Ave.），这里有大量欧美风范的时尚服装。皇后西街（Queen Street West）上除了有名牌时装店外，也有大量古董店，供收藏爱好者淘宝；央街（Yonge Street）和邓达斯街（Dundas Street）上有大量类似于香港女人街的精品店铺，特别是在夏天，这里有很多街头小贩售卖廉价的T-Shirt、工艺品等特色商品。如果赶上阴雨天气，你也可以到PATH地下商场去享受购物的乐趣。

1 央街

央街（Yonge Street）始于安大略湖，起始端距离多伦多威斯汀港口城堡（The Westin Harbour Castle）非常近，整个街道向北延伸几十千米，堪称世界上最长的街道。正如其名，央街是多伦多的"中央大街"，将市区分为东西两大片，街道地下是主要的地铁线路，地面上有多处购物中心，其中最有名的就是伊顿购物中心。在这个街区购物，不失为一种高级享受，逛一天也不会厌倦。

> 地址：1099 Yonge
> 交通：央街上有多条公共交通路线，最主要的是多伦多地铁央街-大学路-士巴单拿线
> 营业时间：各商场都有自己的营业时间，大多数为10:00～17:00

央街的公共交通路线		
交通方式	线路名称	主要站名
地铁	央街–大学路–士巴单拿线（Yonge–University–Spadina Line）	北约克中心站（North York Centre）、布鲁街–央街站（Bloor–Yonge）、学院街站（College）、登打士街站（Dundas）、联合车站（Union）、安省议会大厦站（Queen's Park）、士巴丹拿站（Spadina）
公共汽车局巴士	多伦多公共汽车局巴士97号央街线(TTC Route 97 Yonge Street)	来往于戴维斯维尔地铁站 (Davisville Station) 与芬治地铁站(Finch Station)间
	约克区公共汽车局巴士99号央街南线(YRT Route 99 Yonge South)	来往于芬治地铁站 (Finch Station) 与伯纳德巴士总站(Bernard Terminal)间
约克区捷运活力巴士	蓝线(Viva Blue)	可到达多伦多最北边的芬治站（Finch Station）
	粉红线 (Viva Pink)	也叫芬治–里士满希尔–尤宁维尔线

2 圣劳伦斯集市

圣劳伦斯集市（St. Lawrence Market）距今已有200多年的历史，现在依然热闹非凡，曾被国家地理杂志评选为世界级最好的食品市场之一。集市坐落在红砖大仓库里面，购物氛围非常好，每个摊位的摊主都将自己摊位的物品摆放得井井有条，让人愿意多停留片刻。集市主

要出售的物品是新鲜食物，包括家庭自制果酱、豌豆粉面包等，适合在旅途中购入作为便餐。需注意的是，北集市仅在周六开放，南集市营业时间较为固定。

地址：92–95 Front Street East
交通：乘坐轻轨车503、504路等，在King St East at Jarvis St站下车，向南步行大约100米即到；或者乘坐地铁在King站下，出站往东走，步行约15分钟可到
网址：www.stlawrencemarket.com
营业时间：北集市和农夫市场周六5:00～15:00；南集市周二至周四8:00～18:00，周五8:00～19:00，周六5:00～17:00；古玩市场周日5:00～17:00

多待一天的娱乐

在多伦多，你可以享受各式各样的娱乐。如果你喜欢表演艺术，可以去欣赏经典歌剧、古典音乐会、潮流艺术表演等；如果你喜欢绚丽的霓虹灯，可以在罗杰斯中心期待一场浪漫的邂逅；如果你喜欢陷入自己的世界进行思考，或者热衷旁观别人的狂欢，可以到酒吧、舞厅等场所，一边品尝美酒，一边享受乐趣。

1 四季中心

四季中心（Four Seasons Centre）开业于2006年，位于多伦多市政厅建筑群的南边，现在是加拿大国家芭蕾舞团（The National Ballet of Canada）及加拿大歌剧公司（Canadian Opera Company）的大本营。这两家公司在加拿大的娱乐界都非常有名气。加拿大国家芭蕾舞团除了表演经典剧目之外，也会演出加拿大本土艺术家编排的新舞剧。加拿大歌剧公司的规模在全北美洲排名第六。

地址：145 Queen Street West
交通：乘坐地铁1号线，在Osgoode Station–Northbound Platform站下车，向东步行约50米可到
网址：www.coc.ca
票价：22~35加元不等
开放时间：周一至周六11:00~18:00
电话：0416-3638231

2 圣路易斯酒吧和烧烤

圣路易斯酒吧和烧烤（St Louis Bar & Grill）有美味的鸡翅，周二时可以享受半价，很多当地的居民都喜欢到这里来度过美好的夜晚。

地址：2050 Yonge Street
交通：乘坐地铁央街–大学路–士巴单拿线，在Davisville Station – Southbound Platform地铁站下车，向北步行大约400米可到
营业时间：0416-4800202

多伦多住行攻略

在多伦多，无论是住宿还是出行，都非常方便，如果你是在央街附近住宿的话，一般住宿费用较高，但是出游到各个景点会很方便，因为这条街上有大量的公交站，可以通往多伦多市区的各个角落。如果你想要住得更加便宜，可以考虑到多伦多大学附近去住宿，那里有很多价格亲民的住宿地。当然，除了这两大片区之外，住在意大利区、韩国村、唐人街等也是不错的选择，若在这些区域住宿，出行会很方便。

在多伦多住宿

多伦多的住宿地大多集中在市中心的联合车站、巴斯迪蓬周边、布鲁尔区、约克维尔区、多伦多街、国王街、杰比斯街等地区。在消费方面，高档酒店一般每晚400~600加元，中档酒店每晚100~300加元，普通旅馆住宿每天约60加元，如果两人合住一间双人房，人均花费30加元。

如果想要节约旅行经费，建议租住带有厨房的公寓式旅馆，住宿费用不高，又能自己购买便宜的食材进行烹饪，还能体验多伦多的当地居民生活。在布鲁尔街（Bloor St.）附近有带厨房和家具的公寓旅馆。在地铁入口附近也有不少高档的酒店，交通方便，酒店的服务周到，客房内设施齐全。市中心的B&B旅馆价格相对较高。

Tips

多伦多的酒店一般夏季较贵，但9月中旬就实行旅游淡季价格，可以便宜两三成；周末还有优惠房价，惊喜多多；因为很多会议和培训集中在秋季，因此秋季住宿会紧张很多，建议提前预订。

希尔顿花园酒店

希尔顿花园酒店（Hilton Garden Inn Toronto Downtown Ontario）年代比较久远，外观看起来很传统。这家酒店的内部干净整洁，设施齐全，入住好评率很高。最关键的是，这家酒店不大却有游泳池和健身房。该酒店每晚住宿费用约为900元人民币。

地址：92 Peter Street
交通：乘坐公交车143、145路等至Adelaide St West at Peter St East Side站下车，向西步行约50米即到
网址：www.hilton.com
电话：0416-5939200

多伦多其他住宿地推荐			
名称	地址	电话	网址
Hostelling International Toronto	76 Church Street	0416-9714440	www.hostellingtoronto.com
Les Amis B&B	31 Granby Street	0416-5910635	www.bbtoronto.com
Apple Tree Historic B&B	263 Regent Street	0905-4688687	www.appletreebb.ca

在多伦多出行

多伦多市区内的交通工具主要有公交车、地铁和电车，这3种交通工具的车票是通用的，你可以在车上或者地铁入口处购买车票，车票类型除了单程票、一日通行票（供周一至周五9:30至次日5:30任意乘车使用，如果是周六、日，则是始发车到次日5:30任意乘车）、多日票外，还有专用票币、代币票Token、周日的家庭通行票或者集体通行票等。在多伦多购买车票非常方便，你可以去地铁售票口以及印有"TTC"的便利店购买。

多伦多市内交通资讯		
交通工具	票价	详情
公交车	单程约2.5加元	多伦多的公交车可到达市内的任何地方，公交车不找零，因此要提前备好零钱；乘车时，从前门上车，把与车票价格相符的硬币或者车票放入司机身边的盒子里；下车前，拉一下车窗上方的黄色细绳通知司机；多伦多的深夜公交车，每30分钟一班，标牌上有"24hr"记号，停靠站点有"Blue Night Transit"标志
TTC地铁	单程约2.5加元	多伦多目前有4条主要的地铁线，运行时间是周一至周六6:00至次日1:30，周日9:00至次日1:30；你可以向售票员索要一张TTC出版的Ridethe Rocker地图，上面包含了详尽的路线、各车站名称、转乘规定以及地铁与其他交通运输系统的连结等信息
Go Transit	巴士票根据路程不同而不同；火车单程9加元左右	主要经营多伦多与周边地区的交通；Go Transit交通网由七条铁路线和五条巴士线组成。GO火车在多伦多市的总站是联邦火车站；GO巴士在多伦多市与TTC士嘉堡中心总站、Yorkdale站、Don Mills站和Finch总站接载。它不仅方便郊区居民到市区，还方便了学生出行。GO公司车辆的车身都由独特的绿色和白色组成，非常容易辨别
出租车	单程约4.5加元/千米	多伦多市内的出租车很多，随时都能乘坐；起步价约4加元，每增加1千米多收约1.6加元，另外需支付总车费约15%的小费
观光车	全程大约30加元	多伦多市内有两种观光车，被称为"灰线旅游"车和"多伦多蔷薇果之旅"车。灰线旅游车为双层车，路线围绕市区的重要景点，可以随时停车，车票在2日内有效；蔷薇果之旅车是黄色车，车身上描绘有河马图案，很可爱，水陆两用，参观完多伦多电视塔以后就可以继续乘坐该车前往安大略湖游览

从多伦多至尼亚加拉

尼亚加拉大瀑布城位于加拿大南部，加拿大一侧与尼亚加拉大瀑布城相连最近的大城市是多伦多，多伦多市区有大量的长途汽车和区间公交车可以到达尼亚加拉大瀑布城，乘坐火车或飞机也可以到达尼亚加拉城。

飞机和机场巴士

如果行程安排中的第一站是尼亚加拉大瀑布，可从中国坐飞机到多伦多皮尔森国际机场，然后在机场乘坐尼亚加拉机场巴士即可到达大瀑布；机场巴士从多伦多皮尔森国际机场出发，到达加拿大一侧的宾馆或者瀑布的指定地点后，再由尼亚加拉附近的微型巴士提供区间服务。

需要注意的是，这趟巴士要等到人满才发车，建议通过网络、电话等进行预约，根据航班到达时间预订自己即将乘坐的班次。建议在航班降落时间和巴士的发车时间之间预留一段时间一旦航班晚点也能乘坐巴士。尼亚加拉机场巴士还可以提供私人包车服务，从多伦多各大酒店门口接驳。

尼亚加拉机场巴士

尼亚加拉机场巴士（Niagara Falls Airbus）可以在线预订。可以订单程票，也可以订往返票，往返票比两个单程票的总价略便宜。此巴士的两个中心站点是多伦多中转站和尼亚加拉瀑布巴士中转站（Niagara Falls Bus Terminal），只要记牢这两个站点，就不会下错车。如果你想要直接到瀑布周边，在赌城·尼亚加拉站下车会更方便，不过要谨慎对待招呼你去赌城的私家巴士。

地址：多伦多机场的中转站在1号航站楼下层（在到达层下）的地面交通站台，或3号航站楼C门
交通：出多伦多机场航站楼，在上述指定位置等车
网址：www.niagaraairbus.com（有中文页面）
票价：往返票价成年人约需120加元
运营时间：24小时服务，每天20多个班次，单程约2小时
电话：0905-6778083

Tips

尼亚加拉机场巴士可以将游客送至指定酒店，也会在指定时间来接游客。如果不赶时间，又觉得机场巴士太贵的话，可以从机场乘坐地铁到多伦多市区，再乘坐长途汽车（Coach）、灰狗巴士（Greyhound）、火车或赌场巴士前来。

火车

多伦多联邦火车站有VIA火车可以到加拿大一侧的尼亚加拉瀑布站，每天3班，单程需要2小时。其中一个班次是VIA Rail Canada公司与美国铁路运输公司共同承运的"枫叶号"火车，途经美国一侧的尼亚加拉瀑布站、布罗法站等，最终前往纽约。

🚉 多伦多联邦火车站

多伦多联邦火车站（Toronto Union Station，或Toronto train station-VIA Rail）是综合性很强的火车站，这里除了运营VIA长途火车外，还有Go Transit的车次，另外TTC地铁在这里也有站点。所以通过联邦火车站可以非常方便地到达多伦多市区、周边以及其他城市。这个火车站周边的景点也非常多，包括PATH地下城、圣詹姆士天主教堂（St. James' Cathedral）、加拿大电视塔、圣劳伦斯市场等，这些景点均在方圆1千米内。

地址：65 Front Street West
交通：乘坐地铁1号线至Union Station-Northbound Platform站下车，向西步行两分钟即可
网址：www.viarail.ca
票价：单程约35加元，往返票价比两个单程票价略便宜
运营时间：早上通常8:30有一班，建议到了当地提前了解班次信息
电话：0888-8427245

长途汽车

上述所讲的尼亚加拉机场巴士能从多伦多各大宾馆接驳，到达瀑布周边的宾馆，需要提前预订机场巴士；除了它以外，灰狗公司运营的灰狗巴士和Trentway Wagar公司运营的长途汽车均可到达加拿大一侧的尼亚加拉瀑布汽车站。灰狗巴士从多伦多公共汽车总站出发，平均每天有10个班次，其中1班能到美国一侧的尼亚加拉瀑布汽车站；Trentway Wagar公司每天发车16～17班，也是从公共汽车总站发车，到达目的地。

🚉 多伦多公共汽车总站

多伦多公共汽车总站（Toronto Coach Terminal）位于多伦多市政厅建筑群的北面，运营多伦多市区内的短途汽车及其他城市间的长途汽车。由于到尼亚加拉大瀑布的长途汽车每天有很多班次，所以来乘坐长途汽车的人很多。本着先到先得的原则，如果想要靠前、靠窗的位置，建议早点到车站换票，排队上车；长途汽车上一般有免费的Wifi和小卫生间，并配有报警系统。

地址：610 Bay Street
交通：乘坐地铁1号线至Dundas Station-Southbound Platform站下车，向西步行约200米即可
网址：www.ttc.ca
票价：如果乘坐超级大巴（Megabus）只需要十几加元；如果乘坐灰狗巴士等，需要二十多加元
电话：0416-3934636

到达尼亚加拉

尼亚加拉最值得游玩的景点是大瀑布，它位于加拿大安大略省和美国纽约州的交界处，被称为世界七大奇景之一，是北美东北部尼亚加拉河上的大型瀑布，并且与维多利亚瀑布、伊瓜苏瀑布合称为世界三大跨国瀑布。在瀑布周边，还有大量有趣的景点供游客玩乐，所以，花1天的时间，玩遍整个瀑布也不嫌无聊；有的游客甚至会多花1天时间专门到尼亚加拉著名的葡萄酒产区游玩。

如何到景区

如果你只有加拿大的签证，也可以在尼亚加拉大瀑布玩得尽兴。要注意的是，由于过美加边境都需要检查，所以携带上自己的护照、回国机票等证件资料都是必要的。另外还要采集指纹和头像信息，若因为意外使得手指受伤，就要慎重考虑是否过境。尼亚加拉的餐馆、住宿等观光设施都集中在瀑布周边，主要有以下4种交通方式可以游遍整个景区。

短程快运

短程快运（People Mover）的班次在旺季时非常多，沿着尼亚加拉公园大道（Niagara Parkway）、河路（River Rd.），从瀑布南面的景观速览（Rapids View）到昆斯顿高地循环行驶。瀑布周边的售票处是4个游客服务中心和主要景点，购买车票后，会得到一枚当日有效的图章，贴在衣服醒目位置即可。

地址：大型的RapidsView停车场是这种交通方式的始发站

票价：成年人单日大约8加元

运营时间：每年的6月底至9月初是高峰期，班次很多，几乎每20分钟一班；除了这些时间，班次较少，必要的情况下，建议步行或者骑自行车；加拿大的节假日期间休息

电话：0877-6427275

> **Tips**
>
> 关于加拿大一侧的尼亚加拉瀑布的游玩资讯，可以参考网站www.niagarafalls.ca，这里面有中文的界面，且有各种游玩方式的介绍。

瀑布区间公共汽车

瀑布区间公共汽车（Falls Shuttle）可以带着你在尼亚加拉地区大范围游览，一共有3条路线，市区路线、伦迪街路线（Lundy's Lane Route）和齐佩瓦–海洋世界路线(Chippewa–Marineland Route)，这三条线的车票都可以在VIA铁路车站或公共汽车总站购买到，也可以上车后在司机那里购买；如果购买了区间公共汽车全天票，乘坐短程快运的时候可以享受打折优惠。

票价：成人单程票价约为4加元；成人全天票价约为6加元（可免费带领2名儿童同行），换乘People Mover大约2.6加元

运营时间：5月中旬至10月初，每天9:00至次日2:00，齐佩瓦–海洋世界路线在每年九月中下旬至次年6月中旬休息

电话：0905-3561179

瀑布区间公共汽车各路线介绍	
路线	详情
市区路线	从彩虹桥（Rainbow Bridge）到尼亚加拉大瀑布循环行驶
伦迪街路线（Lundy's Lane Route）	经过克利夫顿山（有繁华的街道）和伦迪渡船街（Lundy's Lane Ferry St.），关于伦迪的详细旅游资讯，可以从官网www.niagarafallstourism.com/about/city-of-niagara-falls/lundy-s-lane/上深入了解
齐佩瓦–海洋世界路线(Chippewa–Marineland Route)	从克利夫顿山到塔布莱罗克（Table Rock）南部循环行驶

天际缆车

天际缆车（Incline Railway）也译为攀登火车，这种缆车可以带着你从地面升到高空，让你在天际俯瞰尼亚加拉大瀑布的美景。缆车连接了岩石瞭望台综合中心前面的尼亚加拉公园大道（Niagara Parkway）和瀑布风景地区柯尼卡美能达塔（Konica Minolta Tower）前面的波蒂奇路（Portage Rd.），人数集齐时出发。缆车能到达山上的宾馆和观光塔，是游客们非常喜爱的一种交通方式。

票价：成年人大约2加元

运营时间：4月至6月下旬、9月至11月每天10:00～18:00；6月下旬至9月上旬每天9:00～24:00；每年12月至次年3月休息

电话：0905-3710254

尼亚加拉1日行程

　　尼亚加拉最著名的景点是大瀑布，尼亚加拉大瀑布（Niagara Falls）位于伊利湖和安大略湖之间，瀑布本身由三部分组成，分别是美国瀑布（American Falls）、美国的新娘面纱瀑布（Veil of the Bride Falls）和加拿大的马蹄瀑布（Horseshoe Falls）。瀑布最吸引人的特点是丰沛飘渺的水雾和恢弘磅礴的气势，这些使所有前来观赏的游人都感到震撼。无论你是要用一整天的时间细细品味瀑布带给心灵的震撼，还是要游览瀑布周边的其他景点，尼亚加拉都有很多惊喜等待你来探索。

Day 4

柯尼卡美能达塔→岩石瞭望台→斯奇隆塔→克利夫顿山→鸟类王国→彩虹桥→"雾中少女"号

　　在尼亚加拉的这天，主要是欣赏瀑布，你可以从各种不同的角度去观看瀑布。如果觉得瀑布还不足以充实一天的行程，下午可以去鸟类王国游玩，傍晚到彩虹桥看夕阳，晚上可以乘坐"雾中少女"号游轮与瀑布近距离接触。

尼亚加拉1日行程		
时间	目的地	行程安排
9:00~10:30	柯尼卡美能达塔	这座瞭望塔由日本相机公司美能达公司出资修建，是最靠近瀑布的地方之一，你可以在屋顶瞭望瀑布的美景
10:30~12:00	岩石瞭望台	站在岩石瞭望台上，你可以近距离观赏瀑布
12:00~13:00	斯奇隆塔	此塔高150多米，是尼亚加拉瀑布周边最醒目的塔之一，有玻璃门可以观瀑布景，塔上有旋转餐厅
13:00~14:30	简餐店	可以到斯奇隆塔吃顿饭，也可以在路上寻找简餐店，或者食用携带的便利食品
14:30~15:30	克利夫顿山	山上比较著名的就是尼亚加拉德拉沃塔，可乘坐摩天轮
15:30~17:00	鸟类王国	鸟类王国能让人大开眼界，里面有各式各样的鸟展，这些鸟来自世界各地。另外，这里还有趣味十足的比基尼表演
17:00~17:30	彩虹桥	如果持有美国签证，可以通过彩虹桥到美国国境一侧，欣赏另一个角度的瀑布美景
17:30~19:30	"雾中少女"号	身披轻便的雨衣，到瀑布最近的地方感受水雾飘渺的景观，这种情况下，只能用防水相机，或者给普通相机外面套个用软胶扣合封口的软塑料袋，也可以用手机拍照

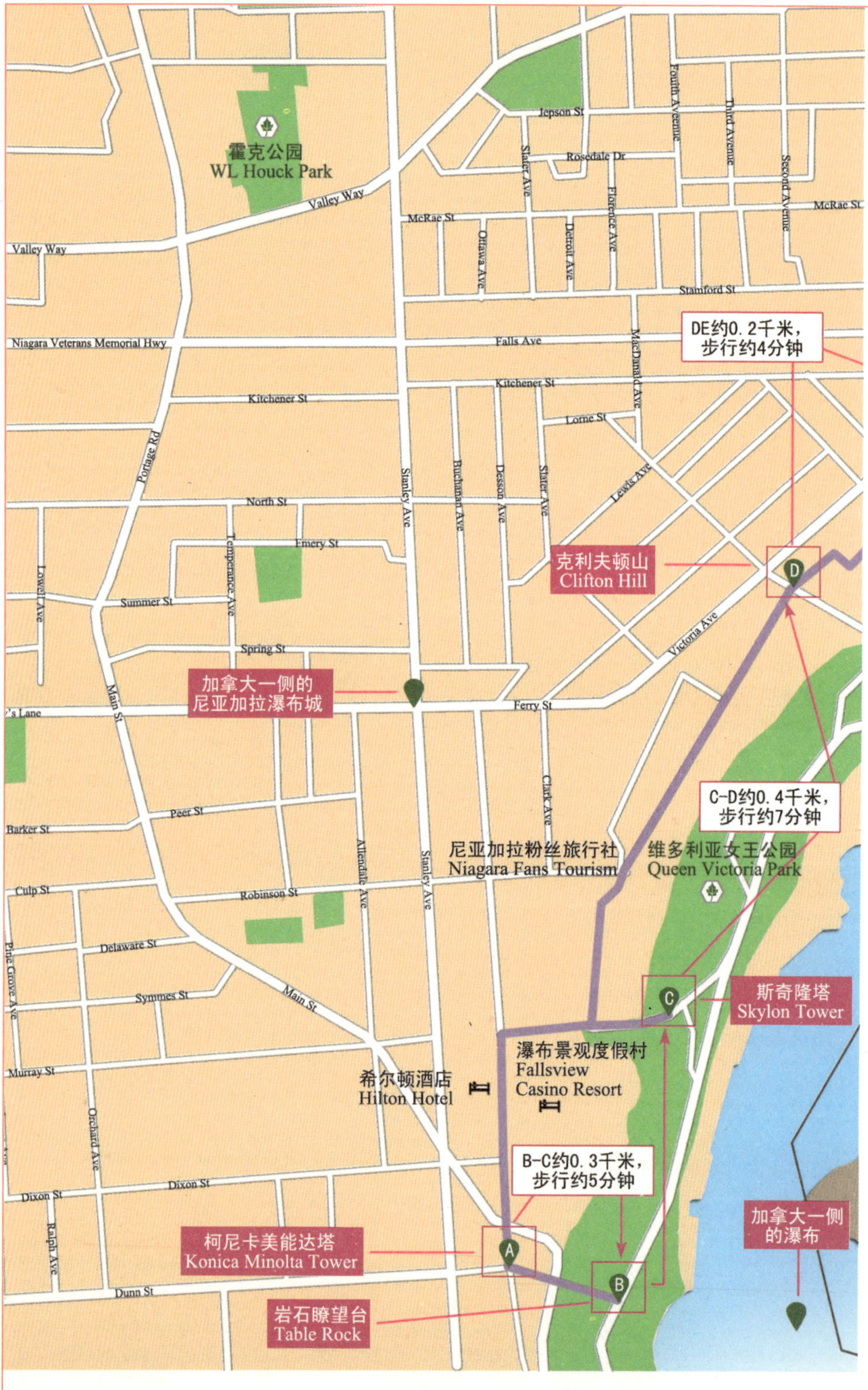

霍克公园
WL Houck Park

Jepson St

Rosedale Dr

Valley Way

McRae St

Valley Way

Niagara Veterans Memorial Hwy

Stamford St

Kitchener St

Kitchener St

Lorne St

North St

Emery St

Spring St

DE约0.2千米，
步行约4分钟

克利夫顿山
Clifton Hill

D

Summer St

Main St

加拿大一侧的
尼亚加拉瀑布城

Ferry St

Peer St

尼亚加拉粉丝旅行社
Niagara Fans Tourism

维多利亚女王公园
Queen Victoria Park

C-D约0.4千米，
步行约7分钟

Barker St

Robinson St

Culp St

Delaware St

Symmes St

Main St

斯奇隆塔
Skylon Tower

C

Murray St

瀑布景观度假村
Fallsview
Casino Resort

希尔顿酒店
Hilton Hotel

B-C约0.3千米，
步行约5分钟

Dixon St

Dixon St

加拿大一侧
的瀑布

柯尼卡美能达塔
Konica Minolta Tower

A

B

Dunn St

岩石瞭望台
Table Rock

Armoury St

Jepson St

Palmer Ave

Omato Ave

River Ln

River Rd

Seneca St

Falls Ave

Pierce Ave

Orchard Pkwy

Chilton Ave

Ashland Ave

Elmwood Ave

Spruce Ave

Cedar Ave

Main St

Pine Ave

Pine Ave

Walnut Ave

Robert Moses Pkwy

Whirlpool St

尼亚加拉河

鸟类王国
Bird Kingdom

E

G "雾中少女"
号游轮乘坐点

F 彩虹桥
Rainbow
Bridge

EF约0.1千米，
步行约2分钟

Main St

2nd St

3rd St

4th St

5th St

6th St

7th St

8th St

Ferry Ave

Niagara St

Niagara St

美国

尼亚加拉瀑布州公园
Niagara Falls
State Park

Rainbow Blvd

Old Falls

塞内卡尼亚加拉酒店
Seneca Niagara
Casino&

John Day Blvd

美国一侧的瀑布

伯德岛
Bird island

格林岛
Green Island

Robert Moses Pkwy

Buffalo Ave

Rainbow Blvd

山羊岛

纽约州禁伐区
New York State
Reservation

Robert Moses Pkwy

三姐妹岛
Three Sister
Islands

▲ 尼亚加拉1日行程路线示意图

柯尼卡美能达塔

柯尼卡美能达塔（Konica Minolta Tower）大约高100米，由日本美能达公司出资建设，矗立在尼亚加拉峡谷区的上方，可以俯瞰壮丽的马蹄瀑布（也即加拿大一侧的瀑布），塔顶有室内、室外开阔的瞭望楼，享有"彩虹之颠"美誉的豪华餐厅也在这座塔里。塔内还有水族馆和爬虫展览馆；塔外的地面有各种娱乐设施，其中大型的喷水池非常适合晚上游玩。

旅游资讯

地址：6732 Fallsview Boulevard, Niagara Falls

交通：乘坐公交车6、22路等，在Dunn St. at Stanley Ave. N/W c站下车，向东步行大约100米

网址：www.niagaratower.com

票价：成年人大约6加元

开放时间：9:00～23:00

电话：0905-3561501

旅友点赞

在这个塔里的餐厅用餐，体验非常美妙，人在空中，向窗外望去就是一览无余的大瀑布。慢悠悠地叉起一块牛排，放进嘴里细细品尝，仿佛那瀑布的水雾也融化在口中，再来点美酒，真是令人陶醉；塔外的大型喷水池，每天晚上都有光与声之秀，让游客能免费欣赏举世闻名的华尔兹水舞表演。而最实惠的纪念是在塔顶照相，这里没有栅栏和玻璃，拍下的照片都是纯粹的美景。

马蹄瀑布

彩虹桥

岩石瞭望台

▲ 从柯尼卡美能达塔里的餐厅看瀑布

岩石瞭望台

★★★ 旅友点赞

岩石瞭望台的旁边就是综合服务中心，中心里有礼品店，这里也像观景台一样热闹。很多游客都会在这里购买一些纪念品，比如枫叶茶、加拿大钻石等。如果是情侣度蜜月期间，可以向尼亚加拉旅游局登记领取"蜜月证明书"，这个证明书由尼亚加拉市长、尼亚加拉大瀑布旅游局局长亲笔签名，很有纪念意义。

岩石瞭望台（Table Rock）位于加拿大瀑布的正对面，距离加拿大一侧的马蹄瀑布很近，因整个台子像圆桌一样突出来而得名。你可以在岩石瞭望台上看到清澈的水雾弥漫到附近，嗅到格外清新的空气，还可以到瞭望台综合服务中心购买纪念品，或者一边欣赏瀑布，一边品味美食。

中午在哪儿吃

在岩石瞭望台及柯尼卡美能达塔周边有很多美食餐厅，比如扎皮比萨（Zappi's Pizza）、里程碑扒屋及酒吧（Milestones Grill & Bar）、星巴克咖啡店以及亚洲口味餐厅等，这些都能满足中午对于美食的需求。当然，如果想要把大餐留在晚上，早上可以带些便利食品，供中午食用。

里程碑扒屋及酒吧

里程碑扒屋及酒吧（Milestones Grill&Bar）也是距离马蹄瀑布非常近的餐厅之一，消费水平相对不算太高，在这里享用一顿有美酒、牛排的浪漫午餐是一大乐趣。在品尝美食的同时，还能将目光放到窗外，欣赏那上部湛蓝、下部犹如轻软纱幔的瀑布。这家餐厅也非常受当地人喜爱。

地址：6755 Fallsview BoulevardNiagara Falls
交通：乘坐公交车6、22路等至Stanley Ave. at south of Dunn站下车，向南步行大约40米即可；如果从岩石瞭望台出来的话，向西南步行大约300米即可
电话：0905-3584720

斯奇隆塔

斯奇隆塔（Skylon Tower）高达160米，是加拿大CP旅馆系统中最高的塔楼之一，通往塔顶瞭望台的电梯有一半镶嵌的是玻璃，你可以在电梯升降的过程里观察不同视角下的瀑布景观。斯奇隆塔的含义是"天塔"，塔里除了有瞭望台之外，还有剧院、游乐场所、旋转餐厅等。如果你能在夜晚来临时到这个塔上游玩，会看到别具风情的景观。

旅游资讯

地址：5200 Robinson Street
交通：乘坐公交车400路至Robinson St+ Skylon Turnaroun站下车，向南步行大约100米即可
票价：成年人大约6加元
开放时间：9:00～22:00
电话：0905-3562651

旅友点赞

这个塔很高，不需要自己爬，不像岩石瞭望台，需要自己想办法往上走，走到顶端才能看到最美的风景，一路爬上去还是有点累的；斯奇隆塔的电梯能快速把人送到塔顶；夜晚从这个塔看瀑布的景观是很棒的体验，各种彩色的灯光打在瀑布上，光影变幻，多姿多彩。

克利夫顿山

克利夫顿山（Clifton Hill）是尼亚加拉大瀑布最有名的景区，它紧邻瀑布和尼亚加拉河，也是美食、娱乐、住宿的首选地之一。这里的街道上有礼品店、蜡像馆、鬼屋、录像带店、餐厅、酒店以及主题旅游景点等，非常适合喜爱娱乐的青年人。而这些景点中最适合观赏瀑布的景点是小型的摩天轮（SkyWheel），在这上面可以同时观赏美国一侧的瀑布。

旅游资讯

地址：4946 Clifton HillNiagara Falls
交通：乘坐公交车500路，在Clifton Hill+4955站下车，向西北步行大约40米可到
网址：www.cliftonhill.com
票价：小型的摩天轮，成年人约11加元
开放时间：全年开放
电话：0905-3583601

鸟类王国

鸟类王国（Bird Kingdom）有多种鸟类，大概有400种，据介绍，这里面有80多种鸟类是濒危种类。所有鸟儿和热带植物几乎填满了鸟类王国的室内空间，室内还有一个小型的瀑布，看起来像是迷你的尼亚加拉瀑布，这个尺寸更容易被孩子们接受，他们会玩得忘乎所以，家庭出游一定要来这里。

旅游资讯

地址：5651 River Road
交通：乘坐公交车300路至Niagara Parkway + Bird Kingdom站下车即可
网址：www.birdkingdom.ca
票价：成年人大约17加元，未成年人（4~15岁）约12加元
开放时间：9:30~17:00
电话：0905-3568888

旅友点赞

鸟类王国里面除了有和鸟类一起玩的设施之外，还有极具热带风情的咖啡厅，这里面有茅草屋，看起来像是印尼丛林的海滩。除了观赏这些鸟以外，还可以给它们喂食，鸟非常多，当它们聚集到你身边时，你心里会很充实，很多人会专门花两三个小时的时间到这里游玩，可见这个地方很受欢迎。

彩虹桥

　　彩虹桥（Rainbow Bridge）跨越加拿大与美国两国，中间是两国的分界线，桥旁两国各自设立了海关，桥上也根据河内边界而划分，一端属于加拿大，一端属于美国。在桥上，既可以吹着清凉的风发呆，也可以摆出造型拍照留念，还可以向南边远望美国一侧的瀑布，听着若有若无的水声，感受大自然的美好。

旅游资讯

地址：尼亚加拉河上，距离鸟类王国非常近

交通：从鸟类王国出来，向东南方向步行约100米；或者乘坐公交车300路，在 Niagara Parkway + Clifton Hill 站下车，向东北方向步行约100米即可

开放时间：全天

★★★ 旅友点赞

　　彩虹桥上最值得看的景观是夜景，夜晚灯光都投射到瀑布上，美丽无比，桥上也有星星点点的灯，从远处向这里看，都会觉得震撼；不过晚上风比较大，给人的感觉很凉，即便在夏夜，也要为老人、孩子准备挡风的衣物，防止感冒。

"雾中少女"号

　　乘坐"雾中少女"号游轮参观瀑布是必玩项目，可以在靠近瀑布的地方感受被水淋湿的感觉。渡船大约15分钟一班，先到美国一侧的瀑布。再开往加拿大一侧的瀑布，船在瀑布水降落点边缘的时候，就已经是最激动人心的时刻了。船摇摇晃晃，扑面而来的水帘热情地钻进没被雨衣挡住的任何地方，千军万马般雷动的轰鸣声让全船的游客都嗨起来，大家振臂欢呼，偶尔有胆大的游客会用手机拍照，留下这毕生难忘的时刻。

旅游资讯

地址：5651 River Road

交通：乘坐公交车300路至 Niagara Parkway + Bird Kingdom 站下车即可

网址：www.birdkingdom.ca

票价：成人大约7加元

航行时间：5月中旬至10月中旬9:00～19:45

传说"雾中少女"这个名称的由来与当地原住居民的一些风俗有关，感兴趣的游客可以查看当地书刊了解。若怕衣服不容易干，可以在防水背包里面备一件衣服，玩过这个项目，找个卫生间换掉即可。"雾中少女"的乘船码头在美国瀑布的正面，购票后先乘坐缆车到河边，然后每人领取一件雨衣。游过瀑布后，在美国一侧的布罗斯贝特公园展望塔下的码头靠岸。

晚上在哪儿玩

玩了一整天，还没有从惊心动魄之美的体验中醒过神来，已经感觉饥肠辘辘了。不用担心，游船靠岸后，即可回到自己住的地方享用一顿美餐，或者泡个澡、做个SPA；如果精力十足，也可以到瀑布周边的观景点看看夜幕下的瀑布。

夜观大瀑布

尼亚加拉瀑布在白天时波澜壮阔，入夜后却是婀娜多姿。每当夕阳西斜，水花犹如珠幔般四散飘逸，七彩虹霓，灿然入目。每当夜幕降临，瀑布水色渐渐暗淡，而环绕在瀑布周围的巨型聚光灯却大放光彩，使水幕变得晶莹透澈，熠熠生辉。如果你还有精力爬上观景塔，从塔顶望出去，满目都是绚烂的灯光。在夏季的每个星期五，尼亚加拉瀑布上空有焰火表演。

如果多待一天

只用1天来欣赏瀑布的美，会觉得不够，可是如果单纯为了回顾瀑布的美景而多留1天，又觉得无趣。如果你有机会在尼亚加拉多待1天，除了再回味瀑布的美之外，还有很多值得体验的游乐项目、美食和购物地。

多待一天的游玩

从不同的角度看尼亚加拉大瀑布，对很多人来说，获得这种体验十分难得。或许有的人可以做到时刻体验不同寻常的生活，可是大多数情况下，我们需要每天按时上下班，坚持三十多年，每年用来享受的时间只有宝贵的一周，每年都想去不同的目的地，这次来到加拿大，就尽情地亲近瀑布吧，无论这次是不是永别，既然来了，不如多留点纪念，少留点遗憾。

1 瀑布背后之旅

这个项目非常具有探索味道，很多年轻人都热衷用这种方式来感受尼亚加拉瀑布背后的美。在狭长的隧道里，可以在地下感受瀑布的轰隆声，继续往前走，可以到类似于水帘洞那样别有洞天的山洞里看瀑布背后的水幕。因为角度不同，所以能发现瀑布更多的美。

地址：岩石瞭望台的地下隧道是出入口
交通：乘坐公交车300路至Table Rock North站下车，向东北方向步行大约50米即可
票价：成年人大约6加元
开放时间：夏季9:00～23:00，冬季9:00～17:00

2 漩涡缆车

漩涡缆车（Whirlpool Aero Car）色彩鲜艳，主色调是红色和黄色，车上可以容纳40人。这个项目非常受欢迎，既可以从高空看下方的尼亚加拉河在变换流向时产生的巨大漩涡，也能感受缆车在狭隘山谷的湍流上方的惊险刺激，缆车单程大约为12分钟。

地址：3850 River Rd. Niagara Parkway
交通：如果是从多伦多乘坐VIA火车直接过来，可以在Niagara Falls VIA Station Rail站下车，向西北步行大约800米，到达乘坐缆车的站点；如果是从瀑布城过来，可以乘坐公交车5、12路至Ferguson St.at Stanton Ave. F站下车，步行300多米即可
网址：www.niagaraparks.com
票价：成年人大约12加元
开放时间：4月下旬至11月上旬的10:00～17:00可以使用缆车
电话：0905-3545711

多待一天 的美食

尼亚加拉城里面的美食餐厅非常多，其共同特色是总有尼亚加拉自产的鲜美葡萄酒佐餐；你可以选择一个高雅且富于情调的餐馆细细品尝，也可以选择一个偶遇的酒馆小酌片刻。当地的厨师用本地新鲜农产品为原料，将国际美食与地区风味结合在一起，让食客胃口大开。品味美食的同时，会在不经意间瞥见窗外那轻纱般的瀑布，心中顿时出美妙的感觉。

奥马克自助餐

奥马克自助餐（AlMac's Buffet）是一个消费相对比较大众化的餐厅，自助早餐人均约7加元，自助晚餐人均约17加元。这家餐厅的环境非常温馨，让人觉得仿佛回到家中，工作人员的服务也很到位；餐厅经营了将近50年，如果你喜欢快速而种类繁多的饮食方式，这家快餐店无疑是最好的选择之一。

> 地址：5435 Ferry Street Niagara Falls
> 交通：乘坐公交车1路至Stanley Ave. at Ferry St.站下车，向东步行约300米即可
> 网址：www.almacsbuffet.com
> 营业时间：8:00～20:00，具体营业时间会根据当地的节庆日而改变
> 电话：0905-3576227

多待一天 的购物

在尼亚加拉，最好的购物场所莫过于美加两国各自的奥特莱斯品牌直销店，通常情况下，这些店都是人头攒动，很多人都希望能用实惠的价格买到优质的产品。好在当地人一般都遵守排队秩序，所以只要你早点去排队，通常可以买到心仪的物品。

加拿大One奥特莱斯店

加拿大One奥特莱斯店（Canada One Factory Outlets）有大量物美价廉的商品，可以满足你一站式购物的需求，这里汇聚了40多家品牌店，可以省下高达75%的费用。

地址：7500 Lundy's Ln Niagara Falls
营业时间：周一10:00~18:00，周二至周日10:00~21:00
网址：www.canadaoneoutlets.com
电话：0905-3568989

多待一天的娱乐

在尼亚加拉，有多种娱乐项目可以选择。你可以在尼亚加拉的湖滨小镇一边品味美酒，一边听小镇的故事，度过一个休闲的下午；你也可以到克利夫顿山的迷你高尔夫球场，与当地人一起挥杆赛球技；你还可以乘坐各种交通工具亲近瀑布。如果这些娱乐项目都不是你喜欢的，那你还可以到酒吧体验当地人的生活，到花钟跟蝴蝶一起玩耍，到影院看一部电影。

尼亚加拉湖滨小镇

尼亚加拉湖滨小镇（Niagara-on-the-Lake）是一个被果园环绕的优雅小镇，曾经是北美洲原住民的聚居地，也被公认为是北美保存最好的十九世纪小镇。这里适合徒步观光。若有闲情，你可以在温暖的阳光下啜饮咖啡，也可以在清凉的商场里试衣。小镇的与世

地址：位于Lakeshore Road和Niagara Park Way交汇处，距离加拿大尼亚加拉城中心约13千米，在安大略湖西南岸
交通：可以乘坐出租车到达，约20分钟，35加元；也可以乘坐多伦多皮尔逊机场区间巴士到达；如果自驾，就沿着Niagara Park Way一直向北行驶

无争会让你心情大好。小镇最热闹的街叫皇后街（Queen St.），街上的时钟台是中心点，北边是安大略湖，街道两旁有许多十九世纪留下来的英式建筑物以及各式各样古色古香的小商店。

专题 尼亚加拉葡萄酒之旅

尼亚加拉是加拿大著名的葡萄酒生产地之一，每年提供大量的葡萄酒出口到欧美及亚洲地区。这些葡萄酒中最受人喜爱的是冰酒，而尼亚加拉冰酒被誉为"世界上最甜美的冰酒"，它是用来佐餐的极品美酒之一。初品冰酒会觉得很甜，而不喜欢吃甜食的人可能会很失望，尤其冰酒配着甜点上桌时，你可能会以为端错了酒，其实冰酒甜蜜之中隐藏的味道是酸味，如果你让酒液在口中停留 5 ~ 7 秒，当舌两侧的味蕾被激活时，这种甘醇的酸味就出来了。

举世闻名的冰酒生产地是德国和加拿大，德国是冰酒的发源地；而加拿大由于始终坚持酿造工艺的完美，所以也成为冰酒最佳的生产地之一。

冰酒的发明源于一场意外，1794 年冬季，德国弗兰克地区突遭早霜，酒农们都担忧葡萄会毁于一旦，但是他们没有放弃，硬着头皮把半结冰的葡萄榨制酿成酒，发现酿出了具有独特风味的美酒，从此他们把这种酒叫做冰酒（冰葡萄酒）。后来德国移民将葡萄树苗带到尼亚加拉，这里强烈的早晚温差、适宜的湿度等促进了葡萄的生长，也为酿出甘醇的冰酒奠定了基础。

不同国家对于"冰酒"的定义不同，在制作工艺上的难易程度也有天壤之别。而最受人欢迎的冰酒品种往往是酿制过程看起来因循守旧的加拿大冰酒和德国冰酒，这两个国家强调"自然冰冻"，在冬末食物奇缺的时节，很难防住鸟兽抢食，导致冰酒产量极小，最终收入酒库的冰酒格外珍贵。

当你来到尼亚加拉，如果对品酒很有兴趣，就千万不要错过本书推荐的葡萄酒之旅。从尼亚加拉大瀑布到湖滨小镇，再到西边的格里姆斯比（Grimsby）沿途大约有 40 个葡萄酒生产地，每家都有其特色，而最著名的莫过于附录地图中的这几家。

每年 9 月下旬的尼亚加拉葡萄酒节和 1 月下旬的的冰葡萄酒节都是最吸引当地人及游客的欢庆时节，这期间有葡萄酒试饮、讨论会、竞赛等，夺人眼球、充满趣味。

DE约5.6千米，乘车约8分钟

玻陨石酿酒厂
Strewn Winery

佩勒酿酒厂
Peller Estates Winery

EF约5.3千米，乘车约7分钟

East and West Line

雷夫葡萄酒酿造厂
Reif Estate

安大略湖

FG约20.4千米，乘车约29分钟

希勒布兰德酿酒厂
Trius Winery at Hillebrand

CD约3千米，乘车约5分钟

BC约12千米，乘车约17分钟

Niagara Stone Rd

Concession 2 Rd

Queen Elizabeth Way

十六英里池
Sixteen Mile Pond

Seventh Street South

圣凯瑟琳斯
St.Catharines

Fourth Ave

King St

St Paul St W

笔购物中心
The pen Centre

皇家尼亚加
高尔夫俱乐部
Royal Niagara
Golf Club

Queen Elizabeth Way

AB约15千米，乘车约20分钟

沙尔姆堡
Chateaudes
Des Charmes

岩途保护区
Rockway Conservation Area

佩勒姆·亨利家族酒庄
Henry of Pelham Winery

Thorold Stone Rd

海德公园市立
高尔夫球场
Hyde Park
Municipal
Golf Course

肖特山省立公园
Short Hills
Provincial Park

索罗尔德
Thorold

加拿大一侧的
尼亚加拉瀑布

Buffalo Ave

▲ 尼亚加拉葡萄酒之旅路线示意图

1 沙尔姆堡

　　沙尔姆堡（Chateaudes Des Charmes）是家庭经营的葡萄酒生产地，你可以通过加入导游观光团参观葡萄酒的说明和生产工艺，还能品尝鉴别葡萄酒优劣。这家葡萄酒家庭生产作坊是世代相传的作坊，有自己的葡萄园，对于酿造葡萄酒的工艺有着执着的追求。

地址：1025 York Road Street Davids
交通：乘坐出租车或者观光巴士可以到达；也可以加入葡萄酒生产地观光旅游团，有班车接送
网址：www.fromtheboscfamily.com
营业时间：参观酒厂10:00～18:00，品尝酒10:00～17:30
电话：0905-2624219

2 雷夫葡萄酒酿造厂

　　雷夫葡萄酒酿造厂（Reif Estate）是由德国人经营，是最具有历史意义的酿酒厂之一。这里有一个品尝冰酒的吧台，名字叫"感觉吧"（Sensory Bar），你可以花30加元品尝美酒，一般是4种冰酒，配4种冰酒元素美食（如松露巧克力、肉酱、水果、奶酪、馅饼、蛋糕等），有品酒师进行解说。

地址：15608 Niagara River Pkwy, Niagara-on-the-Lake
网址：www.reifwinery.com
营业时间：夏季（4～10月）10:00～18:00，冬季（11月至次年3月）10:00～17:00
电话：0905-4687738

佩勒酿酒厂

佩勒酿酒厂（Peller Estates Winery）距离尼亚加拉湖滨小镇市区大约1.2千米，步行约20分钟可到，距离非常近。每当举办The Art of Wine & Food活动时，你可以一边品尝三种不同口味的葡萄酒及料理，一边讨论美酒，非常惬意。

地址：290 John Street East, Niagara-on-the-Lake
网址：www.peller.com
营业时间：周日至次周周四10:00～19:00，周五、周六10:00～21:00
电话：0888-6735537

玻陨石酿酒厂

玻陨石酿酒厂（Strewn Winery）也是尼亚加拉小有名气的酿酒厂，这里举办"美食与葡萄酒的搭配"相关的主题活动，你可以在这里学习和制作与葡萄酒相佐的料理，这里也有相关的餐厅，是品尝美食的好地方，非常受欢迎。

地址：1339 Lakeshore Road, Niagara-on-the-Lake
网址：www.strewnwinery.com
营业时间：10:00～18:00，公共游玩时间11:30～18:00
电话：0905-4681229

希勒布兰德酿酒厂

希勒布兰德酿酒厂（Trius Winery at Hillebrand）周围有风景优美的餐厅，在世界品酒会上获得过数百次殊荣。你既可以参观酒庄，又可以参加他们定期举办的葡萄酒研讨会，提出见解和建议。你还可以从其官网上订购葡萄酒，一般花费20～30加元即可买到正宗醇香的好酒。

地址：1249 Niagara Stone Road, Niagara-on-the-Lake
网址：www.triuswines.com
电话：0800-5828412

佩勒姆·亨利酒庄

佩勒姆·亨利酒庄（Henry of Pelham Winery）是酒商质量联盟（VQA）的创始成员之一，现在酒庄每年出产7.5万箱葡萄酒，已经成为赫赫有名的大型酒庄。近两年，酒庄的酿酒师是德裔Ron Giesbrecht先生，其酿造的美酒获得世界著名品鉴大师的好评。此酒庄酿制的冰酒在官网上售卖价格大约每375毫升要60加元，如果按照每杯酒45毫升（1.5盎司）来计算，一瓶酒也就8杯，可谓滴滴珍贵。

地址：1469 Pelham Road, St. Catharines
网址：www.henryofpelham.com
营业时间：夏季10:00～18:00，冬季10:00～17:00
电话：0905-6848423

Tips

很多读者看到这里会对于从加拿大购入冰酒收藏、品鉴、赠送亲友产生了浓厚的兴趣，不过由于冰酒非常名贵，加上海关管理严格，所以目前每个游客可携带不超过4瓶冰酒（375毫升包装）回国。

在饮用前，把冰酒置于冰桶中15分钟或者放入冰箱两小时，口感会特别好；冰酒开瓶后，最好在3～5天内饮用完；由于现在市面上很多冰酒都是赝品（人工冰冻或者压缩酿制时间，甚至添加催化剂等促进快速酿熟，这样使得酒的口感很不好），所以购买时一定不要贪图便宜，也一定要认准酒瓶口的"VQA –Vintners Quality Alliance"（酒商质量联盟标志）。

在酒庄买酒最大的好处就是比起商店或者免税店便宜，且能用信用卡消费，方便快捷。冰酒具有非常好的美容、养颜、保健功效，促进人体新陈代谢，还有消毒、清淤之功效，如果有条件，可以适量、定期饮用。

尼亚加拉住行攻略

尼亚加拉大瀑布周边开发为旅游景区已有很多年历史，所以无论住宿还是出行，都非常便利。在住宿方面尤其要注意的是，旅游旺季的住宿价格会大幅度提升，一定要提前预订；类似于葡萄酒之旅这样的线路性的交通可以借助于当地的旅行团，这样既方便又省心。

在尼亚加拉住宿

尼亚加拉大瀑布周边的酒店非常多，夏季的周末和节假日房价非常高，如果旅游费用有限，可以考虑避开高峰段出行。有很多经济实惠的含早餐旅馆（B&B旅馆）都集中在River Rd.路上，以及瀑布区和尼亚加拉老城区之间。如果要预订，可以登录到www.bbniagarafalls.com网站上去了解信息，如果没有预订，一定要关注旅馆门外"Exrta Room"（有空房间）的消息。

🔟 HI–尼亚加拉瀑布青年旅舍

HI–尼亚加拉瀑布青年旅舍（HI–Niagara Falls Youth Hostel）位于加拿大一侧的尼亚加拉老城区，以前是一栋商务楼，非常受欢迎，可以容纳大约90位游客。旅舍设施齐全，有宽敞的厨房、洗衣间、储物柜和一个大客厅。它所处的地理位置很好，靠近火车站和汽车站，还出租自行车。除此之外还可租用床上用品，每人每套2加元。

地址：4549 Cataract Avenue，Niagara Falls
交通：乘坐5、12路公交车等，在Bridge St. at Cataract Ave.站下车，向南步行约50米可到
网址：www.hostellingniagara.com
参考价格：每个铺位约19加元
电话：0905–3570770

尼亚加拉其他住宿地推荐			
名称	地址	电话	网址
Ramada Plaza Hotel Manoir du Casino	7389 Lundy's Lane, Niagara Falls	0905–3566116	www.ramadaplazaniagara.com
Courtyard by Marriott Niagara Falls	5950 Victoria Avenue, Niagara Falls	0905–3583083	www.nfcourtyard.com
Days Inn Lundy's Lane	7280 Lundy's Lane, Niagara Falls	0905–3583621	wwww.daysinn.com
Niagara Falls Marriott Fallsview Hotel & Spa	6740 Fallsview Blvd, Niagara Falls	0905–3577300	www.niagarafallsmarriott.com

在尼亚加拉出行

加拿大一侧的尼亚加拉瀑布城的市区交通非常便利，主要有区间公交车、观光马车、短程快运、天际缆车、双层观光游览车、"灰色线路"之旅的交通工具等，这些交通方式既是到尼亚加拉瀑布城的交通方式，又是到尼亚加拉大瀑布景区的交通方式。前几种交通方式在"如何到景区"部分已经有详细的叙述，这里给读者介绍一下双层游览车和"灰色线路"之旅使用的交通方式。

双层观光游览车

双层观光游览车（Double Deck Tours）可以围绕尼亚加拉周边景点行驶。游览路线从岩石瞭望台出发，一路上经过岩石瞭望台、瀑布背后之旅、漩涡高空缆车、"雾中少女"号、花钟、尼亚加拉大峡谷等著名景点。车票两天内有效，是很多旅友游玩尼亚加拉最好的交通工具之一。车票费用中还包含了瀑布背后之旅、漩涡高空缆车、"雾中少女"号三个景点的门票，可从其官网上订票。

地址：售票处（Ticket Booth）位于克利夫顿山和瀑布大道的拐角处的游客欢迎中心（Welcome Centre at the Corner of Clifton Hill and Falls Avenue）
网址：www.doubledecktours.com
票价：成年人约82加元（含税）
运营时间：4~10月11:00发车（游览4小时）
电话：0905-3747423

"灰色线路"之旅

"灰色线路"之旅（Gray Line Tour）由多伦多发车，沿途可以乘坐尼亚加拉直升机、"雾中少女"号（冬季是瀑布背后之旅或者IMAX剧场），返回途中可以游览尼亚加拉湖滨小镇上的酿酒厂。有几种不同的票价组合，票价里一般含有午餐或者晚餐，目前更受欢迎的是含晚餐的票组合，因为在夜晚时观看窗外的七彩瀑布能有如梦如幻的感觉，可以根据自己的实际情况选择合适的票。

地址：Gray Line Niagara Falls/Buffalo, 1625 Buffalo Ave. Suite 1A
网址：www.graylineniagarafalls.com，在网上预订可节约10%票价
票价：票价含午餐，含乘坐"雾中少女"号的费用
电话：0877-2852113（Toll free）

"灰色线路"之旅票价组合资讯				
路线名称	路线简介	票价	游览时间	注意事项
尼亚加拉瀑布神奇之旅（Niagara Falls Shared Wonder Tour）	包含美国和加拿大两侧的瀑布及景点	成年人约204加元（网上订票约180加元）	6月至10月，全程8小时	携带好通行美国和加拿大的证件
尼亚加拉瀑布彩虹之旅（Niagara Falls Rainbow Tour）	在加拿大一侧游览，可乘坐"雾中少女"号、观看天然漩涡、欣赏尼亚加拉峡谷等	成年人约118加元（网上订票约106加元）	5月至10月，全程4小时	租借雨披和雨靴，自己携带一套用塑料袋包裹的备用衣物
尼亚加拉瀑布探险之旅（Niagara Falls Adventure Tour）	主要在美国一侧游览，参观尼亚加拉瀑布州立公园、登纽约州瞭望塔、探索冒险洞穴等	成年人约107加元（网上订票约97加元）	5月至10月，全程4小时	需要美国签证

从尼亚加拉至渥太华

从尼亚加拉大瀑布到渥太华缺少直达的交通工具，无论是乘坐飞机、长途汽车还是火车，都要先回到多伦多，然后再到渥太华。从尼亚加拉大瀑布到多伦多的车程不超过2小时，而交通工具和"从多伦多至尼亚加拉"部分的几乎一致，此处不再赘述。

从多伦多到渥太华

从多伦多到渥太华有很多交通方式可以选择，最便宜的方式是灰狗巴士和火车，不过这两种交通方式可能会有不便利之处。最便利的方式是乘坐飞机，用时少且快捷。最炫酷的方式是租车自驾或者骑自行车，甚至徒步（Hiking），这些方式更适合当地旅行者，在此不展开介绍。

飞机

乘坐飞机是公认最舒适快捷的交通方式，从多伦多负责承运境内航班的机场出发，每天有将近约17趟航班往返于渥太华，全程耗时约1小时，机票的票价变动比较大，加上税费单程100～200加元（折合人民币约700～1400元），建议至少提早1个月预订机票，这样能买到比较便宜的票。

火车

多伦多到渥太华的火车主要是VIA铁路公司运营的"回廊号"（Corridor）火车，这种火车每天5～7班，早上6:40开始大约每隔3小时1班，下午14:25后每隔1小时1班，末班车一般是18:35发出，全程需要3.5～5小时，单人经济座大约90加元（如果能抢上特价票，大约40加元即可乘坐），你可以到其官网上去查询和预订车票，网址：www.viarail.ca/en；也可以在多伦多的联合火车站（Union Station）买票乘车。火车上有电源插座、免费WIFI、旅游杂志，价格高一些的票还含餐。

▲ "回廊号"火车线路示意图

灰狗巴士

相对于机票和火车票而言，灰狗巴士较为便宜；同时灰狗巴士也有一些不尽如人意的特点，比如晚点、提前订了票也可能没座位、等车的站台缺少舒适的环境、冬天很冷、夏天很晒等。这些都是年轻旅行者的乘坐心得。如果同行有老人小孩，不建议使用这种方式。可以登录mobile.greyhound.com订票，一般提前1～2周可以买到优惠票，多伦多市区内乘坐站点是610 BAY STREET。

里多运河

到达渥太华

虽然渥太华是加拿大的首都，却没有特别浮华的城市气氛。没到渥太华之前，很多人对于多伦多、温哥华等城市的印象也许比对渥太华的印象更深，可是一旦来过渥太华，人们就会念念不忘这个温馨、舒适、艺术气息浓郁、充满生活气息的都市。当你漫步在花团锦簇的街道上，被路边精致的建筑吸引，脸上忍不住浮现出笑意时，路过的渥太华居民可能会大赞你拥有"Beautiful Smile"。而当夕阳西斜，你看见满发斑白的老夫妻互相搀扶，颤悠悠地沿着里多运河漫步时，心中更多几分祝福和羡慕。

如何到市区

从渥太华机场或者火车站到其市区的交通很便利，一般可以选择机场巴士、出租车、酒店大巴等方式到达市区，这些交通方式在渥太华都比较常见。

从机场到市区

飞机到达渥太华降落的主要机场是渥太华麦克唐纳－卡蒂埃国际机场（英文：Ottawa Macdonald-Cartier International Airport，法文：Aéroport international Macdonald-Cartier d'Ottawa），它是渥太华的国际型机场，在加拿大繁忙机场中排名第六，机场面积袖珍，跑道略短，但却是拥有美国境外入境审查权力和设施的8个加拿大机场之一。

麦克唐纳－卡蒂埃国际机场到市区的交通	
交通工具	资讯
出租车	机场有便利的出租车服务（Taxi Services），乘坐出租车往返机场，方便、快捷，当然价格较高，并需要付小费；车程20分钟左右
公交车	公共汽车服务（Bus Services）指的是渥太华市的OC Transpo公交车，它们一律是红色，从到港区候机楼外的1层路边发车，可以在1.5小时内免费凭票转车，价格大约3加元；97路公交车从到港区外的路边发车；车票在地面运输服务台可买到，位于到港区1层中心的通道；机场外有将近50路公交车前往市区
酒店大巴	酒店大巴服务（Hotel Shuttle Services）意指连接城区内主要宾馆的酒店大巴。大巴从到港区候机楼1层外的路边发车，这些大巴从5:00至最后航班每隔30分钟运行一次。到市内约需20分钟，单程车票9加元，往返车票14加元

从火车站到市区

从多伦多联合车站到渥太华的火车主要是开往蒙特利尔方向的班次，在渥太华停车约6分钟，车站位于渥太华市中心东南方向约3千米处，到市区的交通很便利，下车后你可以向北步行约20米，到95路公交车站，乘坐Barrhaven Centre方向的95路公交车（由 OC Transpo 运营），可在Albert / Mctcalfo站下车，步行即到渥太华市中心。

渥太华2日行程

　　渥太华有大量具有历史意义和参观价值的美术馆、博物馆，也有免费向游人开放的政府大楼，更有集休闲娱乐于一体的美丽花园，成为北美人心目中生活质量居首位的城市。在这里游玩，你能收获很多乐趣。

Day 5 加拿大国会大厦→加拿大国家艺术中心→加拿大国家美术馆→加拿大文明博物馆

　　在渥太华的第1天，就到渥太华最具有建筑特色的景点去游玩，早上可以在加拿大国会大厦欣赏建筑、观看换岗仪式，然后到国家艺术中心参观其奢华的环境、看一场演出，最后到国家美术馆和文明博物馆了解加拿大的历史。

渥太华第1天行程		
时间	目的地	行程安排
9:00~11:00	加拿大国会大厦	国会大厦的建筑精致而巍峨，深受世界各地游客的喜爱；同时这里还有换岗仪式、光与声之秀等可供参观的活动
11:00~13:00	加拿大国家艺术中心	欣赏加拿大歌舞剧最好的地方之一，还能欣赏到世界级金牌指挥家祖克曼的演出
14:00~15:30	加拿大国家美术馆	欣赏加拿大绘画、雕塑艺术的同时，还可以参与制作
15:30~17:30	加拿大文明博物馆	了解加拿大原住民艺术最好的博物馆之一

CD约0.65千米，步行约12分钟

加拿大国家美术馆
National Gallery of Canada

大山公园 Major's Hill Park

里程碑饭店 Milestones

费尔蒙劳里尔堡酒店
Fairmont Chateau Laurier

加拿大国家艺术中心
National Arts Centre

和平塔 Peace Tower

BC约0.45千米，步行约8分钟

AB约0.4千米，步行约7分钟

加拿大国会大厦 Parliament Buildings

加拿大最高法院 Supreme Court of Canada

尼皮恩公园 Nepean Point

里多运河 Rideau Canal

Colonel By Dr

Sussex Dr

Tin House Ct

Mackenzie Ave

Rivière des Outaouais

加拿大文明博物馆 Canadian Museum of Civilization

Musée canasien de l'histoire

加拿大文明博物馆-IMAX影院 Théâtre IMAX-Canadian Museum of Civilization

DE约1.5千米，步行约25分钟，乘车约3分钟

SAQ仓储超市 SAQ Dépôt

逸轩西铁城 Maison du Citoyen

加蒂诺议会宫 Palais des Congrès de Gatineau

Portage 2

潘太华河

EF约1.1千米，步行约18分钟

爱迪克森俱乐部 Club Addiction

芝加哥乐蒂特 Le Petit Chicago

Rue Champlain
Boul Maisonneuve
Rue Papineau
Rue Dollard-des-Ormeaux
Rue Laurier
Promenade Du Portage
Pont du Portage
Rue Hélène-Duval
Rue Frontenac
Rue Leduc
Rue Saint-Jacques
Rue Eddy
Rue Gamelin
Pont Alexandra

▲ 渥太华第1天的行程路线示意图

113

加拿大国会大厦

加拿大国会大厦（Parliament Buildings）是加拿大首都渥太华的地标性建筑，享誉"世界上最精致的哥特式建筑"，气势恢宏，给人古堡的幽静感觉。建造大厦的材料考究，精致的装饰独一无二，充满艺术气息的雕塑随处可见，让人赞不绝口。整座大厦分为中央大厅、东厅和西厅，最值得细细游览的是耸立在中央大厅中心部位的和平塔（Peace Tower），在这里可以观钟，欣赏用钟演奏的音乐。

旅游资讯

地址：Wellington Street
交通：乘坐OC公交车1、7、12路至Wellington / Metcalfe站下车即可
网址：www.parl.gc.ca
票价：免费，在和平钟附近的信息资讯中心申请免费取票，规定够10人才能成行，有免费导游
开放时间：每天9:00开放，工作日19:00以后不能参观，休息日16:00左右；议会开会期间周一到周四12:50～15:20谢客，周五9:50～12:50谢客，建议参考当地最新的Visitor News
电话：0613-9924793

旅友点赞

和平塔里组钟的声音优美悦耳，不失庄严，给人一种神圣的美感。53个组钟钟琴大小不一，形如铃铛，值得仔细观看，非常像中国古代的编钟。每当整点的时候，国会大厦门口会有卫兵换岗仪式，卫兵们身着深红上衣和黑色裤子，头戴黑皮毛高筒帽，庄严华丽，仪式持续时间大约0.5小时。晚上的国会大厦也非常美，有彻夜不灭的篝火、持续45分钟的光与声之秀。

加拿大国家艺术中心

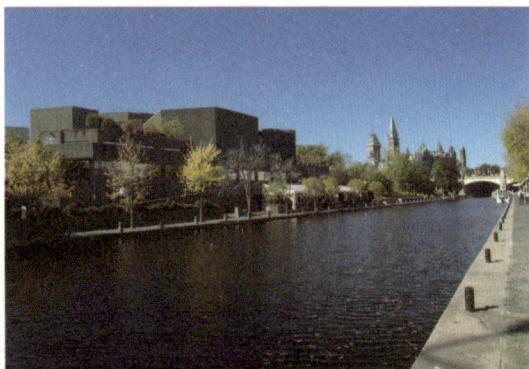

加拿大国家艺术中心（National Arts Centre）是世界上最大的表演中心之一，这里拥有超大的歌剧大厅和剧院，可容纳上千人共同欣赏歌舞剧。你可以在这里观看大型歌剧、交响乐队音乐会（以NAC交响乐团为首）、芭蕾舞剧、戏剧等多种形式的文艺节目，世界各地出色的剧团和艺术家都来此献艺，让你的身心获得一场洗礼。

旅游资讯

地址：53 Elgin Street

交通：从国会大厦出来，向东南方向步行几分钟可到；或者乘坐4、6、14路公交车至Pl. Confederatn Sq站下车，向东步行约40米即可

网址：www.nac-cna.ca

票价：成年人10加元左右，另有优惠的学生票、儿童票、老年人票等

开放时间：周一至周六10:00～21:00，周日一般休息，若是周日有演出，开馆时间会比演出开始时间提前2小时，演出结束延后15分钟闭馆

电话：0613-9477000

★★★ 旅友点赞

　　NAC交响乐团的金牌指挥祖克曼深受世界各地音乐爱好者的关注，他从世界顶级小提琴演奏家成长为NAC交响乐团的首席指挥，期间也曾带领他的乐队到中国一些城市演出过。国家艺术中心的歌剧院装修很奢华，墙壁上挂满壁毯，装饰着美丽的艺术雕刻。在艺术中心，欣赏着舞台上主角的表演，心里想着类似的事情，别有一番感悟。艺术中心的咖啡馆也是这里的亮点，其中最美味的还属加拿大风味美食，很多当地居民前来欣赏剧目，等待期间都会在咖啡馆闲聊畅饮。

中午在哪儿 吃

　　从国会大厦到国家艺术中心的路上没有太多正式的餐馆，只有几家味道不错的咖啡馆，如果不介意简餐的风味，也可以到这些地方就餐。从国际艺术中心到国家美术馆的路上有很多风味独特、环境优雅的餐厅，如果你对于饮食比较讲究，中午可以在这路上找最喜欢的餐馆就餐。

1 里程碑饭店

　　里程碑饭店（Milestones）的店名很响亮，餐厅装修精美，服务人员热情周到。这家餐厅的晚宴比起午餐更有特色，不过午餐也非常受欢迎。午餐人均消费大约25加元，你可以点一份西式面条、一份沙拉。

地址：700 Sussex Drive Ottawa

交通：从加拿大国家艺术中心出来，沿着Elgin Street向北步行约150米，到Rideau Street向东步行约60米，在与Mackenzie Ave交汇处，向北步行约60米路东即是

网址：www.milestonesrestaurants.com

开放时间：午餐和晚餐都有

电话：0613-7895432

加拿大国家美术馆

　　渥太华作为加拿大的首都，让其他城市望尘莫及，这里集中了多所规格很高的博物馆和美术馆。其中最值得参观的博物馆之一是加拿大国家美术博物馆（National Gallery of Canada）。馆内收有加拿大及欧洲最宝贵的艺术品。在这里可以欣赏到梵·高、毕加索等大师的艺术真迹。馆内还设有图书室，足以供你在此悠闲地享受艺术气息一整天。

旅游资讯

地址：380 Sussex Drive Ottawa

交通：从餐厅出来，可以沿着Mackenzie Ave向北步行约15分钟，也可以乘出租车前往；如果从其他地方过来，可以乘坐OC公交车1、9路等，或STO公交车27、35路等可到

网址：www.national.gallery.ca

票价：常设展区成年人12加元，家庭票24加元（可供2名成年人和3个孩子使用）；周四下午免费；特别展区参考当时价格

开放时间：5月至9月每天10:00～18:00，10月至次年4月周一休息，周二至周日10:00～17:00；全年周四开放到20:00；美术馆在圣诞节、新年和一些特殊节日不开放

电话：0613-9901985

加拿大文明博物馆

　　加拿大文明博物馆（Canadian Museum of Civilization）拥有的客流量非常惊人，在加拿大所有博物馆里名列前茅，虽然从其名字上看不出来有什么特别，但就是有很多游客都喜欢来这里。博物馆里有全球最大的图腾展、精美绝伦的原住居民第一民族大礼堂和立体宽银幕（IMAX）影院，收藏着囊括千年的北美人文历史，重现当地传统建筑物的迷人魅力。在这个馆里还有两个小馆，加拿大邮政博物馆和加拿大儿童博物馆，收藏着许多深受儿童关注的可爱物件。

旅游资讯

地址：100 Laurier Street Gatineau

交通：乘坐OC公交车8路可到；乘坐STO公交车21、31、67、77路等可到

网址：www.civilization.ca

票价：分成年人、学生、老年人、儿童、家庭套餐，也有单馆票、单电影票、一馆一电影，两馆、两馆一电影、两电影一馆等各种票面组合，详见官网Admission Fees表格

开放时间：都是9:30开馆，周边的咖啡馆等开门早一两小时；周四开放到20:00；平安夜14:00关门，圣诞节休息

渥太华有很多娱乐项目，除了当地人最自豪的冰球、滑冰、滑雪等运动项目之外，他们的夜生活也非常丰富，你可以在渥太华的市中心选一个看起来舒适的俱乐部，一边听着DJ精心调制的音乐，一边品着美酒，一边欣赏舞池中跳舞狂欢的人们。距离加拿大文明博物馆非常近的地方有几个俱乐部，热闹的气氛非常适合消夜。

芝加哥乐蒂特

芝加哥乐蒂特（Le Petit Chicago）拥有炫彩的吊灯和易于亲密交谈的气氛，奢华的装修让觉得歌舞升平，这里有各种不同文化的顾客，他们也许用不一样的语言，也许有不一样的肤色，但是却都有一颗包容宽厚的心，乐于交流彼此文化的视野。在这里无论是听音乐、跳舞，还是交谈，都会非常舒心。

地址：50 Promenade Du Portage Gatineau
交通：从加拿大文明博物馆出来，沿着Rue Laurier路一直向西南方向步行约1.1千米；也可以在Rue Laurier路的丁字路口转进Promenade Du Portage路上，向西南步行；还可以乘坐8路公交车，在Laurier / Maisonneuve站下车，向西步行约200米即到
网址：www.petitchicago.ca
票价：4～5加元不等，有不同种类的表演，可以在网上查看其日程表并选择喜欢的订票，如果退票需要提前7天；也可以在门口买票
营业时间：周一至周五16:00至次日凌晨2:00，周六和周日20:00至次日凌晨2:00
电话：0819-4839843

Day 6 加拿大战争博物馆→加拿大皇家造币厂→劳里埃故居→加拿大航空博物馆→里多公馆

在渥太华的第2天，可以按照下面的行程来活动，先到加拿大战争博物馆了解加拿大的历史，再到加拿大皇家造币厂了解铸币过程、购买艺术品作为纪念，然后到劳里埃故居感受意大利式建筑的特色、了解加拿大总理的生活与工作，接着在航空博物馆体验飞行的乐趣，最后里多公馆参观图腾，了解加拿大总督的生活情况。

渥太华第2天行程		
时间	目的地	行程安排
9:00～10:30	加拿大战争博物馆	参观展品和史料，了解加拿大厚重的历史
10:30～12:00	加拿大皇家造币厂	了解铸币过程，购买心仪纪念币
12:00～13:30	心和皇冠餐厅	被誉为"小爱尔兰"，集美食、娱乐为一体的休闲宝地
13:30～15:00	劳里埃故居	参观加拿大总理的居室，了解意大利式建筑特色，向总理学习生活与工作有机结合的办法
15:00～16:30	加拿大航空博物馆	参观各式战机，了解加拿大航空业的发展情况，通过预约获得飞行体验机会
16:30～18:00	里多公馆	了解加拿大总督的生活状况，参观图腾、石人等，在公园里散步，与小动物和谐相处
18:30～22:00	雷米湖娱乐场	在加拿大"小澳门"体验丰富多彩的夜生活

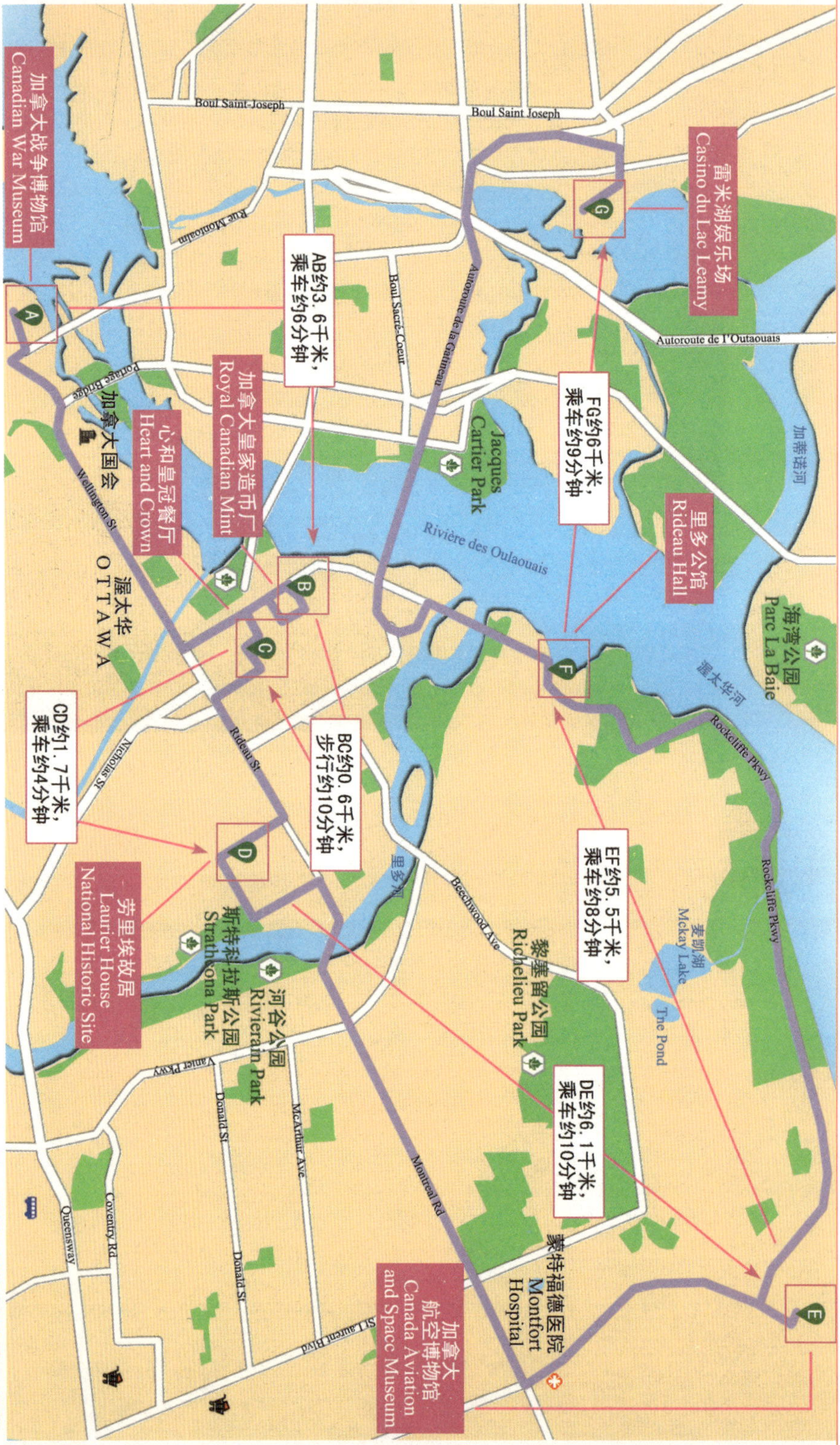

加拿大战争博物馆
Canadian War Museum
A
AB约3.6千米，
乘车约6分钟
加拿大皇家造币厂
Royal Canadian Mint
B
心和皇冠餐厅
Heart and Crown
加拿大国会
渥太华
OTTAWA
C
BC约0.6千米，
步行约10分钟
CD约1.7千米，
乘车约4分钟
D
劳里埃故居
Laurier House
National Historic Site
斯特科拉斯公园
Strathcona Park
河谷公园
Rivierain Park
黎塞留公园
Richelieu Park
DE约6.1千米，
乘车约10分钟
E
蒙特福德医院
Montfort
Hospital
加拿大
航空博物馆
Canada Aviation
and Space Museum
EF约5.5千米，
乘车约8分钟
F
FG约6千米，
乘车约9分钟
里多公馆
Rideau Hall
G
雷米湖娱乐场
Casino du Lac Leamy
海湾公园
Parc La Baie
Jacques
Cartier Park
Rivière des Oulaouais
加蒂诺河
渥太华河
里多河
麦凯湖
Mckay Lake
The Pond
Boul Saint-Joseph
Boul Saint Joseph
Rue Montcalm
Boul Sacré-Coeur
Autoroute de la Gatineau
Autoroute de l'Outaouais
Portage Bridge
Wellington St
Rideau St
Nicholas St
Beechwood Ave
Rockcliffe Pkwy
Vanier Pkwy
Donald St
McArthur Ave
Montreal Rd
St Laurent Blvd
Coventry Rd
Queensway

▲渥太华第2天行程路线示意图

加拿大战争博物馆

加拿大战争博物馆（Canadian War Museum）是加拿大最重要的军事博物馆，也是世界上最重要的战争艺术收藏场馆之一。你能在这里看到英法殖民战争以来所有关于加拿大战争历史的物品，展出兵器、遗物、影像、照片等各种丰富的史料，这些都按照经历过战争的人们提供的年代顺序验证后呈现的，展出还有世界著名军事家阅兵用的轿车、"二战"相关史料，非常具有历史价值。

旅游资讯

地址：1 Place Vimy

交通：乘坐公交车8、95路至Booth / Vimy Place站下车，过马路向西步行约50米即可

网址：www.warmuseum.ca

票价：分成人、学生、老人、儿童、家庭套餐，也有单馆票、单电影票、一馆一电影，两馆、两馆一电影等组合票面，还有团体票；详情可以到官网查看Admission Fees表格

开放时间：通常9:30开馆，开放至18:00，周边的咖啡馆等开门较早，如果到得早可以在咖啡馆等候；周四开放至20:00；平安夜14:00关门，圣诞节休息

电话：0800-5555621

★★★ 旅友点赞

在加拿大战争博物馆可以参观到具有厚重历史气息的军事器械，它们大都经历过战争的洗礼，真正的加农炮，炮管粗大，有一股威严的气息，让人显得很渺小；很多游客都喜欢滑雪战车，样式虽然在现在看来显得"呆萌"，却是现在先锋战车的前身；博物馆里的路线比较绕，所以一定要记住自己走过哪里；地下一层有大型武器，各种坦克、火炮、摩托；展出残酷战争实况的油画或者照片还是很怵目惊心的，要做好一定的心理准备。

加拿大皇家造币厂

加拿大皇家造币厂（Royal Canadian Mint）是加拿大专门生产市面流通硬币、手工艺收藏币、纪念币以及各种金币、奖章、奖牌的造币工厂。你可以利用这里的导游服务，了解铸币过程，其精湛的铸币工艺让很多游客流连忘返。在这里还能看到刻有野生驼鹿、海狸、鸟类等野生动物的硬币，甚至能看到刻有专门定制的孩子脚印或者结婚对戒图样的银币。如果喜欢，你可以购买枫叶金币等纪念品。

旅游资讯

地址： 320 Sussex Drive

交通： 从战争博物馆出来，乘坐27、40路公交车至Wellington / Bay站下车，沿着Wellington Street向东步行约450米，找到公交车站，乘坐9路公交车，向北行驶至Sussex / Bruyère站，下车向西过马路，步行即到

网址： www.mint.ca

票价： 每人5加元左右，分成年、老年、青少年、儿童和家庭套餐

开放时间： 周一至周日10:00～17:00

电话： 0613-9938990

旅友点赞

　　很多游客以为造币厂是神圣不可侵犯的地方，所以很多人对于铸币过程终其一生也没有机会了解，但是在加拿大皇家造币厂，你就可以圆梦。在这里不仅能观看铸币过程、了解技师的工作，还能购买自己喜爱的币种，当你看到熔化的金汤盛在容器里面金光闪闪的时候，心情也会特别愉悦，当然，技师精湛娴熟的技巧，更是会让你佩服不已。这里的硬币还能雕刻圣诞树、结婚戒指、雪花、铃铛、花蕊等各种图样，应有尽有；最值得纪念的就是枫叶币，好看而且适合收藏。

中午在哪儿吃

　　皇家造币厂周边有大量美食餐馆，粗略统计下来，有二三十家都是人气比较高的。这些餐馆主要集中在Murray Street与Clarence Street周边，经营的主要是加拿大本地美食，也有少量日式料理、东南亚美食等，餐费相对来说较高，建议胃口较好的话，到当地餐厅享用美食，换换口味也未尝不可。

心和皇冠餐厅

　　心和皇冠餐厅（Heart and Crown）也被译为"小爱尔兰村"，从严格意义上来讲是集酒吧和餐厅于一体的美食地，作为酒吧，它的名气更大些，有很多家分店。而皇家造币厂附近的这家，由于客流量较大，加上周边有很多美食餐厅的竞争，使得这里的美食更适合国际游客的口味，你可以在这里品尝到改良而口味正宗的爱尔兰风格美食，比如炸鱼薯条、大西洋鳕鱼、鲜切薯条、塔塔酱、加拿大切达干酪、奶油生菜、黄油烤奶油蛋卷汉堡等。

地址： 67 Clarence Street

交通： 从皇家造币厂出来，沿着Sussex Drive向南步行约400米，在与Clarence Street交汇处向东步行约150米即到

网址： www.heartandcrown.ca

电话： 0613-5620674

劳里埃故居

　　劳里埃故居（Laurier House National Historic Site）是加拿大第七任总理威尔弗里德·劳里埃（Wilfrid Laurier）曾经居住过的地方。在他去世后，由第八任总理威廉姆继承了故居，因此在这儿随处可见两位总理的生活轶事。故居里摆放着彰显品味的家具，游客可以参观会客室、劳里埃总理的卧室以及书房，在他的书房里至少藏书2000本以上，而相传劳里埃总理基本都阅读过。劳里埃故居的展品具有意大利元素，也有第二帝国遗风，因此，它作为遗产旅游地，非常适合夏季前来游玩。

旅游资讯

地址：335 Laurier Ave. East

交通：餐后，向东步行约100米，在Dalhousie/Clarence公交车站，乘坐9路公交车，向南行驶约200米，在Dalhousie/Rideau站下车；下车后向东步行过马路，约20米，找到Rideau/ Dalhousie公交车站，乘坐16路公交车Laurier/Chapel站下车，即到

网址：www.pc.gc.ca

票价：人均5加元左右

开放时间：4月至5月工作日开放，5月至10月双休日开放

电话：0613-9928142

旅友点赞

　　环境很幽静，访客不多，是旅途中难得安静的场所，参观的过程中，对于两任总理的生活有了更多的了解。看起来总理和总理夫人是各居一室的，他们在工作之余，可以下棋、看书、在长廊上散步、细品咖啡。屋外有盛开的鲜花，有碎石、很清幽。屋后还有清澈见底的湖，真是一个很棒的住所。与管理员的交谈中，我收获了很多这两任总理的故事，颇有趣味。

加拿大航空博物馆

　　加拿大航空博物馆（Canada Aviation and Space Museum）是全球著名的综合型航空博物馆，给游客提供了轻型飞机飞行体验的机会，供飞行爱好者系统地了解飞行发展史，也能让游客尽兴参观经历过战争洗礼的战机，以及历史上颇有名气、在航空史上有重大技术性突破的珍贵飞机。这里不仅有齐全的藏品，还有周全的服务，比如专业导游、关于飞机和飞行的短片、历史文献介绍等，成为对军事感兴趣的游客的乐园。

旅游资讯

地址：11 Aviation Parkway

交通：从故居出来后，乘坐5路公交车，一路向东行驶到Cummings/Montréal站下车，沿着Montreal Road向东步行约200米，在Montréal/Montfort Hospi公交车站换乘129路车，向东北行驶至Aviation Museum站下车（中间没有其他站点），即到

网址：www.techno-science.ca

票价：分成年人、老年人、学生、儿童，家庭套餐和团体票，人均约12加元

开放时间：5月至9月的第1个周一9:00～17:00；9月第1个周二至次年4月底，每周周二休息，其他时间每天10:00～17:00开放；圣诞节当天休息，其他节假日都开放（包括新年、感恩节、学校假期等）

电话：0613-9932010

里多公馆

里多公馆也叫总督府邸（Rideau Hall），是加拿大总督工作和居住的地方，这里承载着总督嘉奖加拿大优秀公民的荣誉，也是世界各地来此旅行的游客们的旅游胜地。你可以通过参观公共大厅了解加拿大的历史，可以驻足伊丽莎白二世的画像前沉思，还可以参加庭园观光、艺术观光、音乐会、卫兵仪式等活动。总督府距离渥太华市中心非常近，如果旅游期间你居住在市中心，还可以随时来总督府的草坪上野餐。

旅游资讯

地址：1 Sussex Drive

交通：出航空博物馆，可以先乘坐129路公交车返回，在Montréal/Montfort Hospi站下车，往西步行至Cummings/Montréal站，乘坐5路公交车，在Beechwood/Charlevoix站下车，然后向西步行约80米，在Crichton/Beechwood公交车站乘坐9路车，行驶至Sussex/Alexande站，下车后沿着Sussex Drive向东北步行约150米即到

网址：www.gg.ca

票价：免费

开放时间：5月至10月周六和周日可以参观，一般10:00开馆，这中间有自由参观时间段，也有需导游陪同的参观时间。详情可以参考当地最新Visiter News（在报刊亭可买到）

电话：0613-9938200

旅友点赞

里多公馆里除了展品之外，还有一些印第安人留下的图腾、爱斯基摩人的石人、各国来访贵宾种下的树；公馆并不豪华，但是不失庄重和威严，居住在这里的总督，实际是代行英国女王权力的人物，因此在这里能体验到浓郁的英国遗风；公馆的花园全年开放，一部分当地人会在这里散步、沉思，很容易能看到松鼠、海鸥等小动物，它们的身影让人觉得非常贴近自然。

除了酒吧深受游客喜爱之外，渥太华还有一些非常有名气的娱乐场，这些娱乐场兼具歌舞表演、博彩、游戏、游泳、唱歌跳舞、住宿等多功能于一体，是很多追求娱乐品质的人士最为偏爱的地方。其中最著名的就是雷米湖娱乐场，它距离市中心比较远，且没有公共交通可以到达，所以建议来此游玩乘坐出租车。从里多公馆到雷米湖娱乐场大约15.5加元（折合人民币约90元）。

晚上在哪儿玩

雷米湖娱乐场

雷米湖娱乐场（Casino du Lac Leamy）有加拿大"小澳门"之称，是渥太华地区的娱乐不夜城。这里设有上千个座位的现代化剧院，常有世界级的音乐大师和歌舞剧艺术家在这献艺，精彩节目轮番上演，水准可以媲美百老汇的国际级歌剧。娱乐场建在景色迷人的雷米湖畔，拥有数个私人游艇泊位。室外喷泉流水，灯影交映；室内有数千种热带植物、多个室内游泳池及人造瀑布，装修富丽奢华。这里面还有五星级希尔顿大酒店、五星级餐厅和酒吧。

地址：1 Boulevard du Casino
交通：附近没有公交车站点，建议租车或者打车
网址：www.casinosduquebec.com
电话：0819-7722100

如果多待一天

在渥太华的行程安排得很紧凑，全程玩下来也挺累，却依然会觉得没有玩够。渥太华被誉为全世界最适合人类生活的城市之一，其清洁的城市风貌、较慢的生活节奏、唯美的自然环境、礼让包容的当地居民，都是在渥太华旅游的人们镜头下的亮点。如果有机会多玩一天，实在是此行最幸运的事情之一。渥太华还有很多景点等你游玩，还有很多美食等你品鉴，还有很多购物街等你细逛，还有很多娱乐场所等你体验。

多待一天的游玩

如果能在渥太华多玩一天，就去自然博物馆玩一圈吧，在这里可以观察当地家长与孩子们的互动；也可以租一艘游船，在里多运河上漂荡，漂到哪里是哪里，兴致高的时候就停下来看水里的倒影，嬉水或者钓鱼，还可以沿着枫叶走廊沿岸拾取漂亮的落叶。

123

1 加拿大自然博物馆

加拿大自然博物馆（Canadian Museum of Nature）是哥特式古堡，外形古典厚重，内部高端现代化。不仅建筑让人惊叹，其内部的展品更给游客留下深刻印象。这里面有曾在此生活的恐龙标本、哺乳动物以及动植物的进化过程展现、蝴蝶以及咬人昆虫的生活习性展示等，展出方式多样，既有标本，又有活体；既能赏玩模型，又能动手操作（如用显微镜），十分利于激发孩子浓厚的探索兴趣，也给成年人相应的启发。

地址：240 McLeod Street Ottawa
交通：乘坐OC公交车5、6、7路可到
网址：www.nature.ca
票价：成年人约12加元，学生和老人10加元，儿童8加元；周四17:00～20:00免费
开放时间：6月1日至9月1日9:00～18:00，9月3日至次年5月31日周一休息（周一为节假日时开放），周二至周日9:00～17:00开放，全年周四开放到20:00
电话：0613-5664700

2 里多运河

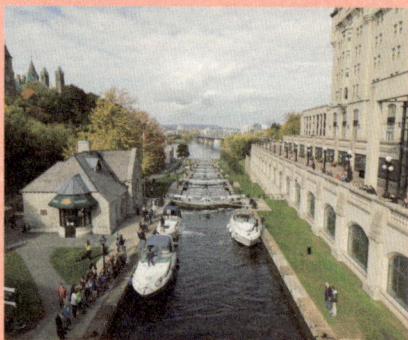

里多运河（Rideau Canal）素有"世界上最长的滑冰场"之称，很多当地孩童年幼时就开始练习滑冰，他们的父母也在旁边陪着玩，当面对这样一群滑冰技术高超的大人孩子时，很多游客心中都感慨万分。里多运河是由人工开凿而形成的运河，曾经是军事防御和商业发展的重要通道；现在是拥有醉人风采的游玩景点。最值得游玩的时节是枫叶变红的秋季，那时候，色彩斑斓的红黄树叶纷纷飘落，洋洋洒洒铺满河面，清澈的水倒映出叶片美丽的身姿，引人遐想万分。

地址：环绕渥太华
网址：www.bytownmuseum.ca
票价：运河上的拜城博物馆约7加元，周四17:00之后免费，延长开放到20:00
开放时间：拜城博物馆，5月17日至10月13日10:00～17:00；10月14日至次年5月15日周一休息，周二至周日11:00～16:00
电话：0613-2344570（拜城博物馆的电话，是里多运河的历史遗迹，也是里多运河的施工集散地）

多待一天的美食

渥太华的美食，首推枫糖煎三文鱼和漏斗蛋糕，其次是品种丰富的海鲜（如鲑鱼、鳕鱼、龙虾、扇贝），淡水鱼（如鳟鱼、鲈鱼），优质农产品（如小麦、马铃薯），各种新鲜肉、蛋奶、以及佐餐的甜点、冰淇淋、饮料（如加拿大啤酒、各种葡萄酒、威士忌），没有哪样美食的口味不是浓郁醇香的，在大多数餐厅中都能品尝到正宗的加拿大美食。

富顿薄煎饼屋

富顿薄煎饼屋（Fulton's Pancake House and Sugar Bush）在渥太华的名气很大，你可以在这里尽情购买枫糖食品。如果是在春季（2月末至4月初）来访，还可以到渥太华农场参观枫糖制作过程，同时购买枫树糖浆。当地农场主的生活悠然自得，别有风情。薄煎饼的口味更是让人难忘。

地址：399 Sugar Bush Road Pakenham
交通：从国会大厦乘坐出租车，向西行驶约71千米，大约146加元可到（用时约55分钟）
网址：www.fultons.com
电话：0613–2563867

多待一天的购物

渥太华的购物与饮食紧密结合在一起，你可以去火花街购物中心（或叫斯巴克街购物中心）购物，如果有耐心去了解和挑选，一定会收获独特的礼品，让收礼人感受到你独特的心意；渥太华本地的枫糖最具特色，带回国内与家人共享，这种甜蜜能持续很久。搜寻独具个性的商品时，你还可以在威廉街购买加拿大特色的海狸尾（英文：BeaverTail，是一种略带甜味的面食）作为点心；如果你想搜寻世界顶级品牌商品，那就去里多购物中心转转，肯定能满载而归。

拜沃德市场

拜沃德市场（ByWard Market），最早是作为"当地居民的厨房"而闻名的。它也是渥太华知名的夜生活区之一，这里有很多意大利理、海鲜餐厅、小酒吧、咖啡厅。整个拜沃德市场是用红砖建造的，分2层。二楼如今主要是画廊，陈列着各位艺术家的杰作。街头有很多献艺的艺术家，吸引着游客驻足。市场内的奶制品（鲜牛奶、冰激凌等）口味浓郁，香醇美味。

地址：55 Byward Market Square
交通：乘坐1、602路公交车至Dalhousie/Rideau站下车，向西北方向步行即可
网址：www.byward–market.ca
电话：0613–5623325

多待一天的娱乐

从5月至9月初，渥太华洛克立弗公园路（Rockcliffe Parkway）和上校驱动路（Colonel By Drive）在周日上午都禁止机动车同行，而鼓励骑行者、滚轴溜冰者和步行者在此活动。"阿尔卡特·朗讯周日自行车日"（Alcatel–Lucent Sunday Bikedays），是一个老少皆宜的免费家庭活动，值得参与。除此之外，抽空参观加拿大皇家骑警的马厩，观看音乐骑术表演的骑士和马匹的训练设施，更能从独特的角度了解加拿大，认识渥太华。

渥太华酒吧推荐			
名称	地址	交通	电话
Mercury Lounge	56 Byward Market Square	公交车1、9路等可到	0613–7895324
The Aulde Dubliner	62 William Street	公交车1、9路等可到	0613–2410066
The Velvet Room	62 Rue York	公交车1、9、602路可到	0613–2416810
The Cock & Lion Pub	202 Sparks Street	公交车1、2、7路可到	0613–2330080
Rideau Club	99 Bank Street	公交车1、9、12路等可到	0613–2337787

加拿大皇家骑警音乐骑术表演中心

加拿大皇家骑警音乐骑术表演中心（Royal Canadian Mounted Police Musical Ride Centre）可供来访者体验宝贵的加拿大文化遗产，这个表演中心不仅展出了皇家骑警的珍贵训练照片，也定期安排皇家骑警音乐骑术表演，这种表演是配合音乐设计舞蹈动作的一种骑兵训练，整个过程充满艺术张力和感染力，是很多有幸欣赏到表演的游客津津乐道的娱乐活动。

地址：1 Sandridge Road
交通：从加拿大航空博物馆出来，向西步行约600米即到
网址：www.rcmp-grc.gc.ca
营业时间：5月至8月周一至周五9:00～15:00，9月至次年4月周二至周四10:00～14:00
电话：0613-744285

渥太华住行攻略

渥太华拥有舒适的住宿和便捷的交通，是游玩的天堂。你在这里可以找到最适合自己的任何一种类型的住宿地，也可以利用便宜而便捷的交通工具——公交车、OC轻轨车等玩遍渥太华的景区。

在渥太华住宿

在渥太华旅行期间，如果经济宽裕，可以考虑住酒店，三星级酒店一般每晚200加元，设施齐全，服务周到；如果经费有限，可以住在家庭旅舍、青年旅舍，每晚50加元左右；如果寻求新鲜感，可以携带帐篷，在露营地露营；还可以在渥太华的监狱酒店体验新奇的乐趣，不过这里居住环境不太理想，隔音效果不好，单人床居多。

渥太华威斯汀酒店

渥太华威斯汀酒店（The Westin Ottawa）所处的地理位置非常好，你可以从这里步行至国会山、里多运河沿岸、里多购物中心、拜沃德市场等，酒店里面还有室内游泳池和健身中心，非常适合休闲。

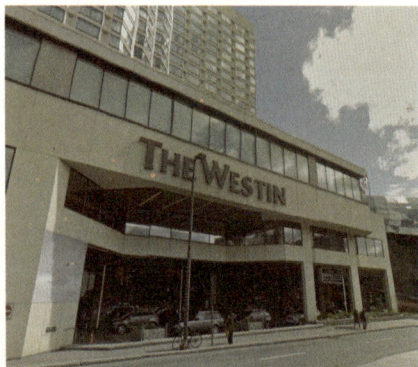

地址：11 Colonel By Drive
交通：乘坐公交车1、5、9、12路等（大约有15个路线），在Rideau C. W站下车，向西步行约80米，在十字路口向南转，步行约80米，位于里多购物中心建筑的南面
网址：www.thewestinottawa.com
入住时间：15:00以后，如果同行有老人小孩，会根据实情安排提前入住
参考价格：200加元（折合人民币约1160元）
电话：0613-5607000

在渥太华出行

在渥太华出行的主要交通工具是公交车，渥太华建有公交车专用车道，并且实行公交车先行原则，所以在渥太华旅行乘坐公交车是最方便而且最省时间的。渥太华的公交车车身根据行车路线和方向的不同，标记不同的颜色：公交车身有蓝色横线的车开往市内；公交车身有红色横线的车开往赫尔；公交车身有绿色横线的车开往格洛斯特市和卡纳塔市。这样可以比较快速地区分公交车线路。除了公交车之外，在渥太华旅游还可以借助于轻轨、出租车、自行车或者小轿车等工具游玩于景点间。

公交车

渥太华市区内的公交车主要是OC Transpo公司运营的公交车（Bus），单程票价约2.3加元，也有日票和月票，这两种类型都可以供规定时间内免费任意换成公交车，比较优惠。如果使用现金在车上买票，则要多花1加元，建议根据实际情况提前买多张车票。

渥太华的公交车基本是无人售票车，不设找零，建议你准备些零钱，方便乘车；投币后记得拿取转乘票，可以凭票在有效时间（一般1.5小时）内无限次换乘同方向的公交车，功能相当于一张地铁卡在不出地铁站的情况下当日无限次换乘。

市内轻轨

渥太华的市区内轻轨车也叫O-train lightrial，票价根据距离的不同而呈梯度收费；OC Transpo 公司运行着一条非常罕见的柴油轻轨，由渥太华城市北端的 Bayview BRT 车站往南，到 Greensboro 车站，全程8千米。建议有时间去乘坐体验一番，这个轻轨沿途的风景非常美，柴油车现在也很罕见了。

租车

在渥太华租车，日租金价格18～50加元（折合人民币100～300元），如果要去距离市中心非常远的地方，租车更为便宜和方便。租车一般都需要使用国际信用卡缴付押金，押金金额一般为500加元。租车往往还需要带齐证件，有些承租供应商只需要有中国护照、驾照和驾驶公证翻译件及官方的盖章即可，有些需要有国际驾照，需要国际驾照的公司往往更加可靠，因为一旦出了事故有国际驾照才能保障自己的合法权益。办理这些证件都需要提前在国内进行。

127

时间改变

时间延长

如果你有时间在加拿大多玩几天，那行程可以加上魁北克城，这个城市是加拿大最古老的城市，也是法国人进驻北美后建立的第一个居民点，城市里浓郁的法国风情会让你眷恋不舍，仿佛身处法国。随处可见的法式建筑、随处可赏的典雅法服、随处可品的醇香法餐，都会让你体验到法式精致。

去魁北克城 玩2天

芳堤娜城堡

芳堤娜城堡（Fairmont La Chateau Frontenca）也称芳堤娜古堡酒店，坐落于加拿大魁北克市圣劳伦斯河北岸，属于古堡系列大饭店之一，也是魁北克市最醒目的地标。建于19世纪末，至今百余年，英国、荷兰王储、美国总统、欧美著名影星都曾在此居住过。整个城堡有青铜色的房顶、砖红色的外墙，非常古朴；内部装修奢华气派；客房设施一流。

旅游资讯

地址：1 Rue des Carrières
交通：乘坐3、21路公交车至Saint-Louis/du Trésor站下车，向东步行约20米可到
网址：www.fairmont.com
票价：参观成年人备10加元左右
开放时间：5月至10月10:00～18:00
电话：0418-6923861

旅友点赞

很多旅友都认为来到魁北克城，不住芳堤娜城堡实在是可惜，城堡标准房间价格约450加元（折合人民币约2500元），相对来说价格还是很高的，但住进酒店肯定不会后悔，它位于魁北克市古城旅游区的中心，巍峨地耸立在圣劳伦斯河岸，酒店内部装修精美奢华，大堂内金碧辉煌，客房里各种设施齐全，洗浴用品也很齐全。酒店里面还有各种名品商店、礼品店，很方便。如果不预订，很有可能当天去了没有房间。

星形城堡

星形城堡（Le Musée Royal 22e Régiment，或La Citadelle）与著名的钻石岬角（Cape Diamant）遥遥相望，始建于19世纪中期，经历了30多年才建造完成，星形城堡附近还有圣母教堂，也可以顺便去参观；另外这里距离著名的达费林平台（Terrasse Dufferin）和钻石岬角（Cap Diamant）都非常近，这个景点以及其周边的这几个景点可以共同游玩，达费林平台周边经常有大量艺术家聚集，能看到他们在此创作、表演。这附近还有为数众多的住宿地。

旅游资讯

地址：1 Côte de la Citadelle

交通：乘坐3、21路公交车至Saint-Louis/D'Auteuil站下车，向东南方向步行约150米即可

网址：www.lacitadelle.qc.ca

票价：成年人6加元左右

开放时间：每天10:00就能参观，夏季（6月至9月）提前一小时开放

电话：0418-6942815

旅友点赞

星形城堡是圣罗伦斯河道咽喉地带的最佳防御地点，被公认为魁北克最坚固的要塞之一。城堡要塞将魁北克老城围住，漫步于老城区内，顺着蜿蜒崎岖的小巷，漫步或是坐老式马拉轿车，都别具一番情趣。如果是在夏天来到星形城堡，可以观看加拿大皇军22军团驻军的检阅及卫兵交换仪式，这项仪式表演每年6月24日至劳工节（9月的第一个周末）10:00举行，除了下雨天之外每天都有。城堡内还有一座皇家22陆军团博物馆，是由旧的发电厂和陆军监狱所改建，馆内展示传统的兵器、火炮、制服、装饰、徽章，以及从17世纪到现在的文献。

小尚普兰街

小尚普兰街（Rue du Petit Champlain）是魁北克城最著名的观光街道，它曾经是个河边小村；现在的它是北美洲最古老的商业街，被冠以"北美最古老的繁华街"的称号。街道两旁几乎都是17世纪法国乡村风味的建筑，小巧精致，还有很多鲜艳的花朵带着水珠点缀其间，让整条街道充满浪漫情调。琳琅满目的商品更是吸引游客的法宝，街头艺人专业的表演，让路过的游人欣赏到未来明星的风采。

旅游资讯

地址：Rue Petit Champlain

交通：乘坐1路公交车至du Marché-Champlain/Dalhousie站下车后步行前往即可

开放时间：全天

129

这个街道上有不少古色古香的咖啡馆，逛街逛累以后，找一家喜欢的店铺品尝醇香的咖啡，体会浪漫古城的气息，看玻璃窗外形态不一的路人，非常希望能有再留几天的理由，让这种美好定在大脑里留下烙印；街上的装饰壁画，惟妙惟肖，精致绝伦，街道上有很多纪念碑、塑像；如果恰逢夏季法兰西文化节，街道上更是人头攒动、热闹非凡。身着18世纪服装的当街表演者与游人聚集在一起，能吸引很多人注目。

时间缩短

如果你时间有限，可以将多伦多的游玩时间压缩为2天，也可以不在渥太华游玩，直接到金斯顿游玩一天，这个小城也有不少惹人喜爱的风景。

去**金斯顿**玩1天

千岛湖

千岛湖（Thousand Islands）值得旅友观赏3~4小时，乘坐游艇出行，环绕着湛蓝色湖面上的数千个小岛，欣赏小岛上风格迥异的建筑，非常有趣味。千岛湖归美国和加拿大共有，湖中心有分界线，南岸属于美国，北岸属于加拿大，所以在这个湖上可以同时看到星条旗和枫叶旗。湖上的伊微里（IVYLEA）处，有一条横跨千岛湖的国际大桥，桥上车辆穿梭，景象非常繁忙。

旅游资讯

地址：金斯顿城市东面约15千米处
交通：在金斯顿市区乘坐游轮即可沿途观赏
票价：约25加元（含晚餐的稍微贵些）
运营时间：游览1.5小时的"金斯顿周边岛屿游"发船时间一般是11:00、13:00和15:00；游览3小时的"夕阳晚宴游""千岛湖湖心游"，分别于18:30和12:30发船

旅友点赞

建议9:00~10:00找到湖边的"千岛游船售票处（1000 Islands Cruise Tickets）"，根据自己的需求买票，买好船票后可以到金斯顿小城的其他景点游玩，提前约15分钟回到码头即可。金斯顿有"世界淡水帆船运动之都"的称号，所以你在游览湖景的同时，还能欣赏到湖上众多进行帆船运动的当地人的活动。

女王大学

　　女王大学（Queens University）是安大略省颇有名气的大学之一，其校园环境非常惹人喜爱，建筑典雅精美，十分注重教学，学校规模不大，常年拥有学子人数约2万人，但是有加拿大一流的商学院和医学院；理工科中的工程物理专业为加拿大第一，该专业在北美也仅次于美国的常青藤大学普林斯顿大学和康乃尔大学而排名第三。女王大学在学术上一直保持着很高的水准，与多伦多大学和麦吉尔大学并称"加拿大的常春藤盟校"。

旅游资讯

地址：99 University Avenue，Kingston
交通：乘坐公交车1、2路至Bader Lane（west side of University）站下车即可
网址：www.queensu.ca
电话：0613-5332000

旅友点赞

　　女王大学的建筑很多都是石灰岩质的，外观看起来非常圣洁，商学院是女王大学的一张王牌，而人文、艺术、教育、法律等也都非常有名。很多人都喜欢这个学校的幽静，校园里面没有太多行人，一般学子们都在图书馆或者教室学习，这样的环境，即便是对学习不感兴趣的人也会因为喜欢而爱上学习吧。

专题 枫叶走廊自驾游

加拿大的枫叶走廊（Maple Route）被喻为"不用花钱的赏枫胜地"，它起源于尼亚加拉（Niagara）的西端，止于魁北克市（Quebec City）的东端，被杰克·卡尔迪埃首次发现后，大量来自于欧洲的冒险家与移民开始沿着这条水路拓荒开发，因此枫叶走廊被称作"传承之路"。枫叶走廊沿岸生长着千年来生生不息的枫树林。

看见枫树，很多人心里都飘过淡淡的离别愁绪，比如王实甫的《西厢记·长亭送别》中，一句"晓来谁染霜林醉，总是离人泪"，道尽了崔莺莺因张生即将远离而无限感伤的心境；白居易的《琵琶行》"浔阳江头夜送客，枫叶荻花秋瑟瑟"，也表达了送别友人的依依惜别之情。其实枫叶也可以象征坚毅，更可表达对往事的回忆、人生的沉淀、情感的永恒及岁月的轮回等感情。

枫树有很多作用，除了红色的枫叶可供观赏外，枫树的木材还用于建筑材料或器具材料、乐器材料、雕塑材料等。在我国，"枫叶黑糯饭"是将枫叶作为烹饪材料制出美食的典型代表，主要在贵州省荔波县能够品尝到，这种饭透着枫树叶的清香气息，

口感软糯、味道甘美，是很有名的养生食品；在世界范围内，特定品种的枫树树汁可以用来熬制糖浆，本书此处介绍大名鼎鼎的加拿大枫树。

加拿大枫树（Aceracede，又名糖械树）是产枫糖最主要的树种之一。每年春季（3月初开始）都是采收枫树汁的时节，持续约1.5个月，很多游客专程到农庄等地观赏采枫树汁和熬制枫糖的过程，顺便带回家新鲜的枫糖；采收枫树汁的这段时间，加拿大各地还会举办欢庆的"枫糖节"，供人民尽情品尝枫糖的甘美滋味。

枫糖除用于烹饪调味外，亦可用作制甜食、糖果等，因其独具风味，而成为枫糖爱好者生活中不可缺少的食品。烹饪枫糖最有名的做法是涂在煎饼及鸡蛋饼上，增强食物口感；还广泛用于制作械糖奶油、械糖蛋糕、饼干、烤豆子、冰淇淋、烤火腿、糖霜、糖渍马铃薯以及烤苹果等美食。

说这么多，喜欢自驾的游客对于自驾观赏枫叶、顺道拐进农庄参观、购买枫糖产品等活动充满期待；但在准备自驾之前，准备好齐全的驱车物品并了解驾驶路线尤为重要。

FG 约 126 千米，
驾车约 1 小时 14 分钟

魁北克市
Quebec City

三河城
Trois-Rivières

Temiskaming
Shores

Réserve faunique
La Vérendrye

Parc national du
Mont-Tremblant

ZEC Pontiac

莱维
Lévis

G

F

DE 约 200 千米，
驾车约 2 小时 1 分钟

Réserve
Faunique
Mastigouche

维多利亚维尔
Victoriáville

诺斯贝
North Bay

CD 约 197 千米，
驾车约 1 小时 57 分钟

渥太华
Ottawa

德拉蒙德维尔
Drummondville

阿尔冈金
省立公园
Algonquin
Provincial Park

彭布罗克
Pembroke

D

E

EF 约 138 千米，
驾车约 1 小时 30 分钟

Huntsville

珀斯
Perth

康沃尔
Cornwall

蒙特利尔
Montreal

梅戈格 科蒂库克
Magog Coaticook

BC 约 262 千米，
驾车约 2 小时 38 分钟

金斯顿
Kingston

Plattsburgh

伯灵顿
Burlington

巴里
Barre

多伦多
Toronto

彼得伯勒
Peterborough

布罗克维尔
Brockville

White Mountain
National Forest

B

C

沃特敦
Watertown

拉特兰
Rutland

Prince
Edward

AB 约 130 千米，
驾车约 1 小时 20 分钟

Queensbury

A

尼亚加拉大瀑布
Niagara Falls

康科德市
Concord

Buffalo

杰尼瓦
Geneva

奥本
Auburn

吴蒂卡
Utica

斯克内
克塔迪
Schenectady

曼彻斯特
Manchester

科特兰
Cortland

奥尔巴尼
Albany

伊萨卡
Ithaca

▲ 枫叶走廊自驾路线示意图

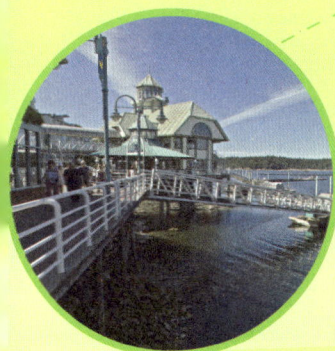

Part 2

落基山脉
一周游

Part 2 落基山脉一周游

落基山脉印象

★★★ **奇特的气候**

　　落基山脉气候非常有特点，可以用"奇特"这个词形容。这种奇特体现在，在同一天里，常常会遇到下雨、下雪、冰雹、晴天、阴天、刮风等三种以上不同的天气组合，这样的气候即使放在世界范围内也是很少见的。旅游期间，游客都会为突变的天气大惊小怪，而落基山脉当地的人们则处变不惊。这样鲜明的对比，也是旅途中的趣事。当然，天气突然变冷或降雨降雪，会带给游人诸多不便，所以出行前一定要关注天气预报，带上保暖衣物和防雨用品。

运动乐园

加拿大人大多喜爱运动，而落基山脉周边的居民则热爱运动，他们对于运动的热情可谓是风雨无阻。落基山脉的气候也非常适合运动，这里没有强烈的紫外线，温度也不过高，空气清新，环境优美。如果在旅途中增加富有生活气息的运动项目，也不失为养生的乐趣：到一望无际的草坪上打场高尔夫球，数数自己用多少杆可以进球；到碧水蓝

天间的冰原路上骑车远行，吐纳新鲜空气……这些运动都能让你充分地放松身体、排除毒素。

加拿大的"小英国"

落基山脉周边的维多利亚是加拿大西部最古老的城市，素有"小英国"之称。它拥有大量英式的知名建筑，吸引着众多游客前来参观。城市里弥漫着浓郁的英国气息，而景区身着英式古典服饰的优雅女士则是让游客驻足的最根本原因。在维多利亚，悠闲地品下午茶，在茶香萦绕中欣赏窗外美景，听女主人讲述养花经，拿起工具学做园艺……很多游客都陶醉在这样端庄优雅的英式小资生活中。

生活乐园

如果有机会在落基山脉拜访友人，你一定会发现他们的生活节奏很舒适，让人非常羡慕。无论是工作还是生活，他们都不愿意去透支自己的时间，相反，他们更讲究生活的质量。大多数人都爱好音乐，很多人会摆弄一样甚至多样乐器；运动对他们来说像吃饭睡觉一样平常，家里与运动相关的保护设备也琳琅满目。落基山脉人们的业余生活被各种有趣的事情填充，这里就是一个生活乐园。

推荐行程

A 温哥华 约780千米 **B** 班夫 约870千米 **C** 维多利亚

Wells Gray
Provincial Park

幽鹤国家公园
Yoho National Park

TS'yf-os
Provincial Park

AB约780千米，
自驾或长途巴士约9小时；
火车约34小时

雷夫尔斯托克
Revelstoke

班夫国家
公园
Banff
National
Park

坎卢普斯
Kamloops

冰川国家
公园
Glacier
National
Park

温哥华
Vancouver

弗农
Vernon

Garibaldi
Provincial
Park

Stein Valley
Niaka Pamux
Heritage Park

梅里特
Merrit

Kelowna

班夫
Banff

萨默兰
Summerland

金伯利
Kimberley

霍普
Hope

BC约870千米，
自驾或长途巴士约11小时；
火车约38小时

克兰布鲁克
Cranbrook

普林斯顿
Princeton

克雷斯顿
Creston

邓肯
Duncan

贝灵汉
Bellingham

奥索尤斯
Osoyoos

特雷尔
Trail

维多利亚
Victoria

Colville
National Forest

桑德波因特
Sandpoint

奥林匹克国家公园
Olympic National
Park

Mt Baker-Snoqualmie
National Forest

美国

科达伦国家公园
Coeur D'Alene
National Forest

西雅图
Seattle

贝尔维尤
Bellevue

韦纳奇
Wenatchee

斯波坎
Spokane

交通方式对比

路线	交通方式	优点	缺点	运行时间	单程费用
温哥华—班夫	长途巴士	票价便宜，直达目的地	班车可能晚点，可能没座	13~16小时	单程约138加元
	火车	沿途观景很美妙	速度慢，时间长	35~55小时	单程1080~1190加元
班夫—维多利亚	长途汽车+飞机	速度快，舒适	需乘坐长途汽车从卡尔加里中转	约2小时+1.5小时	单程约60加元+176加元
	灰狗巴士	票价比上一种便宜点	运行时间长，每天班车次数少	17.5~21小时	单程约164加元

最佳季节

在落基山脉旅游，除了春初和秋末的3个月份，其他的月份都是适合游玩的最佳季节。4～5月的春初，草木枯荣、冰雪消退，一望无际都是荒原，没有太多吸引人的景点可以游玩；11月的秋末，天气恶劣、变化无常，稀薄的降雪还不足以撑起溜冰滑雪的重任。所以4月、5月和11月不适宜到落基山脉游玩。

6～8月，落基山脉的气温最温和，即便是较为寒冷的班夫镇，气温都在20度左右，非常舒适；各国家公园里的各种设施都开放或延长开放时间，供游玩的时间很充裕。如果既想要享受温和天气、美丽景色，又想要舒适地旅行，可以在时间节点上前来，比如5月最后1周或者6月前两周，这时泡在温泉中观看周边美景，既养生又惬意。

9月中旬至10月上旬，假期已过，大多数游客都离开了景区，房价能下降30%～50%，降雨较少、秋高气爽，实在是旅游最好的时节了。虽然气温稍微低一些，不过山上的积雪明显增多，所以像梦莲湖的十峰峡以及冰原大道等地都会比夏天更加漂亮；而落基山的山谷里到处都是金灿灿的白桦（Aspen Tree）与金钱松（Larch Tree），落叶五彩缤纷，景色绚丽。这段时间也是观看麋鹿最佳时节。

12月至次年3月，这是落基山脉的冬季，山上冰天雪地、粉雕玉琢，成为滑雪爱好者的天堂。尽管这时天气严寒，却抵挡不了运动的热情。大量德国人、日本人、澳大利亚人等对滑雪格外爱好的国际友人，还专程在这段时间前来度假。

Tips

由于班夫国家公园及其周边的各公园有大量的野生动物，而最佳旅游季节期间也是它们活动的高峰期，所以一定要注意保持安全距离。

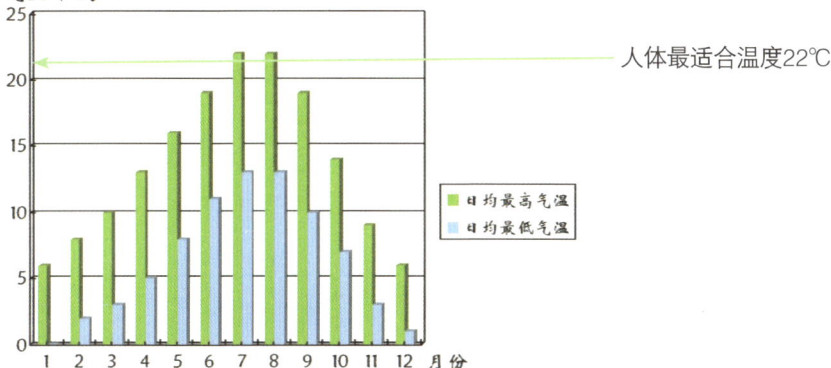

▲ 温哥华全年日均气温变化示意图

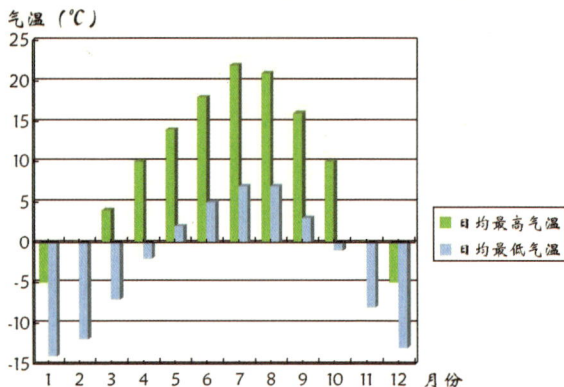

▲ 班夫全年日均气温变化示意图

最佳季节所需衣物

落基山脉属于加拿大比较寒冷的地区，这里早晚温差很大、四季分明、降水较少，所以一定要注意保暖，并且要多喝水。由于适合游玩的月份较多、温度跨度很大，每个季节所需要携带的物品都不尽相同，冬季一般需要保暖衣、羽绒服，租借滑雪设备等；夏季需要长袖衣衫、帐篷、防蚊水等；秋季需要较为厚实的衣物，和能够消暑解燥的药物或者保养品。

落基山脉最佳季节所需衣物								
衣物种类	1月	2月	3月	6月	7月	8月	9月	10月	12月
羽绒服	√	√	—	—	—	—	—	—	√
厚外套	√	√	√	—	—	—	—	—	√
保暖衣	√	√	√	—	—	—	—	—	√
手套帽子	√	√	√	—	—	—	—	—	√
薄毛衣	—	—	—	√	—	—	√	√	—
风衣	—	—	—	√	√	√	√	√	—
单层套装	—	—	—	√	√	√	√	√	—
牛仔衫裤	—	—	—	√	√	√	√	√	—
T恤裙装	—	—	—	√	√	√	√	√	—
泳装墨镜	—	—	—	√	√	√	√	√	—
帐篷	—	—	—	√	√	√	√	√	—
防蚊水	—	—	—	√	√	√	√	—	—

落基山脉路线：温哥华—班夫—维多利亚6天6夜游

6天6夜的落基山脉路线			
城市	日期		每日安排
温哥华	Day 1	上午	加拿大广场→温哥华美术馆
		下午	固兰湖岛→温哥华博物馆
	Day 2	上午	伊丽莎白女王公园
		下午	斯坦利公园→温哥华水族馆
班夫	Day 3	上午	平原印第安人勒克斯顿博物馆
		下午	怀特博物馆→洞穴与盆地国家历史古迹
	Day 4	上午	班夫温泉城堡酒店
		下午	弓谷公园大道→露易丝湖→弓湖
	Day 5	上午	冰原大道
		下午	阿萨巴斯卡冰川
维多利亚	Day 6	上午	皇家哥伦比亚博物馆
		下午	布查德花园→维多利亚大学

到达温哥华

温哥华是加拿大西海岸最大的工商、金融、科技和文化中心，也是世界公认最适宜居住的城市之一。温哥华三面环山，一面傍海，处于和中国黑龙江省相近的高纬度位置，却因为南面有太平洋季风和暖流的呵护，东北部有落基山脉的屏障，所以终年气候温和湿润，冬季不常降雪，港口不会结冰，是众多喜爱旅游的人最向往的城市。温哥华也是北美继洛杉矶和纽约后第三大制片中心，有"北方好莱坞"（Hollywood North）之称，影视剧《别了，温哥华》使这座城市名气更甚。

通航城市

中国的很多城市都有往返于温哥华的航班，以北京和上海的直达航班为主，其他城市飞往温哥华的航班大都要先到北京或者上海，再转乘固定航班到达。北京时间比温哥华时间早16小时，但是无论时差是多少，如果你只有7天的假期，往返于中国与加拿大之间的直达航班航行时间需要10小时以上，这不包括中转航班的机场等待时间或者办理手续的时间。所以提前了解航班信息，并巧妙安排行程，能够让自己有更多时间去游玩景点。

从中国飞往温哥华的航班

负责中国各大城市至温哥华的航班运营的国内航空公司主要有中国国际航空公司、中国东方航空公司、中国南方航空公司等，这些航空公司官网都是中文页面，机票价格比起国际廉价航空公司的贵不了太多，是大多数旅友订票的首选航空公司。

下面的表格能够让你了解相关航班信息，并借此规划行程。需要注意的是，表格内显示的出航时间随着航空公司的实际运营需要会有变化，这里仅供参考，请以订票的时间为准。

中国飞往温哥华的航班				
航空公司	航空公司电话	出发城市	单程所需时间	出航信息
中国国际航空 www.airchina.com	中国客服电话 0086-95583 北美客服电话 001-800-8828122	北京	直达约10小时	每天大约有3趟航班，出航时间为13:00、15:50和16:05，通常7~8月单程票价约11000元人民币；9月后约5000元人民币的单程票
		上海	直达约11小时	每天有1趟直达航班，由加拿大航空公司承运，出航时间为15:55，其他航班大多从北京中转
		广州	中转加上等待时间16.5~38小时	需要从北京中转，广州到北京的航班很多，同时要注意尽量在两个航班之间多留一些时间，以免航班延误造成不便
		深圳	中转加上等待时间15~38小时	目前的航班基本从北京中转，深圳到北京的航班很多，如果假期很长，或者想顺便在北京玩一天，可以考虑隔天机票

航空公司	航空公司电话	出发城市	单程所需时间	出航信息
中国南方航空公司www.csair.com/cn	从国内拨打4006695539-1-2 从海外拨打+86 4008695539-1-4	北京	中转加上等待时间18~39小时	基本都要从广州中转，北京到广州的航班每天很多，时间紧的话不要订隔天的机票
		上海	中转加上等待时间16~32小时	基本要从广州中转，上海到广州的航班较少，合理安排时间
		广州	直达约12小时	每天基本1趟航班，出航时间为14:00

如何到市区

温哥华国际机场（Vancouver International Airport）是北美洲最有名气的机场之一，位于温哥华市区西南方，距市区约15千米，游客可在机场的航班到达楼层寻找旅游咨询中心，在这里可以查询各类信息，甚至能领取免费地图。

温哥华国际机场

温哥华国际机场的国际航班到达层为双层结构，玻璃结构和通风楼层，使得整个机场显得轻松明快，充满现代化气息；而从国际航班到达层前往边境海关的通道里，摆置着供游人观赏的图腾雕塑，鲜艳的色彩和古朴的气息，都给路过的游客美妙的心情。

地址：3211 Grant McConachie Way Richmond

网址：www.yvr.ca

电话：0604-2077077

从温哥华国际机场到市区的主要交通方式是机场巴士、城市公交车、出租车等。游客可以根据下面的表格选择最适合自己的交通方式。

温哥华国际机场到市区的交通			
交通工具	单程时间	费用	班次情况
机场巴士	约50分钟	成人票单程约14加元，往返约20加元	有3条线路，建议看准，乘坐有目的站点的路线；一般15~30分钟一班。官网www.yvrairporter.com
城市公交车	约1小时	单程约2加元	从机场米勒路上的机场公交车站乘坐N10路公交车，可以到市区。官网www.translink.ca
出租车	约30分钟	单程约30加元	普通出租车最多可乘坐5人，豪华型的出租车车费约42加元，可乘坐6~8人；乘车点在国际航班、国内航班到达层不远处

143

温哥华2日行程

　　温哥华有很多充满历史气息的景点，比如唐人街、蒸汽钟等，它们都向游人讲述着温哥华工业和商业的发展历史。温哥华有不少崇尚艺术气息的美术馆，带给热爱文艺的游客全新的艺术视角。另外，温哥华还有适合养生放松的斯坦利公园，用清新自然的美景带给游客惬意的心情。

Day 1　加拿大广场→温哥华美术馆→固兰湖岛→温哥华博物馆

　　在温哥华的第1天，先到加拿大广场欣赏海景、逛街、拍照，再到温哥华美术馆了解温哥华的艺术史，中午可以品尝温哥华口味的寿司，下午到固兰湖岛享受逛文艺街区的趣味、买点特产作为纪念品，最后前往温哥华博物馆，了解加拿大原住民的生活和艺术发展。

温哥华第1天行程		
时间	目的地	行程安排
9:00～10:00	加拿大广场	在著名的"游轮"式建筑群周围欣赏海景，逛逛街，看场电影，十分惬意，如果对这些都不感兴趣，就跟建筑合个影
10:00～12:00	温哥华美术馆	该美术馆是希腊式建筑，共有4层，展出大量特有的展品
12:00～13:00	光宇日式铁板烧餐厅	这不是寿司餐厅，能够提供满足中国人口味的美食；环境良好，食材新鲜，服务优良
13:00～15:00	固兰湖岛	富有文艺气息的半岛，非常适合在此休闲度假
15:00～17:00	温哥华博物馆	展出大量原住民艺术品，建筑本身很有特色，周围还有很多其他类型的博物馆

西尔维娅酒店
Sylvia

帝国地标酒店
Empire Landmark

W Pender St

本托尔1座
Bentall
Tower 1

A

AB约1.4千米，
步行约20分钟，
乘车约2分钟

英吉利湾海滩
English
Bay Beach

Denman St

Pendrell St

Davie St

伯拉德站
Burrard

Howe St

加拿大广场
Canada Place

温哥华美术馆
Vancouver
Art Gallery

B

Burrard St

Beach Ave

尼尔森公园
Nelson Park

Nelson St

Seymour St

W Georgia St

温哥华博物馆
Museum of
Vancouver

BC约3.5千米，
乘车约6分钟

Davie St

Burrard St

Howe St

时尚大剧院
Vogue Theatre

Smithe St

卑诗体育馆
BC Place Stadium

日落海滩公园
Sunset Beach Park

Beach Ave

Hanwood St

Seymour St

Nelson St

凡尼尔公园
Vanier Park

D

Burrard St

Burrard St

Beach Ave

Granville St

Davie St

库珀公园
Coopers Park

CD约1.7千米，
乘车约3分钟

Granville Bridge

Pacific St

Pacific Blvd

乔治葡萄酒
产地公园
George
Wainborn Park

林思齐公园
David
Lam Park

合页公园/
生态岛
Hinge Park/
Habitat Island

C

萨克利夫公园
Sutcliffe Park

固兰湖岛
Granville
Island

查尔森公园
Charleson Park

Cambie St

W 4th Ave

威环公园
Granville
Loop Park

Burrard St

▲ 温哥华第1天行程路线示意图

加拿大广场

加拿大广场（Canada Place）是温哥华的地标性建筑之一，曾是温哥华万国博览会的加拿大馆所在地。广场上的中心建筑群看起来像是一个巨大的游轮，其顶部有五组用玻璃纤维制成的"白帆"，非常醒目。从远处望见这个建筑群，会让人想起著名的悉尼歌剧院。建筑群包括温哥华议会中心、泛太平洋酒店、温哥华世贸中心、以及全球首座永久性IMAX 3D影院，功能齐全；内部还有供购物娱乐的场所，是很多来到温哥华的游客必游之处。

旅游资讯

地址：999 Canada Place

交通：乘坐135、160路公交车至EB w Hastings St NS Hornby St站下车，向东北方向步行约200米即可

网址：www.canadaplace.ca

票价：无需门票；有演出的日子，需要演出门票

电话：0604-6659000

旅友点赞

　　广场上还有奥运火炬，在这里留念是很多游客最喜欢的事情。偶尔能够在广场上遇见英姿飒爽的骑警，他们会和善地向游客微笑。广场上的视野非常好，能够远观斯坦利公园、狮门大桥、巴德拉海峡和绍亚群山等，还能看海鸥、欣赏水上飞机等。影院的环境非常棒，巨大的屏幕足有10多米高，看一场超高速影像展示，非常享受，有身临其境的感觉。另外，广场上的美食街有很多海鲜。

温哥华美术馆

　　温哥华美术馆（Vancouver Art Gallery）是一座希腊神殿式的古典建筑，属于温哥华的著名历史古迹之一，位于温哥华市中心，交通便利、周边生活设施齐全，是旅游的中心地段。温哥华美术馆馆内除了展出绘画作品之外，还展出摄影、雕塑、平面造型艺术等各方面的优秀作品以及公共艺术作品。而美术馆建筑本身，实际上也是一件非凡的艺术品。

旅游资讯

地址：750 Hornby Street Robson Square

交通：乘坐公交车4、6路等，在SB Howe St FS w Georgia St站下车，向西南方向步行20米

网址：www.vanartgallery.bc.ca

票价：成年人约20加元

开放时间：10:00～17:00，周二开放至21:00

电话：0604-6624700

旅友点赞

　　美术馆共4层，二楼通常举办大型的各地画作展览，三楼是温哥华著名本土艺术家艾蜜莉卡尔（Emily Carr，已故）的藏品展，四楼的艺廊由弯曲的通道相连。在温哥华美术馆（温哥华法院旧址）可以欣赏到以往法院的天花板、圆拱顶、壁雕等精美图案。美术馆门外也是重要聚会的举办处，例如八月街头艺术表演、12月圣诞马车巡游都以此为起点。美术馆外墙顶上装饰着4艘缩小的船模型，这是非常值得欣赏的公共艺术作品，很多游人都会与此留念。

温哥华的华人餐厅消费很高，味道却不算特别出众，若不习惯吃牛排沙拉可到亚洲餐厅或者日式餐厅去就餐，这样多少能改善一下口味。在温哥华美术馆周边有很多餐厅，你可以根据自己的喜好选择美食地点。

光宇日式铁板烧餐厅

光宇日式铁板烧餐厅（Gyu Japanese Teppanyaki Restaurant）能够提供米饭、鱼等相对合口味的食物，属于旧式日本家庭烹饪，不是寿司店。通常其正餐分为9道菜，分别为沙拉、蟹酱、龙虾尾、大虾、半块鱼、牛排、炒饭、蔬菜、冰淇淋，品种齐全，每样菜的量不多，但食材非常新鲜，更显精致。服务很好，饮品和酱汁无限供应，环境很舒适。中午会有便当盒，花销较少，营养搭配很好。

地址：755 Burrard Street
交通：从温哥华美术馆向西北步行约100米可到
网址：www.gyukingteppanyaki.com
人均消费：约50加元，小费约5加元每人；如果提前购买优惠券，人均消费25加元
电话：0604-6887050

固兰湖岛

旅游资讯

地址：1661 Duranleau Street
交通：从温哥华美术馆附近乘坐C21路等公交车，在EB Pacific St FS Howe St站下车，沿着固兰湖桥（Granville Bridge）向西步行约400米即到岛上
网址：www.granvilleisland.com
电话：0604-6666655

旅友点赞

这里可以算是孩子的乐园，大人悠闲地坐在码头边的椅子上喂鸽子、晒太阳，小朋友们和宠物们满地欢跑。艺术家们陶醉在自己的创作中，唱歌的一展歌喉，绘画的聚精会神。在这个岛上散散步，真是太舒适了。这里现在有很多艺术展区，让人眼花缭乱的画廊、手工艺品店、造形艺术（包括陶瓷、玻璃、编织、彩绘、纸艺、首饰、印染）等，如果喜欢的话，可以收入囊中。

固兰湖岛（Granville Island）和温哥华市区隔着福溪（False Creek），是温哥华著名的小型半岛，拥有浓郁的文化气息，留有一座混凝土工厂和一座机械工厂，气氛与上海新天地或者北京798艺术广场类似，是很多游客都会专程参观的地方。固兰湖岛上独具恬静的气质，让人觉得舒适。岛上聚集了大量餐厅、酒廊、戏院、画廊、商店等，是集商业、文化、休闲于一身的城市绿洲。

温哥华博物馆

温哥华博物馆（Museum of Vancouver）是加拿大最大的市政博物馆，位于凡尼尔公园（Vanier Park）里，附近还有其他博物馆及行政机构。周围环境优雅，建筑很独特，屋顶造型像是原住民编制的竹帽，内部装修独特，给很多游人留下了深刻的印象。博物馆里面陈列的展品主要与加拿大本土文化相关，所以在这里可以从文化角度了解加拿大。

旅游资讯

地址：1100 Chestnut Street
交通：从固兰湖岛过来，一直向西北步行，走到Chestnut Street上，向北走到路的尽头即到
网址：www.museumofvancouver.ca
票价：成年人约12加元
开放时间：周二至周日10:00～17:00，周四延长开放至20:00；周一休息
电话：0604-7364431

旅友点赞

温哥华博物馆周边还有温哥华海洋博物馆（Vancouver Maritime Museum）、H.R.麦克米兰太空中心（H.R. MacMillan Space Centre）等。博物馆入口有个喷泉，前面雄踞着一只巨大钢制螃蟹，被认为是海口的守护神。晚上及周末这里经常举办演讲、研讨会或音乐会，也有专为儿童设计的科学、艺术或历史活动。

晚上在哪儿 **玩**

温哥华的娱乐活动丰富多彩。傍晚来临，喜欢户外运动的游客可以在海堤、海滩或森林小径欣赏沿途风光、或在鸟类保护区或公园内观赏不同品种的雀鸟。喜欢水上活动的游客可以趁着天还未黑，找一个观鲸团或者皮筏漂流团等。当然，比起这些来，更有趣的活动是到H.R.麦克米兰太空中心体验与星空有关的活动，那如梦如幻的场景，会让平凡的夜晚变得格外有趣。

H.R.麦克米兰太空中心

在H.R.麦克米兰太空中心可以体验不列颠哥伦比亚省首个模拟飞行装置，还可以在行星馆（Planetarium）、GSC剧场（GSC theatres）或宇宙园（Cosmic Courtyard）中观看精彩的多媒体表演。

地址：1100 Chestnut Street
交通：从温哥华博物馆出来，向东步行10多米即到
网址：www.spacecentre.ca
票价：以成年人为例，白天约18加元；夜间约13加元
开放时间：白天场，每天10:00～17:00；夜间场，周五至周六，天文秀19:30～21:00，天文台20:00～24:00
电话：0604-7387827

Day 2

伊丽莎白女王公园→斯坦利公园→温哥华水族馆

在温哥华的第2天，到著名的斯坦利公园去享受天然氧吧带给身心的愉悦，这个公园附近也有不少娱乐项目。如果想要行程紧凑一点，可以在当天适当安排沿途参观少量景点。

时间	目的地	行程安排
9:00～12:00	伊丽莎白女王公园	在女王公园闲庭信步，欣赏美景，寻找伊丽莎白二世女王亲手栽种的橡树，旁观当地家庭的休闲生活
12:00～13:30	温哥华百福海鲜酒家	这是一个有各种口味中餐的美食广场，在这里不仅能找到中式传统美食，还能品尝加拿大帝王蟹的鲜美味道
13:30～15:30	斯坦利公园	富有名气而好玩的当地公园，人气非常高
15:30～17:00	温哥华水族馆	展出北极动物、亚马逊的各种动植物等

温哥华水族馆 Vancouver Aquarium

北温哥华 North Vancouver

Main St

CD约0.9千米，步行约15分钟

温哥华港 Vancouver Harbour

温哥华百福海鲜酒家 Fortune City Seafood Restaurant

BC约8.4千米，乘车约12分钟

英吉利湾 English Bay

斯坦利公园 Stanley Park

E Hastings St

黑斯廷斯公园 Hastings Park

凡尼尔公园 Vanier Park

Prior St

Howe St

Seymour St

Granville Bridge

Terminal Ave

Grandview Woodland

约翰·亨德利公园 John Hendry Park

Main St

温哥华 Vancouver

Arbutus Ridge

Kingsway

Trans Canada Hwy

Boundary Rd

W King Edward Ave

伊丽莎白女王公园 Queen Elizabeth Park

E 33rd Ave

Kingsway

AB约8.3千米，乘车约12分钟

▲ 温哥华第2天行程路线示意图

149

伊丽莎白女王公园

伊丽莎白女王公园（Queen Elizabeth Park，简称QE Park）位于加拿大温哥华的市区地理最高点，是为了纪念伊丽莎白二世女王来此参观而命名。公园内有棵女王亲手种下的橡树，一直是游人观赏和合影的重要景点。每年到这个公园游玩的人数达600万之多，是温哥华继斯坦利公园后年度游人数目第二多的公园。公园风景优美、空气清新，娱乐设施齐全，非常适合度假期间修养身心。

旅游资讯

地址：4600 Cambie Street

交通：乘坐33路等公交车，在EB Midlothian Av FS Clancy Loranger Way站下车，即在公园内

网址：www.vancouver.ca

票价：公园无门票；布罗代尔温室的门票，成年人约需7加元

开放时间：夏季周一至周五9:00~20:00；周末10:00~21:00，冬季10:00~17:00；布罗代尔温室9:00~20:00

电话：0604-8737000

旅友点赞

女王公园里面最值得称赞的是布罗代尔温室（Bloedel Conservator），温室外观呈球形，在这里可以一边观赏植物、鸟类，一边了解关于大自然的有趣知识。除此之外，公园的环境十分优雅，草坪被修剪得整整齐齐，散发着淡淡的青草香气，开满了无名黄白的小花，星星点点地点缀着花园；密林丛生，色彩斑驳，环境清幽，空气里飘荡着自然的香气。在这样的环境下，打场球、聚个餐、心情极其舒畅。

中午在哪儿吃

伊丽莎白女王公园周边有很多美食地，不过如果要专门寻找提供中餐的地方还真是不容易，在距离公园东边约8千米的地方有个"百福海鲜酒家"久负盛名，菜品繁多、价格适中，适合尝鲜。

温哥华百福海鲜酒家

温哥华百福海鲜酒家（Fortune City Seafood Restaurant）经营各式各样的中式美食，最受欢迎的莫过于烧麦、包子、春饼、各式炒菜。这里还是金秋时节品尝帝王蟹最好的餐厅。除此以外，这里还有烤鸭，喜欢美食的游客可以品鉴一下是否可口。

地址：2800 East 1st Avenue
交通：乘坐33路公交车，在WB E 33 Av FS Knight St站下车；换坐22路公交车，在SB Clark Dr FS E Broadway站下车，向东北步行约50米；换乘9路等公交车，在EB E Broadway FS Renfrew St站下车，向北步行约50米，过马路；换乘16路公交车，在SB Renfrew St FS E 1 Av站下车，即到
网址：www.chinesebites.com
电话：0604-2550008

斯坦利公园

斯坦利公园（Stanley Park）也译为史丹利公园，是温哥华最负盛名的公园，也是北美最大的城市公园之一。此公园连接温哥华市中心的一个半岛，岛上覆盖着大片的原始森林，很多树树龄都超过百年，给人古木参天的感觉；三面环海，据说曾经是沿海原始居民的部落所在地；公园中的湖泊上，有绿头鸭和优雅的天鹅在嬉戏，岸边人们悠闲的状态，让游客羡慕不已。

旅游资讯

地址：Stanley Park,Vancouver
交通：乘坐公交车19、240、241、242、246路至EB w Georgia St NS Gilford St站下车后步行前往即可

旅友点赞

斯坦利公园的亮点是公园东侧广场上的7根图腾柱，它们由原住民制作；站在公园的山坡上，可以眺望太平洋上的"狮门铁桥"（Lions Gate Bridge）、海上的白色帆船。公园内不仅有美丽的灌木、柏树和西洋杉组成的自然美景；还有很多著名旅游景点，如水上乐园、玫瑰园、水族馆、图腾公园、美人鱼雕塑和动物园等，最美妙的游玩方式是骑着自行车沿着海滨小道缓缓地逛。

温哥华水族馆

温哥华水族馆（Vancouver Aquarium）是加拿大最有名的水族馆，这里蓄养的海洋生物超过7000种，包括北极的海洋生物、亚玛逊森林的鸟类、鳄鱼、植物等，甚至有各种形态让人惊叹的珍奇动物。最值得观看的是白鲸，它堪称温哥华水族馆的动物明星，其悠闲的生活和娇俏可爱的模样引得游人为之驻足。

旅游资讯

地址：845 Avison Way
交通：乘坐公交车19、135路至终点站下车即可
网址：www.vanaqua.org
票价：成年人约25加元
开放时间：10:00～17:00，法定假期（如周末）9:30～18:00
电话：0604-6593474

旅友点赞

水族馆里，有大丛张扬的珊瑚礁，美丽的颜色吸引鱼儿在它周围畅游；热带鱼世界里，各种鲜艳的鱼儿或成群结队游，或兀自悠然闲逛；海葵招展，触手一伸一缩；巨鳗捕食，引来孩子阵阵欢笑。这里还有各种热带爬虫，它们的体型很大，近距离观看甚至纤毫毕现；模样奇怪的四眼鱼，虽然貌不惊人，但是它有四个眼睛，还是让游客惊叹不已。北极馆是最受小游客喜爱的场馆，可以在这里倾听鲸鱼、海象等在北极深海交谈时所发出的声音。

晚上在哪儿玩

温哥华是个温润的城市，这里的夜生活是白天愉快旅程的延伸。游客在夜晚可以欣赏歌舞剧、到夜场饮酒狂欢……娱乐场所的璀璨灯火，是很多游客最迷恋的风景。温哥华伊丽莎白女王剧院等是欣赏歌舞剧最好的选择。夜里的美酒、音乐表演、舞动人群可以让游客消遣夜晚无聊的时光。

温哥华伊丽莎白女王剧院

温哥华伊丽莎白女王剧院（Queen Elizabeth Theatre）于1959年7月5日正式开始营业，由英国女王伊丽莎白二世出席并命名。该剧院对于温哥华当地的现场音乐式娱乐项目的发展有深远的影响，很多公司都与它合作，举办宣传、推广等活动。伊丽莎白女王剧院每天都有著名的话剧、歌舞剧表演，2013年的"春节晚会"也是在这里举办。

地址：649 Cambie Street
交通：乘坐250、254路公交车至WB Dunsmuir St FS Cambie S站下车，向西步行约50米
网址：www.vancouver.ca
电话：0604-6653050

如果多待一天

如果能在温哥华多玩一天，就到那些想去而没时间去的景点玩一玩，在知名的美食场所尝试当地人的晚宴、具有移民风情的世界各地佳肴，去歌剧院或者夜生活区寻找乐趣。在温哥华，这些都应有尽有，让人玩多久也不嫌多。

多待一天的游玩

温哥华的景点很多，一两天时间难以玩遍，之前的行程选择的都是最著名的景点，有机会多待一天的话，可以到名气虽然不是很大，却也别有情调的景区游玩，这些景区往往游人较少，是追求独特的游客最喜欢的地方。

不列颠哥伦比亚大学

不列颠哥伦比亚大学（University of British Columbia，简称UBC）位于加拿大西部，规模浩大、治学严谨，是七名诺贝尔奖得主的诞生地。校园里环境优美，学术气氛浓厚；园内还有对公众开放的博物馆、植物园、庭园、高尔夫球场等设施。另外有一所人类学博物馆，非常值得游览。

地址：2329 West Mall
交通：乘坐公交车4、12路等，在University Loop下车，步行即可前往
网址：www.ubc.ca
电话：0604-8222211

2 煤气镇

煤气镇（Gastown）是温哥华城的发源地，以现在的视角来看，它不过是以2条横街和3条纵街组成的三角地带，可在19世纪80年代，煤气镇却是温哥华最繁荣的地区。属于那个年代的木质沙龙酒吧（Saloons）、淘金热等，持续了二三十年，使得这里既有牛仔风味的兴盛史，又有没落后的沧桑。如今，煤气镇成为人们颇为重视的文化保留区，其古老的风貌、维多利亚市建筑、铺满圆石子的街道、露天咖啡座、古董店、精品店和餐厅等，都在向游人们娓娓讲述自己的过去。

交通：乘坐3、7、8路公交车至EB w Cordova St FS Abbott St站下车即可
网址：www.gastown.org

多待一天的美食

温哥华移民众多，所以来自世界各地的人们也把自己的饮食习惯带到了温哥华。你可以品尝到法国菜、意大利菜、西班牙菜、希腊菜、墨西哥菜、中国菜、韩国菜、印度菜、马来西亚菜、越南菜、泰国菜等来自各个大洲的美味。由于温哥华拥有太平洋上丰富的海产资源，因此在温哥华品尝海鲜，也是一大乐趣。这里有各种用新鲜海产（如鲑鱼、银鳕鱼等）为主料烹制的本土菜肴。当然，如果你的旅行经费充足，就到温哥华本地的著名中式餐馆就餐，既能品尝海鲜，又能吃到家乡菜。

悦海大酒家

悦海大酒家（Victoria Chinese Restaurant）是很多游客在温哥华旅游很喜欢的中国餐厅。这里的滑蛋虾仁炒河粉，分量十足，够2~3人吃，味道正宗，价格约17加元；红烧蟹肉鸡丝金勾翅，一盘约19加元。如果同行的人不多，对于这种大盘的炒菜，可以点半份，价格会减半计算。

地址：1088 Melville St. Vancouver
交通：乘坐160、190路公交车至Burrard Stn Bay 3站下车后步行前往即可
人均消费：约20加元
电话：0604-6698383

多待一天的购物

温哥华有大量独特和有趣的土特产品，具有浓厚的本地色彩。游客可以购买枫树糖浆、枫树糖、烟熏鲑鱼或糖煮鲑鱼、不列颠哥伦比亚葡萄酒或本地的手工艺品。而温哥华原住居民风情的图腾柱雕塑、挂链、钥匙扣等，都是不错的纪念品。

朗斯代尔码头市场

朗斯代尔码头市场（Lonsdale Quay Market）是温哥华很有名气的街头市场，在这里可以淘到物美价廉的各种小物件，不论是衣服、鞋、包还是艺术品，都可以在这里找到。游客们最喜欢在这里购买印第安手工艺品、冰酒、冰川泥（美容护肤）等带回国。

地址：123 Carrie Cates Court
交通：乘坐228、231路公交车至Lonsdale Quay Bay 1站下车，向南步行约60米即可
网址：www.lonsdalequay.com
营业时间：市场9:00～19:00，零售店10:00～19:00
电话：0604-9856261

Blim工艺品中心

Blim工艺品中心不仅出售时尚流行的手工艺品，还能让顾客自己制作属于手工艺品。这里手工艺品的质量很有保障，风格非常独特，是带回国赠送亲友最好的礼品之一。

地址：115 E Pender Street
交通：乘坐公交车50路至NB Columbia St FS E Pender St站下车，向东南步行约20米即可
电话：0604-8728180

Tips

大部分温哥华商家都接受信用卡、旅行支票和美元，但不是每家商店的美元与加元的兑换汇率都合理，所以消费前最好先在银行兑换加元。

多待一天的娱乐

温哥华的娱乐项目比较多，只要你愿意，就一定能在这里找到适合自己的活动。这里除了有让人心情愉悦的户外运动项目，也有陶冶情操、增进文化艺术交流的歌舞剧表演。还有传统的唐人街、设施齐全的滑雪度假村等娱乐地点。

155

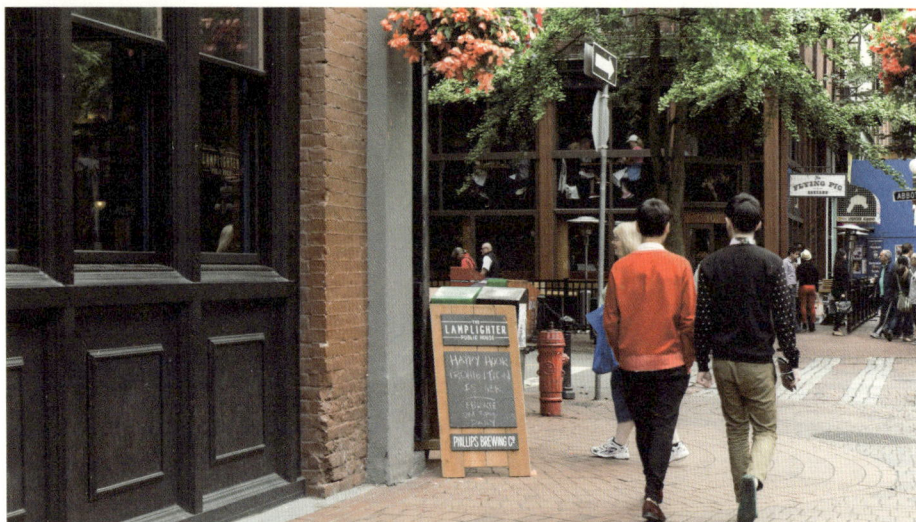

唐人街

温哥华的唐人街（Vancouver Chinatown）在北美地区赫赫有名，这里拥有迷人的东方韵味，吸引着大量游客和当地人在此活动。随处可见的中文招牌，使游人顿生"他乡遇故知"的亲切感。唐人街的入口有一座名为"千禧门"的招牌；向南走，是"中华门"的招牌，其后是中山公园。公园是典型的苏州园林式建筑，园内鸟语花香、庭院幽深，富有江南特色。

地址：Pender Street
交通：乘坐公交车22至SB Gore Av FS Keefer St站下车即可
网址：www.vancouver-chinatown.com
电话：0604-6323808

温哥华住行攻略

温哥华是加拿大现代化程度最高的城市之一，从实惠的小旅馆到五星级豪华国际观光酒店，一应俱全。在豪华酒店中，你可以在住宿之余去享受身心彻底放松的养生项目，比如做足疗、泡温泉、做SPA。温哥华的公共交通很发达，公交车路线繁多、班次密集、准时准点，所以你无需把时间浪费在等待的过程中，只要规划好了行程，出行的变数会很小。

在温哥华住宿

温哥华有各种各样的住宿方式可供选择，如果很讲究居住的品质，可以选择酒店、大型旅馆，这些地方往往生活设施齐全、服务周到细致；如果喜欢享受独特的情调，可以住到度假村，温哥华的度假村有很多主题，比如赏鲸、骑马、滑雪、潜水、登山、冲浪等，能让旅途充满情调；如果想要结交世界各地的朋友，可以住进青年旅舍或者家庭旅馆，和一起投宿的人们制作美食、分享佳肴、畅快闲聊。

1 温哥华同日背包客旅馆

温哥华同日背包客旅馆（Samesun Backpackers Lodge）距离固兰湖岛和斯坦利公园都很近。旅馆提供的客房有男女混住的8人间、4人间，以及男性4人间和女性4人间，游客可根据自己的需要选择房间。活动设施包括内部酒吧、Beaver Restaurant and Lounge餐厅、冰球门票优惠售票点（Vancouver Canuck队和Vancouver Whitecaps队）、电影室、自助洗衣店、带用餐区的厨房、商务中心、游戏室（可供玩台球）等，非常齐全。客房内配有1台平面电视、DVD播放机和1台小冰箱，也提供免费无线网络连接，提供早餐。

地址：1018 Granville Street
交通：乘坐10、50路公交车至SB Granville St FS Nelson St站下车后步行前往即可
网址：www.samesun.com
参考价格：每个床位约40加元（折合人民币约230元）
电话：0604-6828226

温哥华其他住宿地推荐			
名称	地址	电话	费用
Hyatt Regency Vancouver	655 Burrard St., Vancouver	0604-6831234	www.hyatt.com
Ramada Inn and Suites Downtown Vancouver	1221 Granville St., Vancouver	0604-6851111	www.ramadavancouver.com
Comfort Inn Downtown Vancouver	654 Nelson Street Vancouver	0604-6054333	www.choicehotels.ca
温哥华枫之都家庭旅馆	Blundell Road No.2 Road	0778-5886177	www.maplecapitalhotel.com

在温哥华出行

温哥华的道路四通八达，交通运输工具丰富，市内公共交通工具主要有公交车(Bus)、高架列车(Sky Train)、海上公交车(Sea Bus)这3种，还有提供市郊通勤服务的西岸快线(West Coast Express)。购买车票非常方便，可以在Sky Train车站的自动售票机买票，也可以在写有Fare Dealer的红、白、蓝标识的售票点买票，全市大约有400个售票点。你可以在Mac's、7-Eleven、Safeway、London Drugs等处查询最近的售票点。

Tips

温哥华的自动售票机可使用纸币、硬币、借记卡或信用卡（Visa & Master Card）来购票，还可以选择中文字幕操作，非常方便。

公交车

温哥华的公交车（Bus）线路密集，在重要景点、商业街区等都有数趟公交线路，供居住在不同方位的人们前往。公交车票便宜，单程只需要2加元左右，也可以购买回数票、日票、月票等获得更多优惠。单程票购买后在90分钟内乘坐有效；回数票相当于一次购买多张单程票，既省去找零的麻烦，又减少了一部分车费，如果整个旅行中需要多次乘坐公交车，购买回数票非常划算；日票可供一天内无限次换乘。

高架列车

高架列车（Sky Train）完全由计算机操控，从市中心的水前站（Waterfront）出发到素里（Surry），共设20个车站，全程约需39分钟，每5分钟发一班车，每个车站都设有售票机，可找零。

海上公交车

海上公交车（Sea Bus）运行于市中心水前站与北温哥华兰黛尔码头，可载客400人，约13分钟即渡过巴拉德海峡。票价约3加元，特价票约2加元。

从温哥华至班夫

从温哥华至班夫的交通工具主要是长途巴士和火车，如果热衷自驾，也可以通过驾驶小轿车到达班夫。从温哥华到班夫没有飞机，这是加拿大政府出于保护国家公园区环境而做的规定。

长途巴士

从温哥华到班夫的长途巴士主要是灰狗巴士，每天大约4个班次，到达班夫约需13～16小时，你可以选择傍晚上车，这样次日早上醒来就能看到班夫的美景了。

灰狗巴士

灰狗巴士（Greyhound）公司是北美洲很有名气的长途巴士公司。温哥华的灰狗巴士总站位于温哥华市中心，交通便利，能够很便捷地通往其他城市。

地址：1150 Station Street
交通：乘坐22路公交车，在WB Terminal Av at 300 Block站下车，向西北步行约100米可到
网址：www.greyhound.ca
票价：从温哥华到班夫，成年人约需138加元
运营时间：从温哥华到班夫每天4班，发车时间为6:30、12:30、14:15、18:00
电话：0604-6838133

Tips

鉴于灰狗巴士有时候会没有座位，班车的运行时间不准，行李很多的旅友或者带着老人、小孩出来游玩的家庭，可以坐飞机到卡尔加里，然后再换乘长途汽车。从卡尔加里国际机场出发的长途巴士有班夫机场巴士、落基山机场豪华巴士、布鲁斯特机场巴士等。

② 班夫机场巴士站

　　班夫机场巴士站（Banff Airporter Inc）位于班夫镇东北方向约1.2千米，是从卡尔加里机场发出的班夫机场巴士的终点站。从卡尔加里至班夫，单程大约2小时。

> 地址：141 Eagle Crescent Banff
> 票价：从卡尔加里机场到班夫，成年人约需59加元
> 运营时间：10:00～22:30，平均1.5小时1班，早上和晚上的班次较少，下午的班次较为密集

③ 布鲁斯特机场巴士站

　　布鲁斯特机场巴士站（Brewster Inc.）位于班夫镇西北方向约400米处，向东步行约7分钟即可到班夫大道（Banff Ave）上。巴士站西面不远处是弓河（Bow River），景色非常好，下巴士后看见这样的美景，心情也会变得非常愉快。

> 地址：100 Gopher Street
> 票价：从卡尔加里出发，成年人约需60加元

火车

　　从温哥华发出的落基山登山者号火车（The Rocky Mountaineer）是观光型火车，时速在50～90千米之间，有多种票组合供选。"One Night"的是早上从温哥华出发，经过大约35小时到达班夫，通常在坎卢普斯住宿1晚，火车票价包含了在中转城市的住宿费。登山者号火车一般分为2层，下面一层是休息区，上面一层是观景区。

　　可以登录其官方网站www.rockymountainholidays.com预订火车票，落基山登山者号

火车每年4月至10月有班车，车票价格时有波动，淡旺季的价格相差约100加元；车票根据目的地、中间站、运行时长、车厢类型等不同而有各种组合。车厢类型里最豪华的是金叶（Gold Leaf），其次为银叶（Silver Leaf），经济型车厢名称是红叶（Red Leaf）。

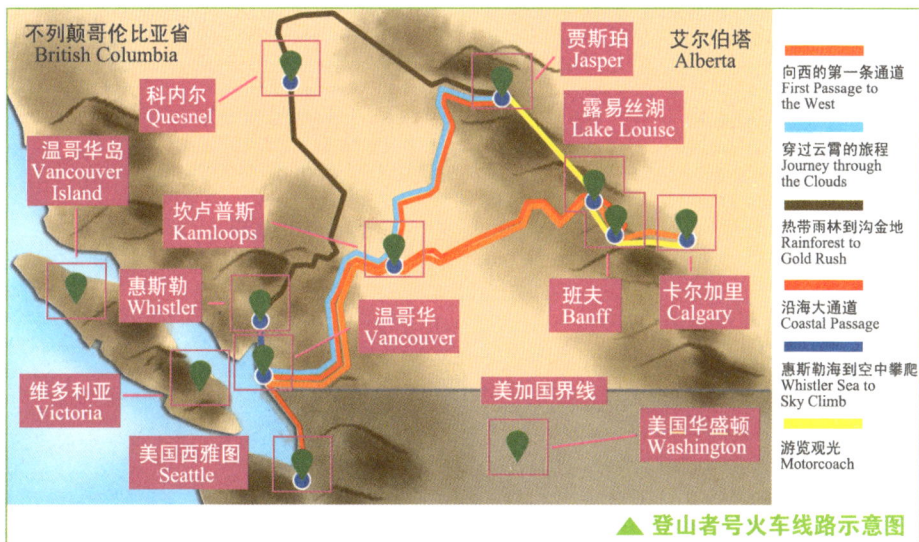

不列颠哥伦比亚省
British Columbia

贾斯珀
Jasper

艾尔伯塔
Alberta

科内尔
Quesnel

露易丝湖
Lake Louise

温哥华岛
Vancouver Island

坎卢普斯
Kamloops

惠斯勒
Whistler

温哥华
Vancouver

班夫
Banff

卡尔加里
Calgary

维多利亚
Victoria

美加国界线

美国西雅图
Seattle

美国华盛顿
Washington

向西的第一条通道
First Passage to the West

穿过云霄的旅程
Journey through the Clouds

热带雨林到沟金地
Rainforest to Gold Rush

沿海大通道
Coastal Passage

惠斯勒海到空中攀爬
Whistler Sea to Sky Climb

游览观光
Motorcoach

▲ 登山者号火车线路示意图

159

班夫国家公园

到达班夫

班夫在全球户外探险旅游目的地十佳评选排名前五，是值得前往的地方。通常所讲的"班夫"，指的是班夫小镇，它盘卧在落基山脉的脚下，是联合国教科文组织认定的世界自然与文化遗产所在地。班夫镇是班夫国家公园的一部分，景色优美，地广人稀，时而有野生动物进入视野，镇子里有很多特色的博物馆、花园、商业街、美食店，供游客悠哉地享受度假生活。

如何到市区

从班夫汽车站或者火车站到班夫镇中心都非常方便，可以选择步行，或者乘坐旅游团观光车到市区，所用的时间非常短。建议步行，沿途的风景让游客流连忘返。

从班夫汽车总站到市区

班夫汽车总站位于班夫镇市区的西北方向，距离大约1.2千米，步行约20分钟，如果走得快的话，大约15分钟即能到达；你也可以租借自行车，或者乘坐出租车、旅游团观光车等前往市区，一路上风景优美、空气清新、路人和善，还不时有小动物让人眼前一亮。

从火车站到市区

班夫的火车站（Banff Train Station）位于布鲁斯特机场巴士站的北面约80米处，占地面积不大，不过周围没被开发，所以显得很空旷，极目远眺，可见崇山峻岭、风景如画，这种感觉令人陶醉。从这里向东步行到班夫镇市区约需10分钟。

▲ 班夫主要车站分布示意图

班夫3日行程

　　班夫有很多值得探索的游玩项目，值得世界各地的游客前来体验。如果你是夏天前来，可以泡室外温泉，让身心都得到放松；也可以参加远足、攀岩、骑马、夜间探索等各种活动，增强体质的同时，丰富行程；还可以乘坐小船、直升飞机，用独特的视角欣赏国家公园群。如果你是冬天前来，可以在洋洋洒洒的雪花中泡温泉，享受冰雪两重天的乐趣；也可以参加夜间滑雪、冰上垂钓、打冰球、攀爬冰瀑等多个活动项目，唤醒冬天慵懒的身体；还可以找个富有情调的餐厅享用当地特色美食，或者身着晚礼服、精心妆扮后，参加一场正宗的西方晚宴。

Day 3 平原印第安人勒克斯顿博物馆→怀特博物馆→洞穴与盆地国家历史古迹

　　在班夫的第1天，了解当地文化是首要的事情，然后去探访班夫的历史遗迹，丰富自己的阅历，最后趁着天未黑，到班夫山顶温泉享受纯天然矿泉水浸润肌肤的美妙时光，在这样的美景下，身心也会变得纯净而质朴。

班夫第1天行程		
时间	目的地	行程安排
11:00～12:00	平原印第安人勒克斯顿博物馆	在该博物馆能发现很多当地原住民的生活用品,更加深入地了解他们的生活,博物馆的建筑本身就非常有特色
13:30～15:00	怀特博物馆	展出非常有意境的绘画作品,是当地颇具盛名的博物馆之一
15:30～17:00	洞穴与盆地国家历史古迹	含有硫磺的天然温泉,对于风湿病等非常有好处;还有非常微小的温泉蜗牛,需要用放大镜才能看得清楚

BC约1.8千米,步行约30分钟,乘车约3分钟

平原印第安人
勒克斯顿博物馆
Luxton Museum of
the Plains Indian

AB约0.5千米,步行约10分钟,乘车约2分钟

怀特博物馆
Whyte Museum of the
Canadian Rockies

洞穴与盆地
国家历史古迹
Cave and Basin
National Historic Site

CD约4.9千米,乘车约7分钟

班夫山顶温泉
Banff Upper
Hot Springs

鲍河(弓河)
Bow River

The Fairmont
Banff Springs
Golf Course

Banff Upper
Hot Springs

▲ 班夫第1天行程路线示意图

平原印第安人勒克斯顿博物馆

平原印第安人勒克斯顿博物馆（Luxton Museum of the Plains Indian）是一幢用圆木建成的建筑，由诺曼·勒斯顿（Norman Luxton）创立。从某种意义上讲，这里就是个人住宅，但是博物馆内用印地安人生活及狩猎方式进行布景造型，且整个建筑就像是大型帐篷，加上勒斯顿希望增强当地人与印安原住民之间的交流的用意，所以这里定期开放给游客参观和了解。

旅游资讯

地址：206 Beaver Street

交通：乘坐2路公交车至Wolf and Beaver站下车，沿Beaver Street向南步行约140米即可

网址：www.luxtonfoundation.org

票价：免费

开放时间：每年5月30日至9月28日11:00～15:00，若日程安排与此不符，可致电预约参观

电话：0403-7622105

旅友点赞

勒斯顿在班夫发行《The Crag and Canyon》地方报，开办班夫冬季嘉年华，自己亦与印地安女性结婚。他对促进班夫原住民文化交流和保护方面，具有极大的贡献。

中午在哪儿吃

从平原印第安人勒斯顿博物馆出来，乘坐2路公交车前往怀特博物馆的路上，会发现很多美食店，尤其以班夫大道（Banff Avenue）两侧的美食店最为有名气，口味也最受游客的欢迎。这里有咖啡馆简餐店、快餐店、正式餐厅等各种形式的就餐场所，游客可根据自己的情况选择就餐地点。

1 托尼·罗姆肋骨

地址：138 Banff Avenue

交通：乘坐1、2路公交车至Buffalo Street站下车，沿班夫大道向北步行50米，过马路即到

网址：www.tonyromas.com

电话：0403-7608540

托尼·罗姆肋骨（Tony Roma's Famous For Ribs）餐厅，在世界各地有很多家分店，最早的一家创立于20世纪70年代，距今已经有40多年历史，各家店的口味可能略有差异，但使用最新鲜的食材、利用口感最丰富的调味料、制作最香甜的糕点等老传统是该餐厅共同的经营理念。班夫的这家分店，还有非常地道的印第安人土豆。在班夫游玩，怎能错过这样味美实惠的餐厅呢？

怀特博物馆

怀特博物馆（Whyte Museum of The Canadian Rockies）是由当地艺术家凯瑟琳·罗布（Catharine Robb）和彼得·怀特（Peter Whyte）创建的，他们建立最初的目的是保存落基山脉的艺术及历史，发展到现在已有将近50年的历史，并且还在不断扩大中。该博物馆的运营依靠怀特基金会以及游客的门票，博物馆内收藏着大量的落基山文学及艺术作品，也有拓荒者居住在此留下的遗迹等。

旅游资讯

地址：Box 160，111 Bear Street

交通：乘坐公1路、2路公交车至Buffalo Street站下车，沿Buffalo Street向西步行约60米，再沿着Bear Street向北步行约80米即可

网址：www.whyte.org

票价：适当捐赠，建议2~5加元

开放时间：夏季（6月15日至9月15日）9:30~18:00，冬季（9月16日至次年6月14日）10:00~17:00

电话：0403-7622291

旅友点赞

凯瑟琳和彼得是非常相爱的夫妻，都是绘画艺术家，也都对于文化和慈善事业非常感兴趣，可谓是志同道合的楷模。凯瑟琳画作的焦点是自然光线和云气缭绕的感觉，彼得画作的优势是以蓝色、棕色和绿色等神秘色调描绘的山景，这两者的结合，使他们的画更具备"意境"之美。

洞穴与盆地国家历史古迹

洞穴与盆地国家历史古迹（Cave and Basin National Historic Site）是含有硫磺的天然温泉的遗址，也是班夫国家公园最初所在的范围。在19世纪60年代，矿工詹姆斯·赫克托意外发现了这里的温泉，使得这里逐渐变得颇有名气。正因如此，随着来此猎奇的人越来越多，总理约翰·亚历山大·麦克唐纳决定将温泉周围的26平方千米的区域设立为小保护区，这就是班夫国家公园的前身。

旅游资讯

地址：311 Cave Avenue

交通：乘坐1、2路公交车至YWCA站下车，沿Spray Ave.向西步行约1千米即可

网址：www.pc.gc.ca

票价：以成年人参观此古迹为例，单次票价约4加元，全年票价约10加元；国家历史遗迹全年票（包含加拿大77个全国古迹），成年人约需53加元；班夫国家公园全年发现通行证，成年人约需68加元；以上各种类型的门票，都有青少年优惠票和团体/家庭票

开放时间：1月1日至5月13日周三至周日12:00~16:00，5月14日至6月30日周二至周日10:00~17:00，7月1日至9月7日周日10:00~17:00，9月8日至10月12日周二至周日10:00~17:00，10月13日至次年5月周三至周日12:00~16:00；魔术冬季（Magic Winter）的开放时间是，每年2月中旬至4月初，周六12:00~22:00（具体时间以官网公布为准）

电话：0403-7621566

旅友点赞

如果有条件，建议自驾或者租借自行车前往班夫。乘坐公交车，下车后徒步也很嗨，沿途的风景会让人觉得身在仙境。在景区播放着矿工们的故事，可供游玩的主要是硫磺温泉泉眼、清湛池水下被腐蚀成多孔状的岩石，以及在池壁上缓缓蠕动的班夫温泉蜗牛。这种蜗牛非常微小，大约2～3毫米长，是世界上唯一能生长在硫磺温泉中的蜗牛，现在濒危且被列为国家级保护动物，所以"只可观赏不可亵玩"。游客特别要注意的是，这里的温泉水，不可以碰，用手指碰都不可以，因为那样会导致蜗牛生存环境的崩溃。

晚上在哪儿 玩

傍晚，如果不到热气蒸腾的温泉去解乏，实在是浪费了优良的资源。距离班夫镇最近的温泉是班夫山顶温泉，这里一年四季都可供游客使用。

班夫山顶温泉

班夫山顶温泉（Banff Upper Hot Springs）的水温约为45℃，一年四季全天24小时都开放，泉水富含矿物质和硫化氢，能有效治疗风湿病，对于改善肤质也很有帮助。

地址：1 Mountain Ave.
交通：乘坐1路公交车在Rimrock Resort Hotel站下车即到
网址：www.hotsprings.ca
电话：0403－7621515

Day 4 班夫温泉城堡酒店→弓谷公园大道→露易丝湖→弓湖

在班夫的第2天，就去班夫国家公园内最著名的几个景点参观，这些地方风景如画，游人不多，但是都悠然自得，能让你的旅行变得更像是度假，这样的体验非常难得。

班夫第2天行程		
时间	目的地	行程安排
9:00～11:00	班夫温泉城堡酒店	从班夫镇乘坐公交车即可快速到达，这个温泉酒店非常奢华，建筑本身是一个城堡，能够给视觉带来极大的冲击
12:00～15:00	弓谷公园大道	非常有名的公园大道，大多数游客都会在此体验自驾的乐趣
15:00～17:30	露易丝湖	风景优美而迷人的蓝色湖水，犹如奶油般的质感，吸引着大量摄影师前来采风，可以通过当地的旅行社参团前来
17:30～20:00	弓湖	美丽而"冻人"的冰川湖，让人过目难忘

威林顿山
Mt.Willingdon

CD约38千米，
乘车约26分钟，
骑自行车约1.5小时

障山
Barrier
Mountain

D

康塔瑞克峰
Cataract Peak

弓湖
Bow Lake

露易丝湖
Lake Louise

沃菩提克峰
Waputik Peak

幽雀国家公园
Yoho National Park

班夫国家公园
Banff National Park

C

AB约36千米，
乘车约25分钟，
骑自行车约1.5小时

菲尔德
Field

圣殿山
Mt.Temple

城堡山
Castle
Mountain

邵百克区
Sawback
Range

班夫温泉城堡酒店
Fairmont Banff
Springs Hotel

考斯汀甘山
Mt.Costigan

BC约29千米，
乘车约20分钟

沃克斯山
Mt Vaux

杭咖壁山
Hungabee
Mountain

西拉峰
Sira Peak

明尼万卡湖
Lake Minnewanka

弓谷公园大道
Bow Valley Parkway

B

A

费尔霍姆区
Fairholme
Range

斯坦利峰
Stanley Peak

麦瑟夫区
Massive Range

朗德尔山
Mt.Rundle

▲ 班夫第2天行程路线示意图

班夫温泉城堡酒店

班夫温泉城堡酒店（Fairmont Banff Springs Hotel）坐落在雄伟的落基山脉间，拥有上百年历史。城堡脚下是潺潺流淌的清澈弓河（Bow River），建成后吸引了无数名流人士前来入住，无论是国家元首，还是王公贵族，或是电影明星，都让这个苏格兰豪华城堡的名气与日俱增。该酒店最吸引人的莫过于著名SPA温泉水疗中心——柳溪温泉（Willow SPA），无论是在室内或室外浸泡温泉，都能看到远处的落基山，山峰上的积雪、湛蓝的天空、清凉的空气，让人感觉与天地融为一体。

旅友点赞

酒店还有27洞冠军级高尔夫球场，它是世界上风景最优美的山地高尔夫球场，供游客在高山流水的环绕间享受最自在的挥杆乐趣。游客可以参加酒店每日安排的店内游览，了解它积淀了百年的历史与文明，发掘它神秘的往事与辉煌。该酒店仅是Fairmont集团经营的数家酒店之一，该集团其他酒店遍布世界各地，酒店官网有中文页面。

旅游资讯

地址：405 Spray Ave.

交通：乘坐2路公交车至Fairmont Banff Springs Hotel站下车即可

网址：www.fairmont.cn/banff-springs

参考价格：入住价格为450~700加元/晚

电话：0403-7622211

中午在哪儿
吃

参观完班夫温泉城堡酒店，可以在该酒店管辖的餐厅就餐，也可以到弓谷公园大道边的烧烤店体验露天烧烤，还可以食用自己带的便餐。

弓谷烧烤

弓谷烧烤（Bow Valley Grill）位于班夫温泉城堡酒店内，最为人称道的是周末午餐——正宗落基山烧烤，有各种菜品可供选择，很多是特供的有机农产品，食材新鲜、服务周到、菜肴精致而美味，在这里除了能在优越的就餐环境中享用美食，还可以欣赏窗外的美景，尤其是早餐时的日出和晚餐时的日落，最为震撼人心。

地址：405 Spray Avenue
交通：乘坐2路公交车至Fairmont Banff Springs Hotel站下车即可
网址：www.fairmont.com
营业时间：早餐6:30～11:00，周日6:30～10:30；周末午餐周六11:30～13:30，周日11:00～14:00；晚餐17:30～21:00
电话：0403-7626860

弓谷公园大道

弓谷公园大道（Bow Valley Parkway）将班夫各城镇与露易丝湖连接在一起，沿途到处是绝佳的野餐场所、众多的远足与横穿田野的滑雪道和迷人风景，其中非常有名气的景点是强斯顿峡谷（Johnston Canyon）、鬼城—银城（Silver City）、希尔斯代尔滑道（Hillsdale Slide）。强斯顿峡谷的两侧有几个当地最壮观的瀑布，从而成为班夫国家公园最受欢迎的远足地之一。

旅游资讯

地址：Improvement District No. 9
交通：乘旅游团观光车、自驾或租自行车沿着Trans-Canada Highway向西北方向行驶约36千米

露易丝湖

露易丝湖（Lake Louise）被茂密的森林包围，澄净得就像一块翡翠，与周围风姿卓约的群山合而成为让人惊叹的风景画，成为世界各地顶尖摄影师最喜欢取景的地点之一。露易丝湖源自附近的冰川，湖水冰冷无比，若是泛舟湖上，嬉水之间能够感受到其源自冰川的味道。每年11月至次年5月，湖面结冰，满湖洁白，与周围的雪山浑然一体，成为风景优美的滑冰场。

旅游资讯

地址：Lake Louise Drive，Banff National Park的尽头

交通：乘车沿着Lake Louise Drive向西行驶约4分钟即到

网址：www.explorerockies.com/sightseeing-tours/lake-louise-tours.aspx

旅友点赞

　　沿途湖光山色、风景迷人，还有随处可见的野生动物，让人忍不住频频举起相机。露易丝湖的名气非常大，前来游玩的游客也不少，不过自然环境却没有受到太多的破坏，这确实让人欣慰。在夏日，这里可供游人划船、垂钓。冬日可以学习怎样在冰湖上钓鱼，非常有趣。露易丝湖是现在加拿大流通货币20加元上的主题图，也是好莱坞拍摄的《大江东去》的取景地，在湖边有游客或者当地人在悠哉地做瑜伽，仿佛已与天地融为一体。

▲ 露易丝湖及其周边示意图

弓湖

　　弓湖（Bow Lake）是落基山脉著名的湖泊之一，是个冰川湖，湖水冰凉彻骨，夏季白天热的时候触摸湖水，会觉得非常舒服。湖边的气氛非常宁静，能让人忘记城市里的喧嚣，而逐渐心宁如水。湖所在地海拔约2千米，周围群山环绕，水深50多米，11月开始结冰，到次年的6月底才融化。湖边建有游客中心和木屋旅馆，可供居住。

旅游资讯

地址：93号公路的冰原大道（Icefields Parkway）旁
交通：从露易丝湖开车或者乘车，沿Icefields Parkway向北行驶约38千米可到

旅友点赞

弓湖也被音译为"鲍湖"，称它为"弓湖"则源于更多的人文因素，一种说法为它周边生长着适合制造弓箭的道格拉斯冷杉而得其名；还有一种说法为湖的形状像弓箭。这两种说法各有道理。

这一天的行程还是比较紧张的，若是乘车，倒还不觉得太累；若是驾车或者骑自行车，全程下来基本就只想休息了。弓湖附近虽然没有特别热闹的酒吧，却有足够多的路边营地、湖畔小木屋等供游客投宿和玩乐；如果担心晚上会被蚊虫叮咬，可以返程前往露易丝湖周边大点的酒店住宿。露易丝湖周边有能够提供当地特色牛排的餐厅和相对活动多点的酒吧，可供游人消遣。由于次日还有冰原大道相关的行程安排，所以不建议当天返回班夫镇。

路易斯湖镇烧烤和酒吧

路易斯湖镇烧烤和酒吧（Lake Louise Village Grill & Bar）除了有美味的烧烤和醇香的酒外，还能提供亚洲菜肴，满足中国游客遵循多年饮食习惯的需求，该餐厅特别适合家庭用餐，很有气氛。

地址：101 Lake Louise Drive
网址：www.lakelouisevillagegrill.ca
营业时间：通常11:00至次日2:00；7月和8月营业时间延长，8:00至次日2:00
电话：0403-5223879

Day 5 冰原大道→阿萨巴斯卡冰川

在班夫的第3天，尝试从其他的角度来欣赏班夫国家公园的美景。驱车沿着冰原大道（Icefields Parkway）继续向北行驶，当到达阿萨巴斯卡冰川后，停下来欣赏奇趣的冰川美景，拍几张美照作为留念；如果有条件，甚至可以乘坐直升飞机从高空俯瞰下方的冰河涌动。今天一定记得要随身带些食物。

时间	目的地	行程安排
		班夫第3天行程
9:30～11:00	冰原大道	驱车向北行驶约30千米，沿途无数美景、清新的空气都可能让人忍不住跳下车，与大自然畅意亲近
12:00～13:30	HI-兰帕特溪野生动物旅舍	如果在这个青年旅舍预订了住宿，则可以在这里准备午餐，也可以在晚上返回时下榻休息；如果没预订，可以询问能否租借厨房
13:30～15:30	冰原大道	继续驱车向北行驶约100千米，沿途看到的冰原景象会越来越多
15:30～17:30	阿萨巴斯卡冰川	在冰川这里观看融化的川水流向大海，景观非常壮美
17:30～22:00	在冰川旅馆住宿	根据情况决定是否在冰川附近住宿，亦可前往班夫镇或前往贾斯珀住宿

▲ 班夫第3天行程路线示意图

埃德蒙顿
Edmonton

波卡霍丝木屋度假村
Pocahontas Cabins

贾斯珀国家公园
Jasper National Park

帕翠西亚湖
Patricia Lake

金字塔湖
Pyramid Lake

玛琳峡谷
Maligne Canyon

贾斯珀
Jasper

惠斯勒山瞭望台
Whistler's Mountain

艾迪斯卡维尔山
Mount Edith Cavell

玛琳湖
Maligne Lake

阿萨巴斯卡瀑布
Athabasca Falls

哥伦比亚冰原
Columbia Icefiled

阿塔巴斯卡冰河
Athabacsa Glacier

森瓦普塔小径
Sunwapta pass

冰原大道
Icefiled Parkway

哭泣墙
Weeping Wall

冰河国家公园
Glacier National Park

塔卡考瀑布
Takakkaw Falls

佩托湖
Peyto Lake

幽鹤国家公园
Yoho National Park

弓湖
Bow Lake

露易丝湖
Lake Louise

班夫国家公园
Banff National Park

回旋隧道
Spiral Tunnel

天然桥
Natural Bridge

约翰斯顿溪谷
Johnston Canyon

班夫
Banff

库特尼国家公园
Kootenay National Park

班夫泉城堡酒店
Banff Springs Hotel

坎莫尔
Canmore

费尔蒙
The Fairmont

明尼汪卡湖
Minnewanka

卡尔加里
Calgary

帕丽舍城堡酒店
The Fairmont Pallister

冰原大道

冰原大道（Icefields Parkway）被视为北美最美丽的公路之一，起点是班夫国家公园，终点是贾斯珀国家公园，总长度约230千米。游客在路上可观看绝妙的风景，包括瀑布、翡翠湖、草原、雪山、冰原冰川等，美景如画，还不时地能欣赏到那些悠闲自在的野生动物，此外，还能进行野餐、露营、徒步旅行、攀冰岩及滑雪等活动，与大自然的魅力共舞。

旅友点赞

冰原大道上的景观一年四季都不同，沿途可在佩投湖（Peyto Lake）、赫克特湖（Hector Lake）或弓湖（Bow Lake）边停靠休息或者活动；旅游大巴一般停靠的站点少些，如果是自驾，在不违反交通规则的情况下，可以按照自己的意愿选择停靠休息地。在冰原大道上，很多游客都惊奇于冰河泥沉积形成的自然景观，所以建议带上最好的摄影装备，拍些美好的画面留作纪念；当然，也要带着一颗善感的心，去发现沿途各种让人动容的美。

旅游资讯

交通：乘坐旅游巴士或者驱车前往，一路沿着冰原大道向北行驶即可

中午在哪儿吃

在冰原大道上游玩，沿途可供餐饮的场所比较少，建议在今天出发前就在超市买好足够的便餐，无论是袋装沙拉，还是面包火腿，或是饮用水，都需要提前准备好，防止路上肚子饿了却找不到餐馆。路易斯湖附近的超市非常多，物品的单价也非常便宜，通常2加元可以买到1大袋拌好的沙拉，1.5加元可以买到1块面包。如果想要吃点热乎的食物，可以在路边设有烧烤点、露营点的地方进行烧烤，不过这就需要提前带个小冰柜，里面盛放着冰块和切好的冻鲜肉，也要带上作料和餐具。除了这些方式之外，你也可以尝试到路边的青年旅舍、酒店等地的餐厅寻找美食。

HI-兰帕特溪野生动物旅舍

HI-兰帕特溪野生动物旅舍（HI – Rampart Creek Wilderness Hostel）是一家连锁型的青年旅舍，位于班夫国家公园内，拥有公共休息室、自助厨房、网络、自行车存放处、沐浴桑拿处等，不过要借用这里的厨房，最好提前预订住宿。

网址：www.hihostels.com
参考价格：约24加元（折合人民币约135元）/晚
电话：0403-6707580

173

阿萨巴斯卡冰川

阿萨巴斯卡冰川（Athabasca Glacier）从堆积成型到现在已有8000年的历史，由于当地降雪量大，使得这个冰川至今保存完好。这里最值得欣赏的景象是云雾缭绕下白雪皑皑的山峰，它们巍峨矗立，与冰原上糖霜般的雪地和滚动状的凝滞冰瀑相映成趣，而漂浮着冰块的冰川湖近在咫尺，让人有种到了北极的错觉。

旅游资讯

地址：冰原大道中段

★★★ 旅友点赞

每天清晨和傍晚，是阿萨巴斯卡冰川最美的时候，朝霞和夕阳都环抱着冰雪雕琢出来的美景，令人难以忘怀；整个冰川的坡度平缓，攀岩爱好者来此都喜欢攀上峰顶，一览众山小。现在冰川正在以每年2～3米的速度消退，虽然游客可以乘坐大巴在冰川上观光，但是最环保的游玩方式莫过于骑自行车或者徒步，鼓励游客节约能源，减缓全球变暖。

晚上在哪儿玩

如果预订了次日从卡尔加里到维多利亚的车票或者机票，当晚就需要返回班夫镇，这样可以休息得更好；如果想要从贾斯珀到维多利亚，可以从冰川继续沿着冰原大道向北行驶约100千米可以到贾斯珀公园；如果次日前往维多利亚的票比较晚，也可以在冰川附近的连锁旅馆投宿，这里的住宿别有风情。

冰川景观酒店

冰川景观酒店（Glacier View Inn）是个木屋风格的建筑，其外观为浅蓝色，与周围的环境非常契合，拥有32间客房，在旺季入住前要

地址：Highway 93 N, Icefields Parkway
网址：www.banffnationalpark.com
电话：0780-8526550

提前至少1个月预订。客房分为较大的房间和普通大小的房间，较大的房间适合人多的家庭，较传统的房间适合度假的夫妻、情侣。酒店的设施包括卫星电视、电话等，室外有很多停车场，酒店工作人员会帮助转移行李。酒店的2楼是大型餐厅，地下室是由贾斯珀国际公园运营的该地区信息的解说中心。

如果多待一天

如果在班夫多玩一天，还可以体验那些平时不敢尝试的游玩项目，参观那些游客虽少却十分独特的景点，买些当地特色的手工艺品，品尝当地人最热衷的美食，以当地人的视角来看班夫、看加拿大。

多待一天的游玩

班夫是加拿大的避暑胜地，除了有摄人心魄的冰川雪原，还有高大茂密的森林和自在的野生动物。随意在班夫的公园里走一圈，可以看到花旗松、白云杉、云杉等，还能轻易地观赏到野生动物的生活，包括棕熊、美洲黑熊、鹿、驼鹿、野羊和珍稀的山地狮、美洲豹、大霍恩山绵羊、箭猪、猞猁等动物。路边或者景区的建筑不一定出自名师之手，却别有闲适的气息，让游人感叹不已。班夫的旅游旺季跨越冬秋夏将近10个月份，每个季节都有迷人的风光和与众不同的游玩项目。

惊奇角

惊奇角（Surprise Corner）位于班夫国家公园，在这边可以远观班夫温泉城堡酒店和弓河河景。由于班夫温泉城堡酒店不对外开放，所以惊奇角就成为游客最喜欢的瞭望地点。惊奇角设有观景台方便大家观看与拍照，这个拍摄点可以俯瞰班夫国家公园的大量景点。

> 地址：班夫市中心东南角约1千米处
> 交通：从班夫市中心沿着Buffalo Street一直向东南步行约15分钟即到

多待一天的美食

班夫的美食，主要来自世界各地，除了传统的汉堡、牛排加沙拉外，还有各种甜点、小食。此外如果到中式餐厅或者亚洲餐厅，还能品尝到熟悉的家乡菜。

银龙餐厅

银龙餐厅（Silver Dragon Restaurant）是一家香港人开的餐厅，餐厅菜品有浓郁的粤菜风格，受游客欢迎的烹饪方法有爆炒、油煎、蒸煮的肉类和鱼类、蔬菜搭配各种酱汁如生蚝酱、豆豉酱、酸甜酱等。另外香辣口味的鱼肉、牛肉、蔬菜都很受欢迎。

> 地址：109 Spray Avenue Banff
> 交通：从班夫镇乘坐2路公交车至Mountain Avenue站下车即可
> 电话：0403-7623939

多待一天 的购物

班夫的购物地点集中在镇中心的主要街道班夫大道两侧，附近的熊街、狼街、驯鹿街和水牛街等也有少量零售店。这些购物街聚集了来自世界各地以零售为主的展馆、服装店和精品店。

哈德逊海湾百货班夫店

哈德逊海湾百货班夫店（Hudson's Bay Company Banff）是加拿大著名的连锁商场，尽管班夫的这家分店规模不大，但是对于爱好时尚的年轻人而言，这里是购物天堂，而女士钟爱的化妆品品牌专柜也非常齐全。在这里还可以买到印第安文化工艺品、枫糖、班夫标志的纪念衫等加拿大特色商品。

地址： 125 Banff Avenue
交通：从市区乘坐1、2路公交车至Bow River Bridge West Side站下车，向北步行约400米即可
网址： www.thebay.com
人均消费：1件品牌T恤大约30加元（折合人民币约180元）；1件卡文·克莱（Calvin Klein）的夹克大约400加元（折合人民币约2400元）
营业时间： 9:30～22:00
电话： 0403-7625525

多待一天 的娱乐

班夫附近的娱乐场所非常多，你既可以到酒吧体验当地民俗风情，又可以到滑雪场所享受滑雪（冬季）或者攀岩（夏季）的乐趣。当地人对于娱乐的态度就是休闲放松、喜欢就好，你完全可以按照自己的喜好做出选择。

班夫温泉城堡酒店高尔夫球俱乐部

班夫温泉城堡酒店高尔夫球俱乐部（The Fairmont Banff Springs Golf Course）的环境非常优美，草地平整、柔软，在世界级高尔夫球场中排名靠前；2010年被高尔夫杂志评为金牌高尔夫球场。该俱乐部是加拿大设计大师斯坦利·汤普森（Stanley Thompson）的经典之作，他是高尔夫球界的名人，一生设计了178个球场。

地址： www.405 Spray Avenue
网址： www.fairmont.com/banff-springs/golf/rates-and-tee-times
票价：以18洞场地为例，在6月至9月租金为230加元，5月和10月租金为184加元，每日特价时110～161加元，少年球手更优惠；9洞场地平时77～99加元，少年球手免费，第2轮价格减半
电话： 0403-7626801

Tips

班夫国家公园内最佳的户外烧烤地点位于班夫中央公园、湖畔等，在那里既可欣赏周围美丽山色，又能享受美食；品尝鸡尾酒的最佳去处是杜松乡村酒吧和班夫公园城堡酒店的阶梯酒廊；在Wild Bill的传奇酒吧可以学习如何成为牛仔，了解排舞、套牛课程，甚至可能遇到当地的传奇牛仔；每周二和周四晚上，班夫大道巴尔干的希腊之夜给游客带来肚皮舞、希腊舞及希腊传统摔盘子的表演。

班夫住行攻略

班夫镇的住宿以市中心的宾馆、家庭旅店和北侧的汽车旅馆为主，住宿环境舒适，价格也不算太高。如果想要更好的度假体验，可以住在弓河（Bow River）附近的城堡酒店，感受贵族般的惬意生活。班夫镇的交通主要依靠3条公交线路，如果有条件自驾或者包车，也都非常方便。

在班夫住宿

班夫的酒店价格受淡旺季影响很大，一般夏季时的房价是冬季（圣诞节、新年等除外）的1.5~2倍，提早预订可以减少住宿的花销；除此之外，夏季的房间不预订会非常难找，为了让自己更舒心，建议提早预订。弓河南岸的班夫温泉城堡酒店，虽然住宿价格不低，房价也不好订，可是依然成天爆满，如果想要住在这里，一定要提前2~3个月就关注价格和预订房间，拿到入住凭证。

1 杜松酒馆饭店

杜松酒馆饭店（The Juniper Hotel And Bistro）内设施齐全，尤其让人称道的是高尔夫球场、水上娱乐项目、漩涡按摩浴池等，工作人员的服务态度非常棒。既距市中心繁华地段很近，又在山水环绕的世外桃源之地，能让度假的人安享旅途的美好。酒店内的设施除了客房标配外，还提供免费自行车和租借式滑雪设备；酒店右侧有徒步旅行道。酒店是宠物友好酒店。

地址：1 Juniper WayBologna
网址：www.thejuniper.com
参考价格：189加元/晚
电话：0403-7622281

2 隧道山观光酒店

隧道山观光酒店（Tunnel Mountain Resort）可供游客欣赏加拿大落基山脉的全景，距离班夫镇中心约850米，附近有滑雪道、狗拉雪橇、泛舟和钓鱼等娱乐场所，步行约5分钟即可到达；在酒店前台可以安排由导游带领的野外之旅和湖泊游船之旅等。酒店除了有室内游泳池、热水浴池、桑拿浴室、健身中心等设施之外，也提供户外烧烤设施和儿童游乐场；酒店内有温馨舒适的套房，拥有木板墙，并设有壁炉、舒适的休息区及有线电视，还附带私人阳台或露台。

地址：502 Tunnel Mountain Road
交通：乘坐2路公交车，在Tunnel Mountain Resort站下车，即到
网址：www.tunnelmountain.com
参考价格：160加元/晚（折合人民币约900元）
电话：0403-7624515

班夫其他住宿地推荐			
名称	地址	电话	网址
巴弗洛山旅馆酒店（Buffalo Mountain Lodge）	700 Tunnel Mountain Drive	0800-6611367	www.crmr.com
班夫国际青年旅舍（Banff International Hostel）	449 Banff Avenue	0403-9857744	www.banffinternationalhostel.com
HI-班夫高山中心酒店（HI-Banff Alpine Centre）	801 Hidden Ridge Way	0403-7624123	www.hihostels.ca
班夫山旅馆（Banff Y Mountain Lodge）	102 Spray Avenue	0403-7623560	www.ymountainlodge.com
班夫萨姆松背包客酒店（SameSun Backpackers Lodge Banff）	433 Banff Avenue	0403-7624499	www.samesun.com

在班夫出行

班夫市内实际没有公交机构，上文提到的1路、2路公交车，都是班夫公交公司的豪华巴士，此处称谓公交车，是为了方便。除此之外，在班夫的交通方式还有自驾、骑自行车、乘坐缆车、乘坐旅游巴士等；如果是在班夫市内活动，精力旺盛的话，还可以步行逛遍班夫镇。

公交车

班夫市内的公交车，主要有3条路线，路线1是硫磺山路（Sulphur Mountain），主要运行于班夫大道（Banff Ave.）上，贯穿班夫镇的东北和西南角，中间有十多站，是游玩班夫镇最主要的路线之一；路线2是隧道山路（Tunnel Mountain），主要运行于狼街（Wolf Street）、班夫大道南段和喷雾大道（Spray Ave.）上，主要沿着弓河及其周边，通过这条路线可以到洞穴与盆地国家历史古迹、班夫温泉城堡酒店等；路线3是坎莫尔路（Canmore-Banff），作为路线1的补充。

如果想要了解更多相关信息，可以查询运营商的官网www.nextbus.com。

缆车

班夫最著名的缆车站位于班夫温泉城堡酒店所在的喷雾大道的尽头，乘坐2路公交车在酒店站下车，再向东南方向步行约400米即到。班夫空中缆车（Banff Gondola）可以升到2000多米高的硫磺山上，沿途观赏班夫美景的过程非常美妙，缆车上升的角度大约50度。到达山顶后，感受身边云雾飘到眼前的梦幻景象，也会非常难忘。网址为www.explorerockies.com。

旅游巴士

班夫正规的旅行社很多，游客可以通过旅行社获得乘车游览的服务，同时还能较为省心地游玩班夫的景点。其中较为有名气的是布鲁斯特巴士及游览车出租（Brewster Bus and Motorcoach Rentals），它就位于班夫火车站附近，也是布鲁斯特汽车总站所在处，在前文"到达班夫"版块介绍过，此处不赘述。

能够租乘旅游巴士的地方还有"班夫发现之旅"（Discover Banff Tours）、班夫旅游咨询处（Banff Information Centre）等。

班夫发现之旅

"班夫发现之旅"（Discover Banff Tours）是一家价格合理的旅行社，深受海内外游客的欢迎，就位于班夫大道上，交通非常便利。

地址：215 Banff Ave
交通：从市区乘坐1、2路公交车，在Caribou Street East Side站下车过马路，向北步行约50米即到
网址：www.banfftours.com
人均消费：有各种不同游玩项目的组合，人均84加元、99加元、199加元不等
营业时间：7:30～20:00
电话：0403-7605007

从班夫至维多利亚

从班夫至维多利亚有多种交通方式，班夫没有机场可以先回到卡尔加里或者贾斯珀，再乘坐飞机前往维多利亚；也可以购买卧铺票，乘坐晚上的长途巴士直接到维多利亚，夜晚的交通时间会在睡梦中过去，而不浪费时间；时间稍微多些的话，也可以乘坐火车，在路上欣赏加拿大西南山区的景观。

本书不按"温哥华→维多利亚→班夫"的路线安排，主要因为从班夫不能直接回中国，从卡尔加里或者贾斯珀回中国的航班稀少，很不好凑时间，且要中转，相对来说不方便；因此从班夫回到维多利亚，玩1天直接回国的方式更为合理。

飞机

这里介绍的是从卡尔加里机场飞往维多利亚的交通路线。从班夫到卡尔加里的长途汽车非常多，在班夫机场巴士站（Banff Airporter Inc）或者布鲁斯特机场巴士站（Brewster Inc.）都可以买票和乘坐，每天近10个班次，最晚的班次为18:00左右。到达卡尔加里的机场巴士站后，直接乘坐卡尔加里的飞机就能到维多利亚国际机场。每天有十多趟航班，用时约1.5小时，花销人均176加元（折合人民币约1000元）。

长途巴士

从班夫到维多利亚的直达巴士主要是灰狗巴士，每天大约有3趟班次，乘车点就在班夫镇市区内，非常方便。

班夫灰狗巴士

如果已经游玩过班夫各大景点，乘坐20:50发车的灰狗巴士更为合适，时间最短，且第2天早上可欣赏到加拿大西南部的沿途风光；而00:10的车通常班次较少，半夜乘车也容易让人觉得困顿；如果在班夫玩了两天半，不想再游玩了，也可以乘坐15:05的车，不过这趟车比晚上的那趟耗时多，到达时间也早不了多少。

地址：327 Railway Avenue
交通：乘坐1、3路公交车，在Banff Community High School站下车，沿着麋鹿街（Elk Street）向西北方向步行约300米即到
网址：www.shipgreyhound.ca
电话：0403-7621091

179

到达维多利亚

维多利亚（Victoria）是加拿大不列颠哥伦比亚省（也称卑诗省，简称BC省）的省会，位于温哥华岛最南端，是温哥华岛上最著名的城市之一。整个城市宁静精致，被称为"花园城市"，受传统英式生活影响较大，置身这里仿若身在欧洲。维多利亚属海洋性气候，气候温和，冬季降雨较多，气温较高；夏季降雨少，天气较为凉爽，是很多当地人退休后首选的养老城之一。维多利亚最值得游玩的景点包括皇家哥伦比亚博物馆、帝后饭店、布查德花园、维多利亚大学等。

Tips

维多利亚是花的海洋，游玩中最开心的事情莫过于欣赏鲜花，给色彩缤纷、形态迥异的花拍照，或者合影留念，都是常见的活动，因此了解一下维多利亚的花历，非常有必要。

加拿大维多利亚花历

3月	4月	5月	6月	7月	8月	9月
藏红花	木莲花	羽扁豆	石楠花	玫瑰	万寿菊	一串红
水仙	四照花	蓝蓟粟	紫藤	秋海棠	延命菊	向日葵
郁金香	樱花	珙桐	三色堇	马鞭草	其他：一串红、向日葵、玫瑰、秋海棠、马鞭草、西番莲、大波斯菊	其他：万寿菊、延命菊、玫瑰、秋海棠、马鞭草、西番莲、大波斯菊
秋牡丹	筷子芥	丁香花	牡丹	大波斯菊	花语	
菖蒲	眩晕草	芍药	麝香豌豆花	西番莲	藏红花：等待你 水仙：思念，吉祥 郁金香：祝永恒 秋牡丹：期待 菖蒲：我信任你 木莲花：高尚 四照花：回礼 樱花：生命 羽扁豆：幸福 蓝蓟粟：希望 珙桐：欲说还休，少年不知愁滋味 丁香花：光辉 芍药：难舍难分 石楠花：赞赏	紫藤：对你执着 三色堇：沉思 牡丹：圆满 麝香豌豆花：开始新生活 玫瑰：爱与美 秋海棠：呵护 马鞭草：同心协力 大波斯菊：少女心 西番莲：憧憬 万寿菊：健康 延命菊：隐藏的爱 一串红：恋爱的心 向日葵：爱慕
其他：筷子芥、眩晕草	其他：郁金香、秋牡丹、水仙、菖蒲、石楠花、紫藤	其他：秋牡丹、菖蒲、眩晕草、紫藤、三色堇、石楠花、南芥	其他：菖蒲、眩晕草、马鞭草、秋海棠、玫瑰	其他：万寿菊、延命菊、一串红		

如何到市区

维多利亚国际机场距离市中心区比较远，大约有26千米，乘车约需30分钟，机场有豪华巴士和城市巴士供游客使用；维多利亚的汽车站和火车站距离市中心很近，下车后可步行到达。

从维多利亚国际机场到市区

维多利亚国际机场（Victoria International Airport）是加拿大最繁忙的机场之一，从机场到市中心主要是城市巴士负责将游客运送到市中心；如果行李很多或者带老人孩子同行，可以乘坐出租车，出租车价格大约50加元，可容纳4~5人。

城市巴士

距离最近的城市巴士站是巴士88路Sidney/Airport站，位于机场门口，游客可以乘坐Sidney方向的车，在第2个站McTavish Exchange站下车，原地换乘70X Downtown Express巴士，等车时间2~15分钟不等（70路城市巴士每15分钟一班），经过11站，在southbound Douglas NS Centennia站下车，即是维多利亚市中心。城市巴士的单程票约3加元，有学生票、回数票、日票等优惠票券。

城市巴士由BC Transit-Victoria Regional Transit System 运营，其服务电话是0250-3852551，如果游客有什么疑问，可以再官方网站www.bctransit.com/regions/vic上咨询（英文服务）。

从维多利亚灰狗巴士站到市区

维多利亚灰狗巴士站距离市中心非常近，不到1千米，即使步行也不会超过15分钟；乘坐维多利亚市区的公交车也可以快速地到达。

🚌 维多利亚灰狗巴士站

维多利亚灰狗巴士站（Greyhound bus station in Victoria）是重要站点，它是游客从班夫、卡尔加里等各城镇前来维多利亚最终的站点。

下车后，如果行李不多，可以向东步行2分钟，走到道格拉斯街（Douglas Street）上开始自己的行程；如果想要先去预定的酒店办理入住手续，可以在道格拉斯街上的northbound Douglas NS Pandora公交车站乘坐公交车，这个站有10多个路线的车经停，是维多利亚市中心的公交枢纽站之一。

地址：3700 Douglas St Victoria
网址：www.greyhound.ca
电话：0250-2200094

维多利亚1日行程

维多利亚被誉为"加拿大的文艺之都"，这里有原住民的图腾文化、世界各地移民的民俗文化，还有丰富的物质文化遗产、精心养护的美丽花园，更有欢腾的节日、古老的唐人街、引人入胜的艺术表演等，都能让游客流连忘返。

Day 6　皇家哥伦比亚博物馆→布查德花园→维多利亚大学

在维多利亚的这一天，一定要去其著名的布查德公园欣赏园艺、购买有趣的花朵艺术品作为纪念，当然也别忽略了哥伦比亚博物馆和维多利亚大学，两处地方都渗透着浓郁的异国情调，让人津津乐道。

维多利亚1日行程		
时间	目的地	行程安排
10:00~12:00	皇家哥伦比亚博物馆	展出的100万件展品中最引人瞩目的是各种模型，仿真度非常高，能够很逼真地还原需要展示的内容
12:00~14:30	帝后饭店	品尝下午茶最让人印象深刻的餐厅，环境奢华、甜点美味
14:30~17:30	布查德花园	向世人展示当地园艺师精湛的园艺，及他们对植物艺术的热爱
17:30~21:30	维多利亚大学	加拿大著名的高等学府之一

布伦特伍德湾
Brentwood Bay

BC间约22千米，
乘车约25分钟

达西冰岛
D'Arcy
Island

布查德花园
Butchat Gardens

埃尔克湖
Elk Lake

埃尔克/海狸湖区公园
Elk/Beaver Lake
Regional Park

温哥华岛
Vancouver
Island

Prospecr
Lake

比弗莱克
Beaver Lake

Cordova Bay Rd

维多利亚大学
University of
Victoria in Canada

Ash Rd

AB间约23千米，
乘车约30分钟

弗朗西斯国王区公园
Francis King Regional Park

Trans-Canada Hwy

萨尼奇
Saanich

Langford

皇家景观/帝景
View Royal

Lansdowne Rd

埃斯奎
莫尔特
Equimalt

Hillside Ave

皇家银禧医院
Royal Jubilee
Hospital

奥克贝
Oak Bay

Colwood

埃斯奎莫尔特泻湖
候鸟保护区
Esquimalt Lagoon
Migratory Bird Sanctuary

Latoria Rd

皇家哥伦比亚博物馆
Royal British
Columbia Museum

罗克兰/岩石区
Rockland

▲ 维多利亚1日行程路线示意图

皇家哥伦比亚博物馆

　　皇家哥伦比亚博物馆（Royal British Columbia Museum）位于维多利亚的内港里，与省议会大厦隔市政大街相望，是游客来到维多利亚参观的首选景点之一。博物馆里展品数量超过100万件，能让游客更细致地了解不列颠哥伦比亚省以及它的原住民族的自然环境和人文历史。馆内展品的仿真度非常高，有很多模型，比如冰河时期模型、海岸实景模型等，都能够形象地展示展品细节。

旅游资讯

地址：675 Belleville Street

交通：乘坐70、28路公交车至westbound Belleville FS Douglas站下车，向南步行约40米即可

网址：www.royalbcmuseum.bc.ca

票价：成年人约15加元，儿童和老人有优惠

开放时间：9:00~17:00

电话：0250-3567226

中午在哪儿吃

在皇家哥伦比亚博物馆附近有很多餐饮店，有咖啡简餐馆，有自动饮食机（EAT Machine），还有正式的餐馆，如维多利亚传统意大利面工厂（Old Spaghetti Factory Victoria）等，当然最激动人心的餐饮店莫过于帝后酒店，虽然消费比较高，可是在这里享用一次正宗的英式午后茶点，会成为未来多年最津津乐道的事情之一。

帝后饭店

帝后饭店（The Fairmont Empress）建于20世纪初，它面对蔚蓝色的维多利亚内湾，是维多利亚乃至整个加拿大著名的高端饭店。整个饭店非常奢华，反光硬木地板光可鉴人，丝绒质家具高贵十足，手工雕琢的窗框横梁尽显精致，砖红瓦绿的堡垒式大楼气派恢弘。整个饭店外墙上爬满绿色藤蔓，延伸到房顶，墙下装饰着万紫千红的鲜花台，摆放着供游人休憩的古朴木质长椅。来此游览甚至就餐是在维多利亚的必然选择。

地址：721 Government Street

交通：从皇家哥伦比亚博物馆向西北步行约4分钟即到

网址：www.fairmont.com

人均消费：每年5月至9月，成年人享用下午茶消费约60加元/次，12岁以下的儿童可享受半价优惠；下午茶待遇是王子/公主餐标准

营业时间：下午茶每天11:30~17:15提供

电话：0250-3848111

Tips

出入帝后饭店的都是世界著名的尊贵人士，饭店要求客人穿着正式，前往帝后饭店不要穿着休闲类的T恤衫、牛仔裤、短裤、拖鞋等；如果要进入品味下午茶，第一要注意着装；第二要提前电话预约席位。

布查德花园

布查德花园（Butchart Gardens）始建于20世纪初，在布查德花园几代人的精心照顾下，堪称园艺艺术领域的一朵奇葩，在世界著名花园排行中名列前茅。布查德花园有4大观景区，风光非常好，各式各样的鲜花四季轮番绽放，更有风格迥异的庭园造景，在这里信步游览，非常享受。同时也能欣赏到前文花历中的各种植物，如果细心观察的话，会发现很多新品种。

旅游资讯

地址：800 Benvenuto Ave

交通：乘坐75路公交车至westbound Wallace NS Lydia站下车，向西步行约0.65千米即可

网址：www.butchartgardens.com

票价：成年人约25加元

开放时间：9:00开放，时间变动以其官网Visit栏的Hours时间表为准

电话：0250-6524422

旅友点赞

布查德花园有4个大区，一个是新境花园，建在石灰矿场开采后遗留的巨穴上，经过多年的规划修整，园内有苍翠的山丘、蜿蜒的小径、古朴的石阶、名花点缀的斜坡、碧波粼粼的人工湖、奔流直下的山泉，宛如仙境；第二个是意大利式花园，模仿古罗马宫苑，整个花园呈对称的图案，花园四周用剪成球形的长青树墙围绕，花园内有两个水池，星状水池旁是姹紫嫣红的花坞，蛙形喷水池中有意大利石雕，非常精致；第三个是日式花园，迎面可见红色神宫门楼，散发着日本建筑的气息，园内种满枫树、百合、樱花和松杉，龙胆随翠竹起舞，白杨伴垂柳扬花，还有小桥、流水、茅舍等胜景；第四个是英式玫瑰园，玫瑰种类繁多，花团锦族，锦绣天成，园内还有非常精致的英式建筑。

晚上在哪儿玩

维多利亚1天的行程结束，如果要乘坐傍晚的飞机回国，就向东步行到Brentwood/Swartz Bay公交车站，乘坐81路公交车（Swartz Bay via Lochside方向），到Sidney/Airport站下车，等待时间1~8分钟，换乘88路公交车（Airport方向），终点就是维多利亚国际机场。

如果要乘坐次日白天的航班，接下来的时间可以考虑在花园附近住宿，或者到维多利亚市中心附近的维多利亚大学参观游玩。

185

维多利亚大学

维多利亚大学（University of Victoria in Canada）是加拿大著名的高等学府之一。它是一所多学科的综合性大学，校内设有经济学院，教育学院，工程学院，法学院，人类和社会发展学院，人文学院，社会科学学院，自然科学学院等多个学院和专业。维多利亚大学是不列颠哥伦比亚省第二大接受校外科研资助和合同基金的大学。校园周围的环境非常优美。

地址：3800 Finnerty Rd.
交通：乘坐4路公交车（UVic via Hillside方向）至northbound Henderson NS Frederick Norris站下车，向东步行约120米即可
网址：www.uvic.ca
电话：0250-7217211

如果多待一天

维多利亚道路两旁有很多古典幽静的公寓，四周的环境"花"意盎然，很多当地人退休后都会来这里养老。老人们每天的事情是侍弄花草、养狗遛弯，或者在街心公园神态安宁地喂鸽子、散步，生活怡然自得，很多社区更规定房子不可以随便租给外来年轻人，使得维多利亚市获得"退休者乐园"的美称。如果在这里游玩，即使平时习惯了雷厉风行的人，也会不自主地放慢节奏，安享美景。

多待一天的游玩

维多利亚除了上述的大景区之外，还有些游客不算特别多、却也充满趣味的景点，这些都能让在维多利亚多玩几天的人们自在游玩。

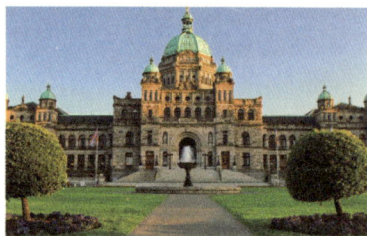

不列颠哥伦比亚省议会大楼

不列颠哥伦比亚省议会大楼（British Columbia Legislature Building）是一座维多利亚式建筑，巧妙地融合了维多利亚、罗马、意大利文艺复兴等各种建筑风格，外部设计宏伟气派，内部装修富丽堂皇，由英国年仅25岁却才华横溢的佛朗西斯·拿顿贝利设计。议会大厦楼前屹立着维多利亚女王的铜像，大厦内部的墙上挂着许多艺术名作，整个大厦的梁柱雕刻、彩绘玻璃与屋顶设计都富有浓郁的古典气息。

地址：501 Belleville Street
网址：www.leg.bc.ca
票价：免费
开放时间：9:00可以参观，会议期间不能参观
电话：0250-3873046

维多利亚饭店的就餐环境都非常理想，不吵闹，有不少头发花白的客人安静地品尝美味佳肴。在这些餐馆就餐，谈话时用耳语的分贝数就够了。如果想要吃得好且便宜，就前往唐人街，这里有大量中国传统美食以及东南亚地区的特色食品；如果想要享受英伦正统下午茶，就到帝后饭店，可以悠闲地品味茶饮的醇香；如果想边品味美食，边眺望海港的渔船，就在Milestone's选个位置；如果想品味维多利亚最极致的西海岸风味大餐，就到Sooke Harbour House餐厅，这里提供最好的海鲜和自种菜，如红鲟鱼，加米酒奶油沙司的甜菜，烤块根芹，意大利干酪等，都是色香味俱全，让人胃口大开、垂涎欲滴。

多待一天的美食

1 罗斯·米德餐厅

罗斯·米德餐厅（Rosemeade）位于英式庄园里，四周环绕着宽广而茂密的花园。21世纪初，它获得《航路》（EnRoute）杂志评选的"加拿大最佳新餐厅"第2名，餐厅里的牛排等美食别有风味。

> 地址：429 Lampson Street
> 交通：乘坐25路公交车至southbound Lampson FS Wychbury站下车，向南步行约40米即可
> 电话：0250-4127673

2 倒钩餐厅

倒钩餐厅（Barb's Place）的招牌菜是"炸鱼排+土豆"。它是露天野餐场所，游客可以找位置坐下，选择各种海鲜，再要份招牌菜，边品尝边欣赏港口生活百态，惬意无比。

> 地址：1 Dallas Road
> 交通：乘坐公交车30、33路至westbound Erie NS Dallas站下车，穿过渔人码头公园，向西北方向步行即可
> 网址：www.barbsplace.ca
> 电话：0250-3846515

多待一天的购物

维多利亚的购物宝地之一是政府大街（Government Street），适宜步行，街道汇集了各种英国进口商品、原住民手工艺品和国际时尚连锁店。如果喜欢设计师品牌商店，可以去特朗斯巷；如果想要淘些稀奇物品，建议去堡垒广场转一圈；如果爱好古董收藏，就不能错过福特大街（Fort Street）。

3 特朗斯巷、堡垒广场

特朗斯巷（Trounce Alley）毗邻政府大街，也是步行街，这里坐落有多家设计师品牌商店。历史悠久的堡垒广场（Bastion Square），每逢夏季便成为各种工艺品摊主的聚集地。

> 地址：特朗斯巷位于福特大街与政府大街交汇处；堡垒广场位于福特大街与兰利街（Langley Street）的交汇处，兰利街和政府大街平行
> 交通：乘坐6路等公交车至eastbound Fort NS Langley站下车，从十字路口向北步行约40米即到堡垒广场；从堡垒广场向东步行约40米即可

187

2 市集广场

市集广场（Market Square）是内庭院式建筑，建于19世纪，位于旧城区的中心。一共有三层楼，这里开设了众多别致的商店和咖啡馆，众多的店铺能全面满足你吃、穿、玩的各种需求，赶巧的时候更可以参加各种节日盛会。

地址：560 Johnson Street
交通：乘坐24、25路公交车至eastbound Johnson NS Store站下车，向东北步行约40米即可
网址：www.marketsquare.ca
电话：0250-3862441

多待一天的娱乐

维多利亚的娱乐活动特别多，游客可向旅行问询处或向旅馆工作人员咨询。在维多利亚，游客可以在海滩上野餐，也可以在室内享用下午茶；可以骑自行车或者乘马车四处游览，也可以流连于各处古建筑中的画廊。除此之外，游客还可以参加白天丰富多彩的活动、体验热闹的夜生活。

1 布伦特伍德湾游艇及生态探险中心

布伦特伍德湾游艇及生态探险中心（Brentwood Bay Marina & Eco-Adventure Center）提供游艇观光、潜水、生态游轮、皮艇游玩等各种项目，也提供相关设备的出租服务；此外，探险中心的码头服务区拥有相对舒适的健身房、洗衣房、带淋浴的卫生间、室内游泳池、热水浴缸等设施。

地址：849 Verdier Avenue
交通：乘坐75、83路公交车至westbound Verdier FS Keally站下车，向西步行约60米即可
人均消费：2小时浮潜（可寻找海星）大约65加元；1小时水下呼吸体验，大约25加元；水肺潜水，大约150加元；游轮（包含布查德花园特色游览），人均35加元/人
网址：www.brentwoodbayresort.com
电话：0250-6523151

2 鹰翼之旅

鹰翼之旅（Eagle Wing Tours）给游客提供在海上观赏虎鲸（也叫逆戟鲸）的机会。虎鲸堪称"海上霸王"，身躯庞大、生性凶猛，呈黑白色，牙齿锋利；喜欢跃身击浪、浮窥、以鳍拍击水面、闭气及喷气等；对于游船，虎鲸可能忽视，也可能充满好奇；泳速很快，最高可达55千米/小时；它们还是鲸类中的"语言大师"。这些特点都吸引着当地人及游客前往海面上观赏。参加鹰翼之旅还可能观赏到灰鲸、座头鲸、小须鲸、海豹、海狮、海洋鸟类等各种动物。

地址：12 Erie Street
交通：乘坐30、33路等公交车，在westbound Erie NS Dallas站下车，向东北步行约100米即到
网址：www.eaglewingtours.com
电话：0250-3848008

维多利亚住行攻略

在维多利亚住宿，既可入住高档舒适的酒店，又可投宿实惠热闹的青年旅馆，也可以体验个性的B&B旅馆。无论哪种住宿地，工作人员都会将客房打扫得干干净净，并且保障游客的安全。游客可以选择最适合自己的方式。在维多利亚出行非常方便，乘坐公交车就可以到达绝大多数景点。

在维多利亚住宿

在市区内港周围有不少高档酒店；在道格拉斯购物街两边，排列着不少方便的旅馆；在省议会大厦所在区域，有很多小型观光旅馆、汽车旅馆等，距离公交车总站很近，非常方便。

1 大使馆酒店

大使馆酒店（Embassy Inn Hotel）拥有极其优越的地理位置，周围交通便利，距离唐人街、古董街、餐馆、剧院都非常近；地处维多利亚内港，周围环境优良，空气清新、可观海景。除了有良好的外部条件之外，这家酒店的内部环境也为人称道：客房里有齐全的设施，向阳面有独立的阳台，客人可以使用室外游泳池和桑拿浴室，还可以在前台预订高尔夫球场，总之是休闲度假的好住处。

地址：520 Menzies Street
交通：乘坐19、30、33路公交车至eastbound Superior FS Menzies站下车，沿着Menzies Street向北步行约150米即可
网址：www.embassyinn.ca
参考价格：大号床间（含2张大床）约130加元/晚
电话：0250-3828161

维多利亚其他住宿地推荐			
名称	地址	电话	网址
The Magnolia Hotel & Spa	623 Courtney Street	0250-3810999	www.magnoliahotel.com
Victoria Regent Hotel and Suites	1234 Wharf Street	0250-3862211	www.victoriaregent.com
Red Lion Inn & Suites Victoria	3366 Douglas Street	0250-4757575	www.redlioninnvictoria.com
Best Western Plus Inner Harbour	412 Quebec Street	0250-3845122	www.victoriabestwestern.com

在维多利亚出行

维多利亚的公交系统很发达，各重要景区周边都有多条公交车路线，每个路线的发车时间错落有致，此去彼来，景区站点几乎在每个路线上都有规划，减少了游客辛苦等待时间；公交车上的环境非常舒适，司机很友好，上车后司机会笑着打招呼，车内人不多，主要是老人和孩子，都很安静。

除了公交车之外，维多利亚的游轮和直升飞机也是不错的出行方式，直升飞机可供维多利亚与温哥华等周边城市间的快速交通，费用不菲；乘坐游轮出行则可以欣赏到不一样的水上风光。

时间改变

如果你能在温哥华周边多玩几天，那你的行程可以加上纳奈莫（Nanaimo），它是温哥华岛上的第2大城市，位于维多利亚以北约110千米处，它曾经是远近闻名的煤炭城市，现在是以旅游、林业、渔业为主的港口城市，也是前往坎贝尔河、哈迪港、环太平洋国际公园的交通枢纽城市。纳奈莫是个很小的城市，从维多利亚或者温哥华过来后，步行即可游遍主要景点。

去纳奈莫 玩1天

纳奈莫堡垒

纳奈莫堡垒（Bastion）由哈得孙湾公司（The Hudson's Bay Company）建造，当时是作为交易品仓库而修建，紧急情况下也作为防御工事。整个建筑呈八角形，外观白色，内部现在是地方史博物馆；夏季正午时分发炮报时。

旅游资讯
地址：98 Front Street
开放时间：夏季周三至周五9:00～17:00

纳奈莫博物馆

纳奈莫博物馆（Nanaimo Museum）建在高地上，站在其门口可以俯视东面的港口；馆内主要展示了纳奈莫的发展历史，包括具有特色的"煤炭挖掘场"和20世纪60年代因大火被烧毁的唐人街等。

旅游资讯
地址：100 Museum Way
网址：www.nanaimomuseum.ca
票价：成年人大约3加元
开放时间：10:00～17:00
电话：0250-7531821

如果在加拿大游玩的时间不足6天，可以缩短温哥华的游玩时间；如果时间还不够，可以直接到班夫国家公园玩几天，再回到温哥华游览几个重要景点。时间不多又想享受公园养生乐趣，只要不缩短在公园的行程，也一样能体验到各种活动的乐趣。

纳奈莫风光

Part 3

北极地区
一周游

Part 3 北极地区一周游

北极地区印象

★★★ 纯自然之境

　　加拿大的北极地区包括育空地区、西北地区和努纳武特地区，这三个地区有半数以上都位于北极圈严寒地带。本书的路线主要跨越育空地区和西北地区，无论游客乘坐飞机俯瞰，还是乘坐观光火车体验，都会为线路中的纯自然之境惊呼，白雪皑皑的山川、自由活动的动物、封冻结实的江河、坚毅挺拔的松柏，是匆匆掠过美景后刻在心里的印迹。

★★★ 寻找极光最好的地方

　　北极地区地广人稀，一望无垠的空旷感冲击着游客的心灵，每到夜晚，精灵般行踪不定的极光，就可能在天际翩翩起舞，它们挥舞着彩色的绸带，奔跑、旋转、跳跃，舞步是那么灵动，让游人观之而生羡。加拿大承蒙大自然的厚爱，拥有大片观赏极光最好的地方，只要游客敢挑战严寒，一般停留三天左右就能寻找到震撼人心的极光。

★★★ 丰富多彩的娱乐活动

在北极地区游玩不只有极光让人激动，还有很多娱乐活动丰富着当地人和游客的生活。这些活动包括滑雪、体验狗拉雪橇、凿冰钓鱼、乘飞机观看驯鹿、在育空河上漂流、泡着温泉赏极光、加入极限运动增强恐惧耐受力等，当然还有很多值得了解的当地文化、风俗，能拓宽游客的视野。

★★★ 美景让人心醉

北极地区天寒地冻，让很多人生活物资较为匮乏，但是这里的美景吸引人，冰河下鲜美的鱼类是给予游客最好的礼物。如果喜爱冰雕玉琢的梦幻世界，这里无疑是最符合想象的地方，当你在冰川雪原间活动，会不由自主地联想到《冰雪奇缘》里的梦幻场景，沉醉其间，不忍离去。

推荐行程

A 蒙特利尔 ——约3500千米—— **B** 耶洛奈夫 ——约1400千米—— **C** 怀特霍斯

努纳武特地区

西北通道

BC约2500千米，乘飞机约6.5小时

耶洛奈夫 Yellowknife

哈德逊湾

怀特霍斯 Whitehorse

加拿大

马尼托巴省

AB约5200千米，乘飞机约8.5小时

艾伯塔省

埃德蒙顿 Edmonton

萨斯喀彻温省

安大略省

蒙特利尔 Montréal

魁北克省

英属哥伦比亚省

卡尔加里 Calgary

温尼伯 winnipeg

温哥华 Vancouver

华盛顿州

蒙大拿州

明尼苏达州

多伦多 Toronto

纽约 New York

俄勒冈州

爱达荷州

南达科他州

怀俄明州

爱荷华州

美国

伊利诺伊州

内华达州

交通方式对比

路线	交通方式	优点	缺点	运行时间	单程费用
蒙特利尔—耶洛奈夫	飞机	快速便捷	费用较高，中转等待时间长	8.5～12小时	2800～5000元人民币
耶洛奈夫—怀特霍斯	飞机	快速便捷，环境好	费用较高	6.5～8.5小时	1500～5000元人民币

最佳季节

对于每个来北极地区游玩的人而言，观赏极光、拍下美照是最重要的目标，因此最佳季节是气温严寒的9月至次年4月，其中以12月至次年3月能够更为频繁地观赏到极光活动，虽然气温极低，却阻拦不了游客追逐美景的脚步，每年这段时间，北极地区小镇里的酒店、旅馆都热闹非凡、一房难求。

尽管夏季的气温舒适，却不是看极光的时间，这里不能被认为是"旅游的最佳季节"，当然，游客如果只能这段时间前来游玩，可以去那些名胜古迹探索人文乐趣，也可以参加一些北极地区夏季独有的户外活动。

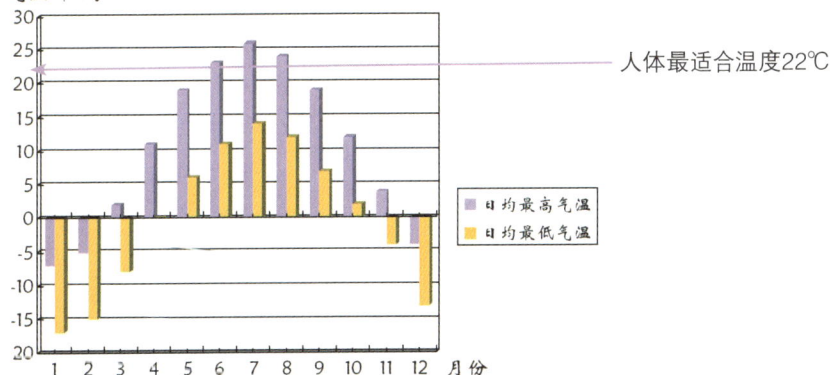

▲ 蒙特利尔全年日均气温变化示意图

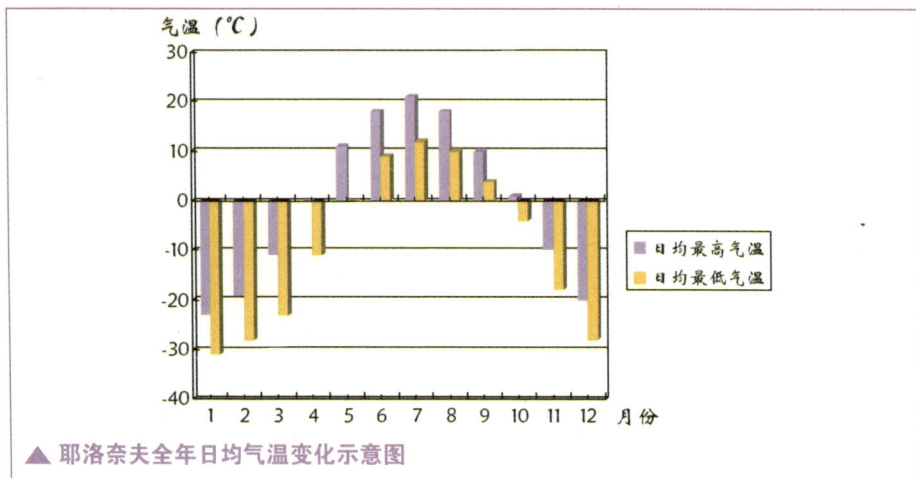
▲ 耶洛奈夫全年日均气温变化示意图

最佳季节所需衣物

北极地区非常寒冷，表格所显示的温度是均温，夜晚的温度最低能达到−50℃，通常这个温度也正是北极光最容易出现的时候。虽然可以在保暖设备齐全的室内/帐篷内观看，但是很多人还是愿意到广袤的天地间感受北极光变幻的魅力。穿得保暖一些很有必要，一般要准备的物品必须包括保暖内衣、棉衣、防寒衣、厚靴子、厚帽子、厚手套等。此外，最好能带个保温杯，喝热水补充体能。

北极地区最佳季节所需衣物								
衣物种类	9月	10月	11月	12月	1月	2月	3月	4月
风衣	√	—	—	—	—	—	—	—
套装	√	—	—	—	—	—	—	—
厚外套	√	—	—	—	—	—	—	—
薄毛衣	√	√	—	—	—	—	—	—
防寒服	√	√	√	√	√	√	√	√
冲锋衣	√	√	√	√	√	√	√	√
皮帽皮手套	—	√	√	√	√	√	√	√
棉衣	—	√	√	√	√	√	√	√
冬大衣	—	√	√	√	√	√	√	√
厚呢外套	—	√	√	√	√	√	√	√
羽绒服	—	—	√	√	√	√	√	√
保暖内衣	—	—	√	√	√	√	√	√
厚靴子	—	√	√	√	√	√	√	√

北极地区路线： 蒙特利尔—耶洛奈夫—怀特霍斯6天6夜游

城市	日期	6天6夜的北极地区路线	每日安排
蒙特利尔	Day 1	上午	诺特鲁丹大教堂→蒙特利尔市政厅
		下午	蒙特利尔植物园→麦吉尔大学
耶洛奈夫	Day 2	上午	在路上
		下午	北方边境游客中心→耶洛奈夫立法院→威尔士亲王博物馆
	Day 3	上午	午夜阳光艺术店
		下午	极光村
怀特霍斯	Day 4	上午	休息
		下午	黑梳山滑雪度假村
	Day 5	上午	S.S.克朗代克国家历史遗址
		下午	塔基尼温泉
	Day 6	上午	育空旅行社跟团游
		下午	回国

蒙特利尔圣母大教堂

到达蒙特利尔

蒙特利尔被誉为北美的"浪漫之都"，这里有半数以上的居民是法国后裔，他们让蒙特利尔的生活洋溢着浓郁的浪漫气息。城市里随处可见美丽的哥特式教堂，供游客走近当地人虔诚信教的精致生活；如果你逛累了、走倦了，也可以随时停下，找一家装修质朴的咖啡馆，享受在馨香中沉思的乐趣，周围没有人大声地交谈，即使是情侣，也只是亲昵地依偎着，用耳语般的声音交流。虽然听不懂法语，你却会喜欢看他们交谈；虽然不在意外貌，你却乐意欣赏街头走过的摩登女郎。到这里游玩，就尽情地放缓脚步，把旅游变成度假，享受每一分钟的精彩。

通航城市

目前，中国目前没有直达蒙特利尔的航班，比较便利的是乘坐飞机到温哥华或多伦多，再转机。大多数情况下买到的机票包含转机票，所以也不算太麻烦；如果要从芝加哥、底特律等城市中转，不出机场的情况下没有美国旅游签证也可以，但是最好办理过境签证，免去意外的麻烦。

从中国飞往蒙特利尔的航班

从中国飞往蒙特利尔的航班大多要中转，买票时购买联程的机票是最方便的，不用出机场就能够到蒙特利尔；另外此路线在路上用的时间比其他行程要多些，往返全程可能要用2天，建议多请半天或一天假。从中国到蒙特利尔的机票单程含税约6500元人民币，航班相关信息可从下文内容参考。

中国飞往蒙特利尔的航班				
航空公司	航空公司电话	出发城市	单程所需时间	出航信息
加拿大航空 www.aircanada.com	0888-2472262（预约）0888-4227533（指南）	北京	16.6~20.5小时	18:05起飞，从多伦多中转的班次最方便，可在15:30，前往机场，于蒙特利尔22:40到（北京时间约次日11:00），然后去宾馆休息
		上海	17.5~20.5小时	17:10起飞，从多伦多中转的班次最方便，上午带着行李工作，14:30到达准备乘机，于蒙特利尔22:45可到
海南航空 www.hnair.com 加拿大西捷航空 www.westjet.com/guest/en/flights	海南航空 北京010-59157602 上海021-32512100 加拿大西捷航空 0888-9378538	北京	18.4~20.4小时	13:55起飞，从多伦多中转最方便，于蒙特利尔19:14可到，能体验蒙特利尔的夜生活，有更充足的休息时间
		上海	22.5~42.5小时	从上海出发，这个组合的联程还需要从上海到北京，班次很多，就是时间增加不少，距离上海近的游客可乘坐加拿大航空公司的航班

如何到市区

绝大多数到蒙特利尔的游客都需要乘坐飞机，也有少数游客先到加拿大的温哥华、多伦多、渥太华等城市，然后乘坐灰狗巴士或者长途汽车前来。本书主要介绍从蒙特利尔机场到市区的交通。

从机场到市区

蒙特利尔的国际型客运机场是蒙特利尔皮埃尔·埃利奥特·特鲁多国际机场（Montréal-Pierre Elliott Trudeau International Airport），简称为特鲁多国际机场，该机场客流量很大，交通便捷，游客可以利用下述方式到达市区。

特鲁多国际机场到市区的交通			
交通方式	单程时间	乘车费用	相关信息
机场巴士 L'Aérobus	约45分钟	成年人单程约16加元	大约每隔0.5小时有1班车，途经重要酒店；可在机场主入口外的售货亭和候机楼内的柜台买票；电话0514-8422281，网址www.autobus.qc.ca
城市巴士 Autobus	全程0.5~1小时	成年人单程约3加元，套票有优惠，6张的大约12加元；旅游卡主要有2种，1天内有效的约9加元，7天内有效的19加元，有效期内均可任意换乘	在机场出口处，寻找罗密欧瓦尚/蒙特利尔机场站（Roméo-Vachon / Aéroport de Montréal），乘坐747路城市巴士，在勒-莱韦斯克/维尔酒店站（René-Lévesque / de l'Hôtel-de-Ville）站下车，向东步行约200米可到议会大厦；乘坐城市巴士需要前门上车，后门下车；白天和晚上的班次有区别；网址www.stm.info/fr/infos/reseaux/bus
城际列车	单程约0.5小时	列车票单程约5加元	在机场出口处，寻找特鲁多国际机场东站（Aéroport int. Montréal-Trudeau vers l'Est），乘坐204路公交车，在阿尔贝站（Albert-de Niverville / Rodolphe-Pagé）下车，向东南步行约600米，到多瓦尔火车站（Gare Dorval）乘坐

蒙特利尔1日行程

　　经过10多个小时的飞行，身心疲惫，尽管匆忙地休息了一晚上，依然可以再调整一下。在蒙特利尔这1天，正好享受宁谧的下午，到精美的教堂去参观、聆听当地人做礼拜；到有趣的博物馆去游览、了解当地的人文历史；到五彩的花园去踏青，寻访舞动的花之精灵。

Day 1　诺特鲁丹姆大教堂→蒙特利尔市政厅→蒙特利尔植物园→麦吉尔大学

蒙特利尔1日行程		
时间	目的地	行程安排
10:00～11:00	诺特鲁丹姆大教堂	在大教堂聆听当地居民的礼拜、祷告，感受他们虔诚的心境
11:00～12:30	蒙特利尔市政厅	参观市政厅，了解当地更多历史；欣赏建筑
12:30～13:30	总督餐厅	在总督餐厅享用法餐，感受蒙特利尔的法式浪漫
13:30～16:30	蒙特利尔植物园	观植物百态，与姹紫嫣红合影，寻找花间飞舞的精灵
16:30～18:30	麦吉尔大学	感受加拿大著名学府的学子们严谨治学的气氛，怀念青春年少的时光，感叹时光易逝
18:30～21:30	雅克·卡尔捷广场	赏鲜花、买水果、喂鸽子、融入当地人的夜生活中

名士-奥雪来嘉-梅桑纳芙
Mercier-Hochelaga-Maisonneuve

BC间约9.1千米，
乘车约13分钟

Rue Viau

Boul Pie-IX

蒙特利尔植物园
Montreal Botanical
Garden

C

Vlauville

Boul Saint-Michel

Boulevard Saint-Joseph Est

Boul Pie-IX

Boulevard Rosemont

CD间约5.7千米，
乘车约12分钟

Rue Rachel E

Rue Sherbrooke E

Rue Hochelaga

Rue Ontario E

Rue Notre-Dame E

圣劳伦斯河

隆格伊
Longueuil

Avenue Papineau

Rue d'Iberville

拉封丹公园
Parc La
Fontaine

圣玛丽
Sainte-Marie

Pont Jacques-Cartier

圣埃莱娜岛
Ile Sainte-Helene

Autoroute René-Lévesque

DB间约2.4千米，
乘车约5分钟，
步行约40分钟

拉丁区
Quartier
Latin

蒙特利尔市政厅
Montreal City Hall

麦吉尔大学
McGill University

D

B

A

AB间约0.5千米，
步行约10分钟，
乘车约2分钟

Rue Riverside

吉尔斯·
维伦纽夫赛道
Circuit Gilles
Villeneuve

诺特丹姆大教堂
Notre-Dame Basilica
of Montreal

▲ 蒙特利尔1日行程路线示意图

诺特鲁丹姆大教堂

　　诺特鲁丹姆大教堂（Notre-Dame Basilica of Montreal）又叫蒙特利尔圣母大教堂，是北美最大的教堂，被人们亲切地称呼为"小巴黎圣母院"，因其外观参照法国巴黎圣母院的样式建造而得名。该教堂位于蒙特利尔市老城中心地带，对面是卡尔捷广场；出生于蒙特利尔的乐坛巨星席琳·迪翁就是在这个教堂举办的婚礼。

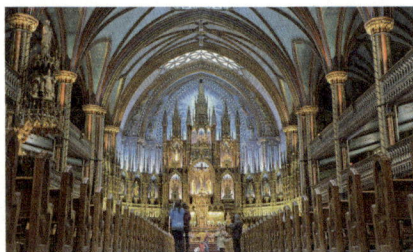

旅游资讯

地址：110 Rue Notre-Dame Ouest

交通：乘坐55、361路公交车至Notre-Dame/Saint-Sulpice站下车，向西南步行约100米即可；也可以乘坐地铁2号线（橙色线）至Station Place-d'Armes站下车，沿着Rue Saint Sulpice向东南步行约200米即可

票价：5加元；晚上的声光秀（Sound and Light Show）票价约10加元

开放时间：5月至9月9:00～16:00，11月至次年4月10:00～15:00

网址：www.basiliquenotredame.ca

电话：0514-8422925

旅友点赞

　　圣母教堂的建筑风格类似哥特式，外观呈四方形，用砖石建造，由彩绘玻璃、玫瑰窗、胡桃木雕刻等装饰，看起来历史厚重，而又华丽庄重；东西两侧各有高大的塔楼，东塔是由10个钟组成的编钟，西塔是重达11吨的巨钟。教堂大厅充满艺术气息，黄金圣坛在明艳的蓝色灯光下更显得流光溢彩，花窗和彩色玻璃借由日光向大厅投射出错落的光影，让人忆起童年的某些场景；最吸引游人的还有管风琴，据说这是全世界规模最大的管风琴。

蒙特利尔市政厅

旅游资讯

地址：275 Rue Notre-Dame East

交通：乘坐361路公交车至Notre-Dame/Place Jacques-Cartier站下车，向西北方向步行约80米即可；也可以乘坐地铁2号线至Station Champ-de-Mars站下车，向东南步行约230米即可

网址：www.montreal.qc.ca

票价：免费

开放时间：周一至周五8:00～16:30

电话：0514-8720311

　　蒙特利尔市政厅（Montreal City Hall）位于圣母路上，是一栋优雅宏丽的大楼，它是蒙特利尔的灵魂。这个大楼借鉴第二帝国的建筑风格，有修长的圆柱及绿色的折线型屋顶；屋顶高耸的绿色塔楼在夏天明亮的阳光下显得十分典雅；每逢节庆日，整个大楼沉浸在璀璨的灯光里，显得格外辉煌。游客还可以从圣劳伦斯河的船上遥望它，呈现出更是让人心动的景致。

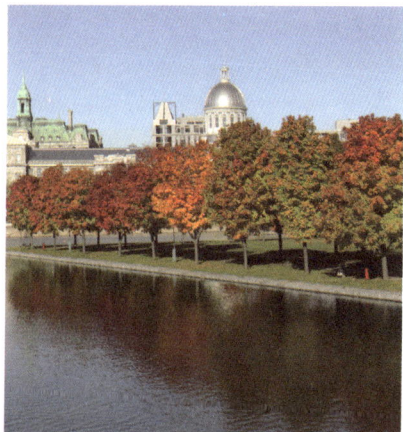

旅友点赞

　　议事大厅里还保留着当年议员的席位，议事大厅的门廊内侧立着两尊铜像，再现了当年欧洲移民为开拓这片土地而辛勤劳作的情景；游客们都很喜欢在名人堂里拍照，感觉非常有田园气息，适合近距离观赏。市政厅里只有一部分可供参观，有些部分被市政府用以接待贵宾。

中午在哪儿 吃

蒙特利尔在美食界享有"烹调之都"的美誉，是加拿大饮食特色较为鲜明的城市之一。在这里，游客可以尽情品味熏肉、培果、普丁等蒙特利尔特色小吃，也可以把不同口味的奶酪和巧克力糖作为逛街中的甜点，还可以去著名的餐馆吃一顿口味正宗的法国菜式，甚至可以去尝试在蒙特利尔的世界各地美食，比如越南粉、意大利比萨和英式牛排等。

游玩了半天，如果条件允许，就到总督餐厅享用美食吧，这里的当地美食非常正宗，主营法式佳肴，其美味程度能让法国美食爱好者竖大拇指称赞。

1 总督餐厅

总督餐厅（Restaurant Des Gouverneurs）是在蒙特利尔品尝正宗法餐最好的餐厅之一，夏季的时候这里会开放露台，供游客在遮阳伞下一边吹自然风，一边享用丰盛的汉堡、蘑菇浓汤、法式三明治，甚至桑格利亚汽酒。该餐厅将枫糖、冰酒等融入法餐文化中，其中冰苹果酒配蜂糖鸡胸、迷迭香酱料配西红柿煨羊腿都是该餐厅的经典美食。

地址：458 Place Jacques Cartier
交通：从市政厅出来，向南步行约60米即可
网址：www.restaurantdesgouverneurs.com
人均消费：40～60加元，需收总消费15%的小费
电话：0514-8610188

蒙特利尔植物园

蒙特利尔植物园（Montreal Botanical Garden）有10个温室和30个不同主题的室外花园，是北美最著名的植物园之一。除温室和园林外，蒙特利尔植物园还有座独特的昆虫馆，这里除了展出标本外，还散养着自由飞舞的各种昆虫。植物园一年四季变换着各种绚烂色彩，吸引游客的目光；空气中时刻弥漫花木清香，令游客络绎不绝地前来观赏。

旅游资讯

地址：4101 Sherbrooke East
交通：从市政厅沿着Bue Notre-Dame E向西南步行约350米，在Bue Notre-Dame E与St Laurent Blvd交汇处向西转（右转），步行约40米，找到Saint-Laurent/Saint-Jacques站，乘坐55路公交车，在Station Saint-Laurent/De Maisonneuve下车，向东北步行约20米，在地铁站的Station Saint-Laurent站乘坐1号地铁（绿色线），在Station Pie-IX站下车，即到植物园附近
票价：成年人至少准备15加元游玩场馆
开放时间：9:00开馆，各场馆闭馆时间不同，个别场馆周一休息
网址：www.espacepourlavie.ca
电话：0514-8721400

植物园温室区旁的梦湖园是座中国明代风格的园林，由园林家乐卫忠先生设计，占地面积很大，建造精致，颇有苏州园林的风范。在这个园林里面，有大量的水环境，包括湖泊、池塘、瀑布、小溪等各种姿态，它们在不经意间出现在某个角落，让游客眼前一亮。梦湖谐音"蒙沪"，象征这对友好城市的友谊。每年中秋梦湖园都举办以花灯为主的赏灯会，据说这些花灯是在上海手工制作的，上千盏精致花灯吸引众多游人驻足观赏。

麦吉尔大学

在加拿大的所有大学里，麦吉尔大学（McGill University）综合排名仅次于多伦多大学，学术氛围浓厚，是众多知名人士的母校。校园内的科研设施很完善，生态博物馆、物理博物馆、加拿大博物馆、植物园、植物标本室都有丰富的收藏品。来到这所大学，一定要去著名雷德帕思自然历史博物馆参观，里面展出各类化石、矿石以及动物标本。

旅游资讯

地址：845 Rue Sherbrooke Ouest

交通：从植物园出来，回到Station Pie-IX地铁站，乘坐地铁1号线，在Station McGill站下车，过马路，在公交车站Station McGill（De Maisonneuve / University）乘坐125-O（欧）路公交车，在du Président-Kennedy/Aylmer站下车，向西北步行约120米即到

网址：www.mcgill.ca

票价：免费

电话：0514-3985533

旅友点赞

麦吉尔大学看起来非常低调和古典，大门普普通通，校园里的学子们都匆匆忙忙夹着书或去图书馆，或去做实验，很少有人悠闲地歇着；校园里的教学楼是建筑中的精品，书店也非常有特色，很受女性的喜爱；最受游客喜爱的莫过于麦吉尔先生（加拿大著名毛皮商、慈善家）的雕像，雕像上他笑容可掬，亲切自然，这座大学就是由他捐建的。雷德帕思博物馆里有复原后的恐龙骨架、珍稀化石、埃及古镜、日本甲胄等，是游客相机里留存最多的回忆。

晚上在哪儿玩

傍晚如果不想走得太远，可以在麦吉尔大学周边的小吃一条街闲逛，或者在校园里漫步，看学子们下课后的活动，有的学子可能还会继续读书，有的会三三两两相约休闲，到处充满了青春的气息。如果傍晚还有余力，可以到雅·卡尔捷广场去逛，这里最适合傍晚游玩。

1 雅克·卡尔捷广场

　　雅克·卡尔捷广场（Place Jacques Cartier）占地面积不大，却颇有人气，与蒙特利尔市政厅隔圣母街相望，附近还有邦斯库尔市场和教堂。广场上的花房和水果摊生意兴隆，闲逛中可以买斤时令水果，用心品尝；也可以观看街边的艺人表演；还可以乘坐仿古马车，伴着铃声游览；走累了还可以在咖啡厅坐下，看技师熟练地烹煮咖啡，听当地居民用法语交谈，感受到他们轻松的心情和浪漫的情怀。

> 地址：面向圣母街
> 交通：乘坐地铁在Champ de Mars站下可到

如果多待一天

　　如果有多一天的游玩时间，蒙特利尔还有著名的美术馆、风景优美的公园、与世无争的小岛可供游客游玩；如果想要寻访家乡的足迹，可以到中国城，这里的一草一木，都能让人仿若置身中国；如果想要购买礼品，可以到老城区、圣凯瑟琳街等地挑选当地特产；如果想要从不同的角度欣赏蒙特利尔，你可以欣赏当地的歌舞剧、参加户外活动、在酒吧里消夜。

多待一天的游玩

　　蒙特利尔的景点虽然不多，却都非常精致，是个让人身心舒适的小城。只要能在蒙特利尔多待一天，这里独特的风景一定不会让游客失望。

1 蒙特利尔美术馆

　　蒙特利尔美术馆（The Montreal Museum of Fine Arts）是加拿大最古老也最具影响力的美术博物馆之一，馆内有3万多件永久藏品，包括世界各地不同时代迥异风格的绘画、雕塑、装饰品，甚至远古器具等艺术珍品。该馆定期在加拿大国内外举办各种形式的大型展览，吸引了众多艺术爱好者前来借鉴学习。

> 地址：1380 Rue Sherbrooke Ouest
> 交通：乘坐地铁1号线至Station Guy-Concordia站出，向北步行约200米即可
> 票价：免费，专题展览成年人12加元，周三17:30后半价
> 开放时间：周二至周日11:00～17:00，周三专题展11:00～21:00
> 网址：www.mbam.qc.ca
> 电话：0514-2852000

多待一天的美食

如果想一边呼吸大自然的新鲜空气，一边自己动手丰衣足食，你可以去皇家山，这是享用烧烤的绝佳地点；如果想在安抚味蕾的同时体验波西米亚风情，可以去麦尔安德（The Mile End），这里有香醇的咖啡、精致的甜点，还有波希米亚风情表演；如果想寻访意大利美食，可以去麦尔安德附近的小意大利社区，这里的让·塔隆市场（Jean Talon Market）是蒙特利尔最大的集市，市场中除了有新鲜蔬果，还有各种奶酪和肉类；如果思念家乡的味道，就去中国城，这里地道的饺子、烧麦、包子、豆腐卷、叉烧肉都会让你大呼过瘾。

1 西/葡风味餐厅

西/葡风味餐厅（El Gitano）的西班牙海鲜饭（Paelles）可以和巴赛罗那当地餐厅做的相媲美，有各种海鲜和肉类组合供选择，味道正宗，值得

地址：3507 Avenue du Parc
交通：乘坐公交车80、129、365、435路至du Parc/Milton站下车后步行前往即可
电话：0514-8438212

品尝；海珍煲（Seafood Casserole）也是精品佳肴，这道菜的调味汁（sauce）味道极好，爽口提鲜，菜内的海鲜有牡蛎、带子（鲜贝的闭壳肌）、大小龙虾、鲜虾、墨鱼、扇贝和鱼柳等，价格较高，但味似珍馐。这家餐馆在蒙特利尔老城驻扎80多年了，颇受当地人及游客喜爱，每周六晚还有现场西班牙弗拉门戈艺术（Spanish Flamenco）表演。

多待一天的购物

在蒙特利尔，游客可以购买传统的枫糖制品、清甜芳香的冰酒、鲑鱼制品和手工艺品，还可以逛专卖皮革制品的商店，这里有设计时尚兼具舒适精致的皮草，外形非常有创造性；此外，还能购买古董、高雅的艺术作品等。

圣凯瑟琳街

圣凯瑟琳街（Sainte-Catherine Street）是蒙特利尔最繁华的街区，这里有世界各大品牌专卖店以及多家大型购物中心、百货公司，其中有伊顿购物中心（Montreal Eaton Centre）、拉拜百货商场（La Baie）以及蒙特利尔直街（Place Montreal Trus）。街上蒙特利尔美术馆的周边是充满艺术氛围的购物区域，这里无论是时装店、艺术品店、画廊、珠宝店还是各类精品店，都有独到品位。

地址：街道的中心点位于Fort Street和Saint Catherine Street West交汇处
交通：乘坐15、358路公交车至Sainte-Catherine/du Fort站下车即可

多待一天的娱乐

蒙特利尔素有"不夜城"之称，随处可见营业至凌晨的夜间娱乐场所，最受喜爱的消夜街是圣丹尼斯街（Saint-Denis Street）；圣凯瑟琳街等繁华街区，这里的地下城都设有电影院、舞厅、酒吧等各种娱乐场所。在夏季，蒙特利尔城区里举办各式各样的水上活动，冬季有各种溜冰滑雪的比赛；夏季的老港口（The Old Port）整天都有丰富的娱乐活动，在冬季，这里则是最好的滑冰场之一。

Les Foufounes Électriques

Les Foufounes Électriques是个画廊艺术酒吧，1楼最受顾客的欢迎，展出有各种涂鸦艺术的画作。另外酒吧里每天也有不同主题的艺术表演，DJ将劲爆的音乐调为高音，所有顾客都沉浸在表演里，喜欢活动的顾客还会和着音乐舞动身体。该酒吧附近还有很多其他酒吧。

地址：87 Rue Sainte-Catherine Est
交通：乘坐55、363路公交车至Saint-Laurent/Sainte-Catherine站下车，向东北方向步行约80米即可
网址：www.foufounes.qc.ca
票价：每天的主题不同，票价也不同，一般为4～8加元
营业时间：15:00至次日凌晨3:00
电话：0514-8445539

蒙特利尔住行攻略

蒙特利尔的酒店大多价位较高，但是酒店内部设施齐全，服务非常优质，可谓物超所值；住在蒙特利尔需要提前预订。在蒙特利尔出行很方便，这里有发达的地铁和公交系统，包含了各大景点所在区域，可供游客根据实际情况选择合适的方式。

在蒙特利尔住宿

在蒙特利尔机场或者市区内的旅游问询处可以免费预约住处，机场内也有酒店的照片和预订电话。需要注意的是，蒙特利尔的住宿价格在旅游旺季比较高（如夏季和圣诞节），除此之外的时间段，价格便宜很多；而在本书的线路里，由于主要的目的是冬季观看北极光，所以正好避开了夏季高峰期，但是要注意尽可能不要在圣诞节前后出行。

⓵ 经济旅舍

经济旅舍（B&B Econo Hostel Montréal Bed and Breakfast）位于蒙特利尔的黄金地段，毗邻市区内的各大主要景点。酒店内设多种设施和服务，顾客可以使用酒店的停车场、自行车出租服务、无线网络（公共区域）、公用厨房等，还可以利用酒店的休闲设施（如按摩）来放松身心；客房内的设施包括无线网络（免费）、浴缸、禁烟房、电视、茶/咖啡，总之酒店很温馨，服务也很好。

地址：2156 Montgomery, 2nd balcony, up outdoor
交通：乘坐125、355路公交车至Ontario/Wurtele站下车，向西步行约150米即可
网址：www.bbeconohostel.com
参考价格：标准双人间约55加元（折合人民币约330元）/晚
电话：0613-7451576

⓶ 蒙特利尔零1酒店

蒙特利尔零1酒店（Hotel Zero 1 Montreal）采用现代设计风格，其户外露台享有蒙特利尔市中心娱乐区（QuartierdesSpectacles）的全景，客房均设有小厨房。客房隔音效果很好，带有独立休息区间，配有平面有线电视、iPod基座和免费无线网络。酒店设24小时前台、商务中心和洗衣设施，每天早晨供应欧式自助早餐，距离唐人街、圣凯瑟琳街、老城区等都非常近，步行可到。

地址：1 Boulevard René-Lévesque Est
交通：乘坐55、363路等公交车，在Saint-Laurent/René-Lévesque站下车，向西北步行约40米即到；也可以乘坐地铁1号线，在Station Saint-Laurent站下车，向东南步行约200米即到
网址：www.zero1-mtl.com
参考价格：大号床房约170加元（折合人民币约930元）/晚
电话：0514-8719696

蒙特利尔其他住宿地推荐

名称	地址	电话	网址
Hyatt Regency	1255 Rue Jeanne-Mance	0514-9821234	www.hyatt.com
Marriott Chteau Champlain	1050 Rue de la Gauchetière Ouest	0514-8789000	www.montrealchateauchamplain.com
Chateau Versailles Hotel	1659 Rue Sherbrooke Ouest	0514-9333611	www.chateauversaillesmontreal.com
Hôtel Casa Bella Inc	264 Rue Sherbrooke Ouest	0514-8492777	www.hotelcasabella.com

在蒙特利尔出行

蒙特利尔市内交通非常顺畅，有各种交通工具可供出游选择。全市的公共交通系统包括：地铁系统、1600多辆公交车、连接西郊和西北郊的轻轨铁路。这种系统化的交通线路，让市民和游人出行很方便。

地铁

蒙特利尔地铁交通发达，是市区内最方便的交通方式。地铁线路有橙、黄、绿、蓝4条，将近100个站点，线路覆盖了整个市区，在各线之间可以不出站换乘。地铁高峰期时，每3分钟左右1班，晚上10分钟左右1班。蒙特利尔地铁站免费提供公车线路图和蒙特利尔地图，建议游客领取后随身携带。如需转车可向票务员索取转车票，可在有效时间内无限次转乘地铁和公交车。

地铁票价统一且可以和公交车票通用，单程车票约2加元/张，一次购买6张或12张有优惠；还可在旅游中心、酒店或博物馆等地购买旅客使用的1日票或3日票。

公交车

蒙特利尔有上百条公交车线路，其中包括约30条夜间线路。公交车到站时刻固定，基本5分钟一趟，繁忙时段车次更多。车站一般贴有时刻表和线路图。游客乘坐公交车即将到站时，应按下车后门扶栏上的红色按钮，向司机发出下车的信号。如无人按钮，司机将不会停车。

公交车日票可在车票有效时间内无限次搭乘地铁或公交车，1日票5加元，3日票12加元；周票12加元，月票48加元。

从蒙特利尔至耶洛奈夫

从蒙特利尔（Montréal）至耶洛奈夫（Yellowknife）只能乘坐飞机，而且没有直飞的航班，建议提前预订机票，并且安排好之后的行程，防止延误飞机。如果选择自驾，车程约为5200千米，冬季时有些公路路段不便于行驶，建议乘坐飞机。

飞机

从蒙特利尔至耶洛奈夫的航班都需要至少1次中转，中转地点通常是多伦多或者卡尔加里，相关的航班信息可通过下文简单了解。

蒙特利尔至耶洛奈夫的航班				
航空公司	航空公司电话	出发城市	单程所需时间	出航信息
加拿大航空 www.aircanada. com	从中国拨打 0514-3933333 从加拿大拨打 0888-2472262	蒙特利尔	加上中转等待时间 8.5～12小时	蒙特利尔时间8:00、11:00、12:00、14:00等都有航班能飞往耶洛奈夫；单程含税票价折合人民币约2800～5000元

蒙特利尔塔

到达耶洛奈夫

耶洛奈夫（Yellowknife），即俗称的"黄刀镇"，它是加拿大西北地区（Northern Territories）的首府，位于北极圈南面450千米，由于曾在这里发现黄金，所以这里逐渐发展成城镇，并成为加拿大西北地区最大的贸易和交通中心。耶洛奈夫最著名的景点莫过于晚上的极光，白天可以在博物馆了解当地的历史、欣赏艺术作品，也可以体验狗拉雪橇、滑雪等趣味活动，周边值得游玩的景区是伊努维克小镇（Inuvik）。

如何到市区

从耶洛奈夫机场到市区的距离大约6千米，通常有2种交通方式可以到达。一种是等待旅游公司的班车接送（前提是预订了旅游公司的跟团游项目）；另外一种是乘坐出租车到住宿区，一般花费约为15加元，需要支付1~2加元小费。

耶洛奈夫2日行程

Day 2 北方边境游客中心→耶洛奈夫立法院→威尔士亲王博物馆

早上即使乘坐8:00的飞机前来，到达时也已经是当地时间的13:00，在飞机上一般会有午餐提供，游客下飞机后再乘坐出租车、狗拉雪橇等交通工具到镇中心，基本上是14:00了。先到酒店报到，再去游客中心报名晚上欣赏极光的活动，然后在周边转一转，了解耶洛奈夫的历史。如果时间还空余，可以回酒店休息片刻，为晚上熬夜看极光做好准备。

当然如果你报名参加了下午乘雪橇、钓鱼等活动，也可以按照自己的计划行动。

耶洛奈夫第1天行程		
时间	目的地	行程安排
14:00~15:00	北方边境游客中心	报名参加当晚欣赏极光的项目（有2种交通方式，今晚乘坐雪橇）
15:00~16:00	耶洛奈夫立法院	在立法院欣赏大名鼎鼎的权杖，了解当地人生活的历史
16:00~17:00	威尔士亲王博物馆	欣赏透视画、雕刻等民间艺术作品，了解因纽特人、印第安人等当地人们的生活
17:00~20:00	回酒店或旅馆	吃一顿丰盛的晚餐，稍微休息一下
20:00至次日1:00	观赏极光的营地	极光在夜空中绽放，备好相机，尽情拍摄；天很冷，通常拍几张照片就要回小屋暖暖身体，相机还要是防寒的

耶洛奈夫立法院
Legislative Assembly
of the Northwest
Territories

AB间约550米，
步行约9分钟

尼文湖
Niven Lake

BC间约400米，
步行约7分钟

北方边境游客中心
Northern Frontier
Visitor Centre

框湖
Frame Lake

探索者酒店
The Explorer

西北地区旅游中心
Northwest Territories
Tourism

威尔士亲王博物馆
Prince of Wales Northern
Heritage Centre

繁多的美食汇
Extra Foods

CD间约300米，
步行约5分钟

耶洛奈夫政厅
Yellowknife City Hall

黑骑士酒吧
The Black
Knight Pub

▲ 耶洛奈夫第1天行程路线示意图

北方边境游客中心

　　北方边境游客中心（Northern Frontier Visitors Centre）提供在耶洛奈夫镇的跟团游玩项目，包括观赏极光（含接送）、划船和划独木舟、露营、狗拉雪橇、钓鱼、寻访文化古迹、徒步、狩猎等，游客可以根据自己的需要报团，虽然比起自由行价格高些，但是在北极地区特殊环境下应该以安全和省心为主。到达耶洛奈夫的第1天，先到游客中心了解游玩信息最重要，游客也可以在其官网上预订团票，有中文繁体字界面。

旅游资讯

地址：4807 49 Street

网址：www.visityellowknife.com

开放时间：周一至周五8:30～17:30，周六、周日及节假日10:00～17:00

电话：0867-8734262

★★ 旅友点赞

　　这里提供的游玩项目非常全面，基本上游客想要体验的都有，价格虽然不低，却省了很多烦恼，直接跟团游玩就可以，工作人员会指导和帮助你玩得开心。关于相关项目的价格可以参考下文。

Tips

到耶洛奈夫拍摄极光，准备的摄影器材除了最基础的相机之外，最好搭配有大光圈的广角镜头（24mm ~28mm）；抓地力很强的三脚架（极地风很大）；镜头布（天太寒，镜头容易起雾）；遥控快门线（手藏在兜里就能按快门，录像也可）；备用电池（天太冷，非常耗电）、备用内存卡等。

北方边境游客中心提供的游玩项目				
项目英文名	项目中文名	价格	游玩时间	内容
Aurora Viewing by Dog Team	狗拉雪橇极光游（最少4位游客）	145加元/人	20:00至次日1:00	和导游一起体验乘坐雪橇在冰冻湖面上疾驰而过的乐趣，30分钟到达营地小屋，包来回接送
Nature Viewing and Snowmobile Tour	雪上摩托自然游（最少2位游客）	115加元/人	1小时	乘坐摩托穿越雪原，体验奔驰的刺激；中途可停下来拍摄美景、游玩冰湖，费用含雪上摩托装备
		145加元/人	2小时	
		155加元/人	3小时	
Snowmobile Aurora Viewing Tour	雪上摩托极光游（最少2位游客）	155加元/人	20:00至次日1:00	乘坐雪上摩托约30分钟到大奴湖畔的营地，品尝地道北极小吃和热饮，静心观赏冬日幻境
Aboriginal Cultural Aurora Viewing Tour	原生土著文化极光观赏游（最少4位游客）	120加元/人	20:00至次日1:00，或21:00至次日2:00	观赏极光的时间为4~4.5小时，同样有小食和热饮，在营地可现场支付35加元获得1.5小时额外观赏时间；还可了解迪恩（Dettah）的历史、当地人的生活方式，参与传统双手游戏和击鼓奏乐
Traditional Dogsled Tour	传统狗拉雪橇（不限人数）	65加元/人	—	乘坐传统雪橇上，由驯狗师带领，在格雷斯（Grace）湖面上享受狗拉雪橇旅程，还可与小狗合影
Drive-Your-Own Dogsled Tour	狗拉雪橇自驾游（不限人数）	75加元/人	—	在驯狗师的帮助下，自己驾驶着雪橇在格雷斯湖上游玩
Yellowknife City Tour	黄刀镇市区游	75加元/人	—	在黄刀镇内体验北极文化
Aurora Viewing Tour	极光观赏游	105加元/人	4小时	温暖的小屋，咖啡、热茶、热汤和当地面包都让观赏极光的过程温暖无比
Ice Fishing Tour	冰湖钓鱼（最少2位游客）	95加元/人	—	乘坐舒适的雪地车，在大奴湖上寻找热门钓鱼点，钻洞垂钓

耶洛奈夫立法院

网址：www.assembly.gov.nt.ca
开放时间：定点开放旅游观光，9月1日至次年5月31日周一至周五10:30；6月1日至8月31日周一至周五，10:30、13:30、15:30，周日13:30

旅友点赞

立法院大楼距离耶洛奈夫市中心仅有几步之遥，位于框湖（Frame Lake）的东南岸边，周围的景致让人印象深刻，距离立法院不远处有广阔的泥炭沼泽，生长着当地原生态野花、野草，立法院门口有很多黑云杉、落叶松和白桦树，这样的环境吸引着小型哺乳动物、鸟类和水禽居住在附近。楼里的中心区域是议事厅，这里一般不对外开放；而大门处的大厅是公共会议区，可供游客参观。

耶洛奈夫立法院（Legislative Assembly of the Northwest Territories）建于20世纪末期，是一座令人印象深刻的圆顶建筑，游客可以了解该地区的原住民生活及习俗，立法院大楼里有非常吸引人的北极艺术。其中最值得欣赏的就是权杖，它的顶端有颗钻石，周围镶银，往下雕刻着北方的动物和鱼，权杖的材质是大理石，大理石上绘制着关于地理环境的想象图。

中午在哪儿 **吃**

如果你是前一天晚上到达耶洛奈夫，今天的行程可以从早上10:00开始。如果你没有报团选择自由行的话，中午一定会很发愁找不到就餐的地方。耶洛奈夫可供美食的地方不多，建议随身携带便利食品，并且带个保温杯，装一杯热水/茶/咖啡；如果游玩的时间在周一至周五，中午可以到威尔士亲王博物馆里面的传承咖啡馆去品尝美食。

1 传承咖啡馆

传承咖啡馆（Heritage Cafe）主要有两种美味的汤值得尝试，一荤一素，供不同口味的游客选择；汤里选用的食材大都是即时捕获的海鱼、从较为遥远地方运送来的蔬果，虽然品种不多，但也别有风味。如果你喜欢吃意大利面，这里有美味的斯巴格缇尼（Spaghettini）可以大快朵颐；如果你想要口味丰富，可以点些美味的沙拉；如果你对肉制品更偏爱，可以要一份博洛尼亚腊肠（Bolognese）；如果你希望尝试新的口味，可以点印第安带鱼烤串和龙蒿虾烤串。

地址：4750 48 Street
交通：从耶洛奈夫立法院出来，向南步行约300米即到
人均消费：约20加元/人
营业时间：周一至周五11:00～15:00，午餐时间11:00～14:00，周六日及节假日休息

威尔士亲王博物馆

威尔士亲王博物馆（Prince of Wales Northern Heritage Centre）是西北地区政府级别的博物馆和档案馆，对于记录和保护有关西北地区的文化和历史有着重要的作用，同时也对当地的教育事业有很大的帮助。馆内的收藏品包括绘画、雕塑、服装、狩猎和劳动工具、地质样品等，琳琅满目，能让游客最大程度地了解当地历史和文化。

旅游资讯

地址：4750 48 Street
交通：从耶洛奈夫立法院出来，向南步行约300米即到
网址：www.pwnhc.ca
开放时间：10:30～17:00
电话：0867-8737551

旅友点赞

这个博物馆的很多藏品都具有极高的考古价值和艺术价值，也吸引着很多对本地历史、文化、艺术感兴趣的专业人士前来收集资料。博物馆还提供"在线展览"的智能模式，对于提高该博物馆知名度有很大的帮助。

晚上在哪儿玩

晚上当然就是到湖滨营地观赏美丽的极光了，记得傍晚回旅店时检查自己的摄影器材电量是否充足、防寒装备是否齐全，然后好好补个觉，或者先到黑骑士酒吧消遣，等待激动人心的20:00到来，然后再前往荒无人烟的营地，观赏北美的极光景致。

黑骑士酒吧

黑骑士酒吧（The Black Knight Pub）可以提供午餐和晚餐，菜品包括沙拉、主食（大块的鱼或者肉）、面包或者面条等；也提供各式美酒，酒吧内经常以动感的DJ音乐作为陪伴客人的背景，服务人员友好而有耐心。你还可以订购他们特制的卫衣和鸭舌帽，上面印着该酒吧的标识——黑骑士。

地址：4910 49 Street
交通：从威尔士亲王博物馆出来，向东南步行约300米可到
网址：www.blackknightpub.com
人均消费：16加元（不含税）
电话：0867-9204041

建议游客提前半年预订机票和酒店，因为每年想要看极光的人非常多，游客如果临时起意当时出行，基本订不上酒店，且机票价格会高得出奇；建议订市中心附近的酒店，虽然价格高些，但是出行方便；强烈建议游客到了当地再报观赏极光的团，因为天气时刻在变化，提前报团万一当天天气不好再退团会非常不方便。

观赏极光最好的天气是无风无云、月色暗淡，游客可以到实时极光预测官网上关注极光的变化：astronomynorth.com/aurora-forecast。

Day 3 午夜阳光艺术店→极光村

在耶洛奈夫的第2天，你可以利用游客中心提供的各种游玩项目丰富自己白天的活动，无论是凿冰钓鱼，还是溜冰滑雪，或是学驾雪橇，都能玩得尽兴。如果想要自由行，可以按下面的路线安排自己的行程。

耶洛奈夫第2天行程		
时间	**目的地**	**行程安排**
9:00~12:00	午夜阳光艺术店	早上沿着50大道步行转悠，可以到东北方向的午夜阳光艺术店看看新奇的小饰品、小玩意
12:00~13:30	公牛餐厅/酒吧	鲜美的鱼，朴实的木屋，异域格调，这顿饭定让人回味无穷
13:30~20:00	极光村	与当地人近距离接触的最好机会

公牛餐厅
BULLOCKS BLSTRO

Haener Dr
Driscoll Rd
Dieveardt Dr
48 St
Niven Dr

尼文湖
Niven Lake

McAvoy Rd
Pilots Ln
McDonald Dr

A

Hamilton Dr

午夜阳光艺术店
Gallery of the
Midnight Sun

42 St

AB间约1.8千米，
步行约30分钟

49 Ave
50 Ave

48 St

43 St

探索者酒店
The Explorer

49 Ave

49 St

School Draw Ave

西北地区旅游中心
Northwest
Territories Tourism

Dettah Ice Rd (Closed Mar-Dec)

44 St

极光村
Aurora Village

50 St
51 Ave
52 St
49 Ave

45 St

B

School Draw Ave

51 St

52 St

53 St

School Draw Ave

48 St

▲耶洛奈夫第2天行程路线示意图

午夜阳光艺术店

　　午夜阳光艺术店（Gallery of the Midnight Sun）成立至今有十多年历史，坐落在耶洛奈夫的老城区，受到游客的喜爱。该店使用原木建造成型，无论是外观还是内部，都具有浓郁的北极地区特色。艺术点内部装饰着各种各样的手工挂毯、版画、鹿皮皮鞋、桦树木篓等，还有鸡血石、驯鹿鹿茸、麝牛角和驼鹿皮等珍贵的物品。游客可以从这里购买皂石雕塑、手工艺术品、皮毛制品、饰品，甚至钻石。

旅游资讯

地址：5005 Bryson Drive

交通：沿着50号大道（50 Ave）一直向东北步行，到与布莱森街（Bryson Dr.）交汇处即到

参考价格：帽子165加元/顶；棉毛耳罩65加元/副

开放时间：周一至周六10:00～18:00，周日12:00～17:00

网址：galleryofthemidnightsun.com

电话：0867-8738064

★★★ 旅友点赞

　　这家店里有一只年纪非常大的雪原狗负责迎接游客，名字叫"露西"，它喜欢卧在店门口有阳光的地方。游客好评率最高的物件有因纽特人娃娃、当地传统服装、小型饰品；鹿皮鞋也非常受欢迎，不仅因为其民族风的外貌，而且因为其柔软舒适的脚感，很多游客都会买上一双。幸运的话，你还会发现整张狐狸皮毛，非常干净和柔顺，喜欢的话可以合影（不建议购买，出海关容易入海关难）。

中午在哪儿吃

　　逛了一上午，饿的时候很希望能吃到丰盛的午餐。从午夜阳光艺术店出来，再向东北步行约260米可到当地很有名气的一家餐厅，名字叫做公牛餐厅/酒吧，这里提供的美食让顾客赞不绝口。

公牛餐厅/酒吧

　　公牛餐厅/酒吧（Bullock's Bistro）最值得品尝的就是鱼，食材非常新鲜，烹饪方法多样，尽管服务员用豪爽简单的服务方式招待客人，却依然阻挡不住顾客源源不断前来消费。该饭店烹饪的鱼有北极红点鲑鱼（Arctic Char）、狗鱼（Pickerel）和梭鱼（Muskellunge）等，配菜通常为薯条、生菜沙拉。

地址：3534 Weaver Drive

人均消费：午餐约18加元/人，晚餐约28加元/人（不含税）

电话：0867-8733474

221

极光村

极光村（Aurora Village）可供消遣大半天时间，你可以跟当地的原居民聊天、一起活动，报名参加晚上的赏极光团，团里会有专业的摄影指导，帮助游客拍出美丽的极光照，虽然要花钱，但是十分值得。该村的赏极光团设施还包括开放式烤棉花糖炉，供游客在等待的时间里消磨时间。在这里游玩有3种方式，除了传统的狗拉雪橇、雪地摩托之外，这家还提供雪地健行的方式，这是了解当地人生活习俗最便捷的方式。

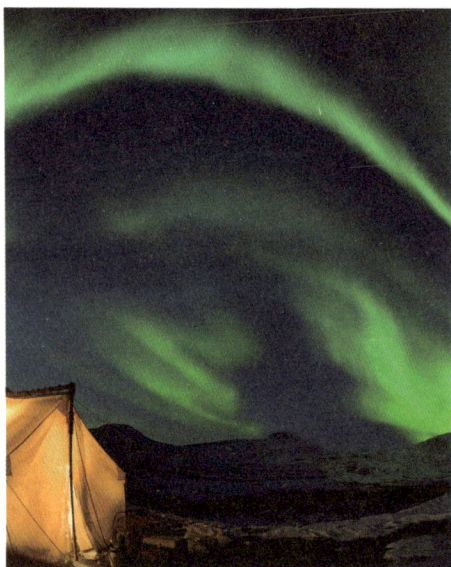

旅游资讯

地址：5114 52 Street

交通：从公牛餐厅/酒吧出来，沿着50号大道（50Ave），向西南方向步行约1.3千米，在与52号街（52 Street）交汇处向东南步行约300米即到

网址：www.auroravillage.com

票价：雪地健行95加元/人（不含税），其他项目的价格与游客中心的基本一致

开放时间：雪地健行时间12:30～17:00（由市中心到郊区再返回）

电话：0867-6690006

旅友点赞

这个村里还有巨大的滑梯，可供游人玩耍，十分有趣。最好玩的是和小狗们合影，它们品种大都是哈士奇，眼神伶俐带光，闲下来的时候都很活泼，大声地吠叫着，有的还会互相撕咬、玩闹，跑起来就很安静了，能感觉到它们的健壮。雪地健行体验是跟着原住民导游在村后的小径上步行，导游会讲解他们如何辨别使用的药材、附近生活的动物、怎样与动物相处、怎样捕获动物以增加食物来源等生活技能。

晚上在哪儿玩

引用世界最著名的阿拉斯加摄影师星野道夫的书《在漫长的旅途中》的一句话："人，其实总是在潜意识中，透过自己的内心浏览风景。极光的奇妙光芒所诉说的，或许就是每个极光凝望者心里的风景。"在耶洛奈夫赏极光的心情就是这样，你心里想着什么，看见的就是什么。

晚上如果天气晴朗，就继续观赏极光，尤其前一天没看到极光或者没拍下好照片时，这一天是最迫切要去看极光的。但如果天阴、有雨，都不适合观赏极光，不如让自己好好放松，回酒店休息或者到酒吧小坐。

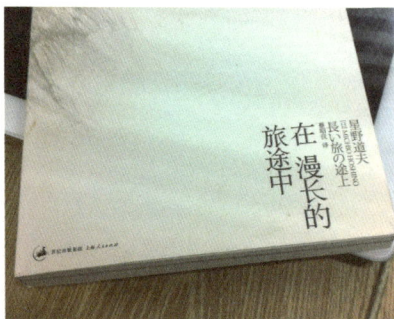

山姆的猴子树酒吧

　　山姆的猴子树酒吧（Sam's Monkey Tree Pub）被认为是耶洛奈夫镇数十年来最热情好客的酒吧，这里有现场乐队即兴表演让游客欢乐无比、美妙的DJ音乐让激情沸腾，还有各式美酒供游客暖身。在酒吧还能边品酒边看电视，电视接了卫星，频道比较多。晚上提供牛肉蔬菜汤、汉堡、香肠等美食。

地址：483 Range Lake Road #1
网址：www.samsmonkeytree.com
人均消费：大约15加元/晚，就能连吃带玩非常开心；如果饮酒较多，花销会相应增加
营业时间：周一至周三11:00至次日1:00，周四至周六11:00至次日2:00
电话：0867-9204914

如果多待一天

　　如果在耶洛奈夫多待一天，你既可以到新城区去转一圈，了解当地的发展状况；也可以到野牛国家公园消遣一天；还可以去滑雪场体验当地最有特色的运动项目。耶洛奈夫除了有提供煎鱼、煎肉的当地餐厅外，还有不少中式餐厅、日本餐馆，以及熟悉的麦当劳、赛百味等快餐店。如果想要购买食材、便利食品，可以到沃尔玛等超市采购；如果想要买些纪念品，可以到当地的小作坊转转；如果想买具有特色的服装，可以到极地皮衣店。

多待一天的游玩

　　如果前两个晚上都没能看到极光，真的是非常遗憾，建议就不要离开耶洛奈夫了，取消后面的行程，因为之后观看极光的过程也基本类似，不如留守在这里继续等待幸运降临；如果假期很长，可以多待一天，就到野牛国际公园感受极地公园的魅力。

野牛国家公园

　　野牛国家公园（Wood Buffalo National Park of Canada）在1983年时被选入《世界遗产名录》之自然遗产之一，位于大奴湖以南，风景优美，有2个著名的湿地，生长着成片的加拿大云杉、香脂白杨、美洲黑云杉和落叶松等珍贵的植物，是举世闻名的野牛国家公园。在这里游玩很有可能看到野牛抵御狼群的壮观景象，当然那时通常是傍晚狼群觅食时。

网址：www.pc.gc.ca/pn-np/nt/woodbuffalo
电话：0867-8727960

多待一天 的美食

在加拿大的北极地区，能找到具有中国元素的餐厅非常不易，虽然这里有一些中国的痕迹。所以如果非常思念家乡的味道，就到下面的餐厅去品尝美味吧。

1 马克餐厅

马克餐厅（Mark's Family Restaurant）是家中西结合的美食餐馆，这里不仅有各种西方美食，比如汉堡、煎鱼、意面等，还有中式美食，比如鸡蛋卷（Egg Roll）、春卷（Spring Roll）、麻婆豆腐（Mopo Tofu）、上海鲜虾面、港式面条等，这些菜肴的味道都能让人有回到家乡的亲切感。

地址：5102 50 St.
交通：沿着50号街（50 Street），向东南步行，至与51号大道（51 Ave.）交汇处可到
人均消费：春卷2.5/份，上海鲜虾面16加元/份，麻婆豆腐16加元/份
电话：0867-9207878

2 红苹果家庭餐厅

红苹果家庭餐厅（Red Apple Family Restaurant）非常受当地人和游客的欢迎，这里有自助餐和非自助餐两种选择，比较受人喜欢的是糖醋排骨（Sweet and Sour Ribs），大厨使用肉厚鲜美的肋骨，不添加味精等调味料，进行烹饪，味道很鲜美。这里的汉堡和混沌汤也非常受人欢迎。

地址：4701 Franklin Ave.
电话：0867-7663388

多待一天 的购物

在耶洛奈夫购物主要是给亲朋好友准备礼物或者给自己买纪念品，除了上文中的纪念品店外，耶洛奈夫小镇上还有少数可供挑选礼品的商店，他们出售的物品也各有特色。

北部纪念品及礼品

北部纪念品及礼品（Northern Souvenirs & Gifts）位于著名的YK中心（YK Centre）的底层，经营咖啡、最新的电子产品、北部地区纪念品等。该YK中心大楼位于耶洛奈夫的市中心地带，包括YK中心、YK中心西、药店、沃尔玛和新世界商业广场。

地址：Panda li
网址：www.ykcentre.com
电话：0867-8739696

多待一天的娱乐

在耶洛奈夫也可以散步作为娱乐，在北极地区明艳的阳光下，白雪皑皑，晃得眼睛微眯，只能藏在各种颜色的太阳镜下，于是周围的景象也变成眼镜的颜色，让人心情愉悦。步行道上人虽然不多，却别有乐趣。

卡梅伦河瀑布步道

卡梅伦河瀑布步道（Cameron River Falls Trail）是耶洛奈夫最有名的步道之一，道路宽阔，周围的民居别有当地特色。漫步在这条步道上，心情会非常放松、愉快。

> 地址：Cameron River Crossing Territorial Park 4,beginnt am Ingraham Trail,Yellowknife

耶洛奈夫住行攻略

耶洛奈夫曾经是加拿大著名的淘金小镇，现在是著名的旅游观光城，每年都吸引着大量的游客前来参加各种有趣味的活动，比如冰雕节、狗拉雪橇大赛等，当然，最著名的还是欣赏极光。所以这里的住宿地有各种类型，能满足不同游客的需求。在耶洛奈夫出行相对方便，到远一点的地方可乘坐雪橇车、雪地摩托等，在城市中心区只需要步行就能游遍。

在耶洛奈夫住宿

耶洛奈夫的酒店或者旅馆有各种价位，而且最值得人关注的是，几乎每家旅馆都有英文和日语双语说明，这是因为来这里欣赏北极光的日本游客非常多，比起其他国家的游客而言，他们对于这里的极光有着更加狂热的追求。

❶ 耶洛奈夫酒店

耶洛奈夫酒店（Yellowknife Inn）位于市中心，与较大的购物商场相连。客房的面积比较小，除了放下床位之外，供自由活动的空间不多。没有热水壶、拖鞋等，建议自备脱鞋和洗漱用品；有咖啡机，暖气也很热，不用担心晚上会冷。

地址：5010 49 St., Yellowknife
参考价格：含税约180加元/晚

碧莎床位&早餐

碧莎床位&早餐（Bayside Bed & Breakfast）的客房位于二楼及院子里，一楼是Dancing Moose Café，同属于一家人管理，精致的小院是这个旅馆的特色。虽然有些客房不能洗澡，使用公共的旱厕，但是整体环境干净整洁。在这里住宿可以直接在屋里看极光。房屋主人夫妇俩非常和善和热心。

地址：3505 McDonald Dr

在耶洛奈夫出行

在耶洛奈夫出行主要靠步行和雪橇、雪地摩托，步行时间超过10分钟就会感觉到寒冷，远途一定要预订旅游团的项目。在耶洛奈夫出行以安全为首要考虑条件。

从耶洛奈夫至怀特霍斯

从耶洛奈夫至怀特霍斯主要依靠飞机，这种交通方式虽然价格较高，但是从时间效率上来看，是最方便的。承运两地之间往返航班的航空公司主要是加拿大航空公司。

飞机

从耶洛奈夫到怀特霍斯的飞机途经卡尔加里和温哥华，中转各需3.5小时和1.5小时，总飞行时间约5小时，含税机票价格为1500～5000元人民币，游客可以从各大机票代理网站（携程网、天巡网等）订到机票。如果游客不从耶洛奈夫前往，而是从温哥华前往怀特霍斯，那更加方便，只需要乘坐BUS即可，车上的条件非常好，有洗手间，大约2小时即到。

加拿大极光村

到达怀特霍斯

怀特霍斯（Whitehorse）又称白马市，是加拿大育空地区的首府。因为当地的急流酷似白马的鬃毛而得名。在怀特霍斯可以看到旋转的极光，所以如果在耶洛奈夫看到了极光，感到不够满足，可以乘坐飞机前来这里观看旋转极光，会成为终生难忘的记忆。最早在怀特霍斯一带活动的是印第安人。所以在这里游玩期间可以欣赏他们留下的物品。现在印第安人仍会利用怀特霍斯现址，作为他们每年移居路线的停留点。

如何到市区

从怀特霍斯机场到市区主要依靠预订的酒店的接机服务，或者从机场乘坐雪橇、雪地摩托等到达目的地。怀特霍斯的很多服务需要支付少量小费，建议游客多准备一些1加元的零钱。当地的语言是介于法语和英语之间，会让很多游客不太适应，在下文会介绍少量常用词汇的发音。

怀特霍斯3日行程

怀特霍斯的主要景点为塔基尼温泉、S.S.克朗代克国家历史遗址和惠斯勒黑梳山（Blackcomb Mountain），目前黑梳山是最受户外运动游客欢迎的地方，不少游客在这里用2天时间滑雪都能自得其乐。大多数游客白天或泡温泉休闲或体验滑雪运动带来的娱乐感，晚上观看旋转极光。这样通常早上都不会起得太早，一天的开始从中午起。

Day 4 黑梳山滑雪度假村

如果不是对于观赏或者拍摄美丽的雪山有着独特的偏爱，一般来说在惠斯勒黑梳山游玩的最佳之地为滑雪度假村，它距今已经启用了30多年，在北美的滑雪度假村里排名第一，是加拿大人民的骄傲。很多当地人无论冬夏都会选择在此度假。

怀特霍斯第1天行程		
时间	目的地	行程安排
11:00~12:00	黑梳山神剑缆车	前一天到达怀特霍斯大多是21:00左右，出了机场一般都是直接前往酒店入住，好好休息；客房内的温暖和旅途的疲劳一般都会让人酣睡到中午，所以没有什么紧急的事情的话，就好好休息一下，中午前找到缆车乘坐点即可
12:00~13:30	黑梳山林恩吉特爱尔兰酒吧	地道的爱尔兰风情酒吧，提供美味的食物、醇香的咖啡，是当地人和世界各地游客最为喜爱的美食地之一
13:30~18:30	度假村滑雪	通过缆车到达雪山山顶，建议初学者尝试蓝线，黑线适合喜爱探险并且有能力驾驭的滑雪者

希尔顿惠斯勒勒度假村
Hilton Whistler
Resort & SPA

直客乐
Gone Eatery

超大的鱼
Maxx Fish

Village Gate

Village Stroll

惠斯勒勒四季酒店
Holiday Inn Whistler
Village Center

Gate Way Dr

黑梳山酒店
Blackcomb Lodge
by Whistler Premier

约店
Shoppers Drug Mart

Mountain Ln

惠斯勒勒缆车
Whistler Village Gondola

Beavertails

黑梳山林恩
吉特爱尔兰酒吧
Dubh Linn Gate Irish Pub
缆车乘坐点
Blackcomb Excalibur
Gondola

惠斯勒卡尔顿旅馆
Carleton Lodge
Whistler BC

Sundial Crescent

瑜珈屋
Yogacara Studios

星巴克
Starbucks

Springs Ln

B

A

Blackcomb Way

AB相距约30米，
步行即达

Blackcomb Way

黑梳山滑雪度假村
Whistler Blackcomb

Valley Trail

亚莱公园
Rebagliati Park

Glacier Dr

Blackcomb Way

Blackcomb Way

黑梳山基地探险乐园
Blackcomb Base
Adventure Zone

黑梳山小屋
Blackcomb
Day Lodge

怀特雷斯第1天行程路线示意图

黑梳山神剑缆车

黑梳山神剑缆车（Blackcomb Excalibur Gondola）是黑梳山颇具名气的缆车乘坐点之一，距离黑梳山神剑村非常近，从这里可以直接到达雪山的服务点，开始一天的滑雪之旅。

旅游资讯
地址：Skiers Plaza, Whistler
交通：乘坐1、2、5、6、7、8、99路公交车至Gondola Exchange站下车，向西步行约20米即可

中午在哪儿吃

黑梳山上的酒店基本都提供自费的午餐，品种虽然没有大城市那么丰盛，但是食材新鲜，经过厨师的精心烹饪，也不失为美味佳肴。如果不想在酒店就餐，也可以在神剑缆车附近的黑梳山林恩吉特爱尔兰酒吧享用美食，这家酒吧颇具盛名。

黑梳山林恩吉特爱尔兰酒吧

黑梳山林恩吉特爱尔兰酒吧（Dubh Linn Gate Irish Pub）提供正宗的爱尔兰式早餐，能将自制土豆饼、果酱、香肠和鸡蛋烹制为美味的食物，比如爱尔兰摊鸡蛋（英文Scramble）、咸牛肉土豆饼（英文Hash）、三文鱼松饼（英文Steelhead Benedict）；也提供可口的午餐和晚餐，比如吉尼斯汉堡（Guinness Burger）、牛排&吉尼斯馅饼（Steak & Guinness Pie）、炸鱼薯条（Fish & Chips）等，该酒吧最好喝的饮料之一是爱尔兰咖啡，你可以往里面加上威士忌和方糖，让其口味变得很独特。

地址：4320 Sundial Crescent, Whistler
交通：乘坐1、2、5、6、7、8、99路公交车至Gondola Exchange站下车，向西即可
网址：www.dubhlinngate.com
人均消费：早餐约12加元，午/晚餐约20加元
开放时间：7:00～22:00
电话：0604-9054047

黑梳山滑雪度假村

黑梳山滑雪度假村（Whistler Blackcomb）是北美最大的滑雪胜地之一，包括惠斯勒山（Whistler Mountain）和黑梳山（Blackcomb Mountain）两座滑雪场，有大约40条缆车和200多条滑雪道，给游客一种便捷且壮丽的雪岳风光体验。度假村里稳定的强降雪量不会让人们失望，优质的食宿娱乐设施（上百家的餐厅店铺和近千家的度假客房）提供着周到体贴的游玩氛围。

旅游资讯

地址：4545 Blackcomb Way Whistler
票价：滑雪缆车99加元/天，天数越多，优惠越多；8天的缆车通票约是744加元
营业时间：11月中旬起8:30~15:00（仅开放惠斯勒山），11月下旬至次年1月中旬8:30~15:00，1月中旬至2月下旬8:30~15:30，2月下旬至4月下旬8:30~16:00，4月下旬至5月下旬10:00~16:00（仅开放黑梳山），6月下旬至7月下旬12:00~15:00（仅开放黑梳山）
网址：www.whistlerblackcomb.com
电话：0604-9678950

旅友点赞

冬季的活动通常有惠斯勒直升机滑雪（Whistler Heli-Skiing）、山峰与山峰之间的缆车观光（PEAK 2 PEAK Gondola Sightseeing）、鲜美山顶早餐（Fresh Tracks Mountain-Top Breakfast）、火与冰展（Fire & Ice Show）等，夏季的活动除了上述几种外，还有生态夏之旅（ZIPLINING – ZIPTREK ECOTOURS Summer）、山顶烧烤（Mountain Top BBQ）、自行车之旅、骑马之旅、高山摄影之旅等。看起来似乎夏季的活动更加吸引对于滑雪不算特别擅长的游客。

Tips

度假村里，滑雪器材租借全套装备：48加元/1天，86加元/2天，122加元/3天（每租借增加1天，费用增加约40加元），租借8天的费用约是263加元。以上费用包括普通滑雪装备的滑雪板、滑雪杖、滑雪板专用靴。在网上预租，会比当场租用便宜20%。如果是要租用更为专业的滑雪装备，费用可能会提高20~30加元不等/天。

Day 5 S.S.克朗代克国家历史遗址→塔基尼温泉

在怀特霍斯的第2天，上午参观国家历史遗址了解其文化，下午看着雪景泡个温泉，晚上找家旅游代理社寻找天幕中那旋转的极光，将不虚此行。

怀特霍斯第2天行程		
时间	目的地	行程安排
10:00～12:00	S.S.克朗代克国家历史遗址	这里有一艘巨大的船，供游客参观，介绍发生在这里和道森市的淘金历史
13:30至凌晨1:00	塔基尼温泉	在瑞雪环绕中泡温泉，晚上还能追寻到极光的轨迹，非常新奇

塔基尼温泉
Takhini Hotsprings

怀特霍斯国际机场
Erik Nielsen Whitehorse
International Airport

怀特霍斯
Whitehorse

AB间约5千米，乘车约5分钟

S.S.克朗代克国家历史遗址
S.S.Klondike
National Historic Site

▲ 怀特霍斯第2天行程路线示意图

S.S.克朗代克国家历史遗址

　　S.S.克朗代克国家历史遗址（S.S. Klondike National Historic Site）用于纪念19世纪90年代后期的克朗代克淘金热，当时许多人前往加拿大育空地区的克朗代克河附近寻找金矿，此消息于19世纪末期传至美国，使得前来寻找发财之道的人更多，因此怀特霍斯附近的道森市一度成为人口数万的城市，然而淘金热之后，道森市的人口锐减至数千。该历史遗址的主要参观点是一艘大船，曾经往返于怀特霍斯和道森，前往下游需要1.5天，烧掉40根木头作为燃料，返回上游则要花3倍时间和燃料，该船是当时这一地区的主要交通工具，乘客主要是矿工和其家人。

旅游资讯

地址：Robert Service Way Whitehorse, Yukon Territory

交通：在怀特霍斯下城区乘坐R4、R5路公交车，在Robert Service Way & 4th (North)站下车，向东步行约100米即到；也可以通过怀特霍斯河（也叫白马河）到达

网址：www.pc.gc.ca/eng/lhn-nhs/yt/ssklondike/natcul.aspx

票价：成年人约7加元/人

开放时间：9:30～17:00

电话：0867-6673910

旅友点赞

　　S.S.克朗代克号船非常巨大，靠蒸汽机运行，至今风采依旧，是怀特霍斯的地标性景点之一，很多游客都会慕名前来参观。最值得了解的该船的发展历史，在船体内有展馆，展出形式除了文字、图片等实物展品外，还有相关的表演，门票包含了表演的费用。

塔基尼温泉

塔基尼温泉（Takhini Hotsprings）是一处天然温泉，距离怀特霍斯（白马市）市中心仅28千米，已经成为当地和国内外游客最喜爱、最受欢迎的旅游目的地之一。塔基尼温泉拥有悠久的历史，据说曾经被原住民使用长达几个世纪，具有很好的疾病治疗价值，深受游客欢迎。塔基尼温泉可以让游客一边享受温泉一边奇遇极光，享受瑞雪环绕的温泉的同时观赏幸运的极光，绝对是难忘的体验。

旅游资讯

地址：Box 20404，Whitehorse
网址：www.takhinihotsprings.com/eindex.html
票价：成年人约11.5加元/人，家庭票约30加元（16:00前进入温泉）
开放时间：6月6日至9月1日8:00～23:00，9月2日至9月30日 12:00～22:00
电话：0867-4568000

旅友点赞

塔基尼温泉每分钟有约325升的水从地下涌出，拥有两个温泉池，一个是高温池，温度为42摄氏度，另外一个是低温池，温度为36摄氏度，游客可根据自己的习惯选择。同其他大多数温泉一样，塔基尼温泉没有硫磺的气味，并且含有对人体健康有益的微量元素，可强身健体。可以在此露营，并且欣赏极光，也可以在此住宿。露营地提供水电及安置房车的位置，非常便利。

Day 6 育空旅行社跟团游

在怀特霍斯的第3天，如果晚上能够继续欣赏极光，则白天可以参加狗拉雪橇等各种活动，晚上跟团参观极光；如果晚上需要回国，则白天购物后就需要准备到机场等待。

怀特霍斯第3天行程		
时间	目的地	行程安排
10:00～18:00	育空旅行社跟团游	可以跟随旅行社的安排参加一些游玩活动，省时省力，晚上如有空闲可以继续观赏极光，如需回国，则要早做准备

育空旅行

育空旅行（Travel Yukon）是一家由政府支持的旅游社，能够安排很多指导性的探索活动，很适合初次到怀特霍斯游玩的游客。这里提供包括登山、滑雪、垂钓、竞技、生态游、探索未知地等各种名目的游玩项目，是很多游客都愿意选择的旅行社。地理位置很好，就在市中心，周围交通便利。

旅游资讯

地址：100 Hanson Street，Whitehorse

交通：乘坐公交车R1、R2、R3、R4、R5路至2nd & Lambert站下车，向东步行20米即可

网址：www.travelyukon.com

电话：0800-6610494

如果多待一天

在怀特霍斯如果能多待一天，无外乎是继续享受冰雪中的乐趣，寻访美丽璀璨的极光。当然喜欢热闹的游客也可以加入当地酒吧欢腾的人群中，体验不同的娱乐生活。

多待一天 的游玩

怀特霍斯还有一处颇具名气的景点，能供游客体验不同寻常的观景视角，并且拍下美丽的鱼类洄游照片，非常具有纪念意义。

怀特霍斯鱼梯

怀特霍斯鱼梯（Whitehorse Fishway）是怀特霍斯最酷的景点之一，它是一条366米长的木头鱼梯，让鱼儿能在这条路线上经过城南的水力电气站。真正

地址：怀特霍斯市中心以南约2.8千米
开放时间：8:00~20:00

吸引的是这里的观景窗，能够让游客直面那些洄游的鲑鱼。建议游客出发前对怀特霍斯鱼梯景区概况有所了解，更有助于体会到参观游玩的乐趣，如果是跟随旅游团出游，则会有带队导游给游客讲解怀特霍斯鱼梯的人文地理。

多待一天 的美食

怀特霍斯当地的美食也非常多，最有名气的莫过于炸鱼薯条，想要品尝到这些美味，只要在怀特霍斯的市中心的任何看起来不错的餐厅都可以，当然最值得推荐的是新近最受游客欢迎的舵手餐厅。

舵手餐厅

舵手餐厅（The Wheelhouse Restaurant）是怀特霍斯近几年新开的餐厅，位于育空河边，有非常好的风景。餐厅的装饰非常复古，还原了克朗代克时期从怀特霍斯往返道森城的客货两用船舱内的装饰。菜式很精致，鱼肉、牛排和羊排都是非常棒的选择。

地址：2237 2nd Avenue Waterfront Station
交通：乘坐公交车R1、R3、R4、R5路至2nd and Shipyards Park站下车，即到
人均消费：约20加元即可美餐一顿
开放时间：5:00~21:00
网址：wheelhouserestaurant.ca
电话：0867-4562982

怀特霍斯住行攻略

怀特霍斯市中心及郊区均有多家环境不一的酒店供住宿，能满足不同需求的游客。在怀特霍斯出行比起耶洛奈夫来更便捷一些，这里有公交车或者轮船可以到达各大景区，如果希望出行更加舒适也可以租车或者包车。

在怀特霍斯住宿

怀特霍斯的住宿价格相对于加拿大各大城市来说还是比较实惠的，所以也没必要专门寻找家庭旅馆或者汽车旅馆住宿，反倒是有点名气的当地正规酒店更能带给游客舒适的旅游体验。

SKKY Hotel酒店

SKKY Hotel酒店提供配有免费无线网络连接的现代客房。距离市中心仅有5分钟车程，提供往返于怀特霍斯国际机场的免费交通服务。该酒店的空调客房配有木制家具和瓷砖地板。每间客房均设有带一张办公桌和一台平面有线电视的休息区。所有客房均提供浴袍和拖鞋。酒店的Volare餐厅于午餐和晚餐时段营业，供应欧洲菜肴。酒店内也设有一台出售饮品的自动售货机。SKKY酒店距离Rotary Park公园和国家历史遗址（SS Klondike National Historic Site）约有3千米，提供免费公共停车场和旅游咨询台服务。

地址：16 Burns Rd, 91622 Alaska Highway
网址：skkyhotel.com
电话：0867-4562400

在怀特霍斯出行

在怀特霍斯主要依靠公交车或者徒步出行，整个市区不算大，基本一两个小时能转遍，如果需要到距离市中心几十千米外的景区游玩，可以报团乘坐大巴或者乘坐出租车，出租车价格昂贵。

时间改变

时间延长

如果可以在加拿大北极地区多玩一天，可以到著名的道森市去游玩，那里的历史遗迹会带给你很多震撼和感慨。

去**道森市**
玩1天

道森市

道森市（Dawson City）或称道森市镇，是加拿大育空地区的一个镇，当地人一般简称"道森"，在旅游业上一般称为道森市。该地面积约33平方千米，人口只有数千。道森市的主要经济是旅游业与采矿业，每年接待大约6万人次游客。

旅游资讯

地址：怀特霍斯市以北约532千米

时间缩短

如果时间不很充裕，在观赏到极光的情况下，也可以不到怀特霍斯，而只在耶洛奈夫欣赏极光后返程。

一次大手牵小手的游玩盛宴
一场跟时间赛跑的美好回忆

◆ 区域路线安排，示意图指引，潮爸辣妈提示，只等你和孩子踏上世界的旅途
◆ 签证办理技巧，中餐厅推荐，突发情况应对，在路上吃的舒心、玩得尽兴

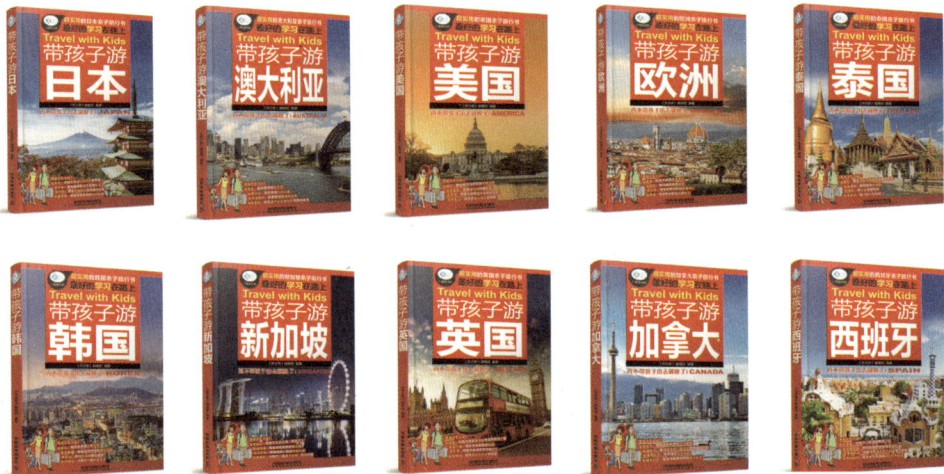

特色1：边学边玩
书中既有目的地的美文介绍、地理百科，更有百玩不厌的首选地。可使孩子在游玩中学习，在旅行中成长。

特色2：亲子精选
全书景点均是孩子最感兴趣的地方，世界顶级公园、迪斯尼乐园、博物馆、水上乐园、走到哪玩到哪。

特色3：亲子攻略
书中的攻略全为亲子旅行者准备。从办理证件、准备行李、预订酒店、到路线制订，应有尽有。

特色4：亲子同乐
出境旅行，当你和孩子在长途的飞行中感到无聊时，还可以玩玩书中的游戏哦！

分享快乐 分享旅行

请关注"亲历者旅行指南"新浪微博：
http://weibo.com/qinlizhelxzn

当当品牌店二维码

京东品牌店二维码